Franz Rosenzweig

Die Schrift

Aufsätze, Übertragungen und Briefe

Franz Rosenzweig

Die Schrift

Aufsätze, Übertragungen und Briefe

Herausgegeben von Karl Thieme

Jüdischer Verlag
Athenäum

CIP-Kurztitelaufnahme der Deutschen Bibliothek

Rosenzweig, Franz:
Die Schrift : Aufsätze, Übertragungen u. Briefe /
Franz Rosenzweig. Hrsg. von Karl Thieme. –
Königstein/Ts. : Jüdischer Verlag Athenäum, 1984.
ISBN 3-7610-0361-7

Umschlaggestaltung: Bine Cordes, Weyarn
Reproduktion und Druck: Buchdruckerei Poeschel & Schulz-Schomburgk, Eschwege
Buchbinderische Verarbeitung: Großbuchbinderei Bernhard Gehring, Bielefeld
Printed in West Germany
ISBN 3-7610-0361-7

ZU LESSINGS DENKSTIL[1]

Lessing ist der wenigst Verstandene unter den großen Männern der deutschen Klassik. Er war ein so durchaus *mündlicher* Mensch, daß, um seine wahre Meinung zu erkennen, man sich bei jeder Äußerung jeweils ihren Ort in dem jeweiligen Gespräch vergegenwärtigen muß, in das sie für Lessing selbst gehörte. Erst daraus ergibt sich, ob Lessing selbst das Ganze mit einem Ausrufungszeichen oder mit einem Fragezeichen meinte oder auch mit einem Gedankenstrich. Mit einem Punkt meint er es sehr selten, denn der Punkt ist der Tod des Gesprächs.

So sind viele seiner berühmtesten Hiebe von ihm selbst nur als Finten gemeint gewesen, die nur, weil die welthistorische Parade schon jämmerlich schwach war, diese durchschlugen und so — wider die eigentliche Absicht des genialen Fechters also — zu »Blutigen« wurden.

---

1) Was hier bei Lessing als dialogischer Denkstil von Rosenzweig aufgewiesen wird, das ist — nota bene! — sein eigener (»Weil ich immer in heimlichem Dialog denke«, Briefe 157).

Die Schrift

Aufsätze aus den Jahren 1926—1929

Weltgeschichtliche Bedeutung der Bibel

(1929)

Man wird immer vergebens versuchen, die Ausnahmestellung der Bibel, die schon in dem Namen: »die Bibel«, »das« Buch, beansprucht wird, in irgendwelchen inhaltlichen Qualitäten aufzuweisen; daß irgendein Superlativ vom Inhalt her auf ein Buch angewendet werden könne, dafür ist schon ein dogmatisches Vorurteil erforderlich (wie denn wirklich im Islam es dogmatisch festgelegt ist, der Koran sei das schönste der Bücher). Wissenschaftlich erfaßbar und nachprüfbar ist die Bedeutung der Bibel allein an ihrer Wirkung und an ihrem Schicksal: die weltgeschichtliche Bedeutung also an ihrer weltgeschichtlichen Wirkung und an ihrem weltgeschichtlichen Schicksal.

Geistige Zusammenhänge laufen zwischen den Völkern von den ersten wirtschaftlichen und kriegerischen Berührungen an, ohne doch einen weltgeschichtlichen Zusammenhang zu stiften. Dazu gehört mehr als das bloße Hinüberfließen der Einflüsse: bewußtes Hinübertragen des Fremden als eines Fremden ins Eigene — Übersetzen. Dieser historische Punkt der Gründung einer Weltliteratur und damit eines übervölkischen Bewußtseins liegt in zwei Ereignissen, von denen zwar das eine nur symptomatische, das andre aber auch konstitutive Bedeutung hat, schon unterm vollen Licht der Geschichte: in den beiden ältesten Übersetzungen eines Grundbuchs einer Nationalliteratur in eine neue Sprache. Ungefähr gleichzeitig übersetzte aus dem Griechischen ein Kriegsgefangener in Rom die Odyssee und übersetzten ins Griechische siedelnde Juden in Alexandria das Buch ihres Volkes. Auf dem Zusammenwachsen dieser beiden ursprünglich nur in dem, dort empfangenden, hier spendenden, Griechentum verbundenen Ereignisse und ihrer Folgen ruht, was sich heute an Einheit des Geistes und des Willens über die fünf Kontinente dieser Erde hin findet.

Die Entstehung der griechischen Bibel fällt zwischen den Anfang der Bewegung, die das Judentum unmittelbar zu den Völkern hinaustragen wollte, und das Erlahmen dieser Bewegung vor der stärkeren, der die jüdische Bibel zwar die stets gegenwärtige Grundlage, aber doch nur »Altes Testament« war. Und so ist auch fernerhin zu unterscheiden zwischen unmittelbaren Wirkungen der jüdischen Bibel und den durch ihre Verbindung, die mechanische sowohl wie die chemische, mit dem NT vermittelten. Jene sind, wie stark immer am einzelnen Punkt, doch grade weltgeschichtlich gesehen sporadisch, diese sind der unentbehrliche Mörtel des weltgeschichtlichen Zusammenhangs.

Von jener unmittelbaren Wirkung sei zuerst die Rede. Auch sie ist im strengen Sinn eigentlich nicht unmittelbar; denn diese Rückgriffe auf die jüdische Bibel geschehen ja im, ob auch widersprechenden, Hinblick auf das NT; sie bedeuten eine mehr oder weniger bewußte, wenn auch nur selten prinzipielle, Rückkehr zum »Gesetz«. Überall wo die welt(sozial- und moral-)kritische Haltung der Evangelien und das allzu primitive Gemeindevorbild der Apostelgeschichte und der Episteln den Anforderungen des christlichen Gemeinschaftslebens kein Genüge tat, war und ist der Rückgriff auf die prophetiegeborene Gesetzlichkeit des AT das Gegebene. Christliche Kirche, christlicher Staat, christliche Wirtschaft, christliche Gesellschaft — all das war und ist vom NT aus nicht zu begründen, weil dieses die Welt schlechthin in der Krise, vor das Gericht gestellt, sieht; im Gegensatz zu seinen pointierten Paradoxen bot die aus der ganzen Breite eines Volkslebens und in der ganzen Breite einer Nationalliteratur erwachsende jüdische Bibel mit ihrer selbst noch in der scheidenden und ausscheidenden prophetischen Polemik lebendigen tiefen Schöpfungsgläubigkeit tragfähigen Grund für ein Bauen in und an der Welt. Die Gebäude konnten, eben wegen jener »breiten« Ursprünge des Buchs, untereinander so verschieden, ja so entgegengesetzt sein wie eben die verschiedenen Seiten und Aspekte eines nationalen Lebens: Monarchisten und Monarchomachen, Kirchen und Sekten, Päpste und Ketzer konnten, Reaktion und Revolution, Eigentumsrecht und Sozialreform, Kriegsfrömmigkeit und Pazifismus können sich auf es berufen, taten und tun es.

Ungleich wichtiger als all diese Bezugnahmen und Einflüsse bleibt doch die mittelbare Wirkung durch das NT hindurch. Entstanden sind ja die neutestamentlichen Schriften zwar als Gegensatz zu der Bibel des Judentums: in einer heißen Verdichtung der langatmigen Erlösungshoffnung zu einem kurzfristigen, nämlich auf die »erfüllte

Zeit« abgestellten, Erlöstheitsglauben. Daß das Christentum dann, als »dieses Geschlecht« dahin und »diese Welt« gleichwohl noch nicht vergangen war, fortbestehen konnte, oder schriftgeschichtlich ausgedrückt: daß aus den neutestamentlichen Schriften das kanonische NT wurde, das schulden Christentum und NT ihrer Bindung an das Judentum und das AT. Denn der Rückweg in die noch fortbestehende Schöpfung war nur zu finden, wenn der Gott des Schöpfungskapitels und der, »der gesprochen hat durch die Propheten«, der gleiche war, den das Vaterunser ansprach, und nicht, wie die Gnostiker wollten: ein alter und von dem Gott der neuen Weltzeit abgetaner Gott. Nichts Geringeres als der Zusammenhang mit der geschaffenen Welt steht für das Christentum in dieser theologischen Gleichsetzung, die es im trinitarischen Dogma vollzog, wie in der andern des »Worts«, das »Gott war«, mit dem davidischen Messias, auf dem Spiel. Es ist kein Zufall, daß eben in dem Kampf um die Gleichsetzungen, in dem Kampf gegen Marcions »fremden Gott« — fremd: nämlich dem alten Bunde —, die Kirche sich ihren neutestamentlichen Kanon schuf, als ein ebenfalls dreigeteiltes Gegenstück zum alttestamentlichen, den er jedoch nicht verdrängen, sondern ergänzen und überhöhen sollte. Was das Christentum in den beiden Jahrtausenden seitdem an Kulturkraft, an Kraft also, sich in die Welt und dadurch die Welt in sich einzuleben, entfaltet hat, verdankt es diesem seinen Kampf um sein AT.

Es geht also nicht mehr um bewußte Rückgriffe auf die jüdische Bibel, überhaupt nicht um irgend im einzelnen faßbare oder nachweisbare Zusammenhänge, sondern schlechtweg um den ganzen Bereich dessen, was man irgendwie noch so entfernt als Kulturwirkungen des Christentums beanspruchen kann. Es geht um die Fähigkeit des Christentums, überhaupt eine Synthese mit der Welt einzugehen. Und es geht zugleich um die fruchtbare Spannung dieser Synthesen, der das christliche Europa seine geistige Vormachtstellung in der Welt verdankt. Daß diese Spannung vom Christentum selbst immer wieder als quälend, als etwas, dem man eigentlich entrinnen müßte, empfunden worden ist, ändert daran nichts; die immer wieder versuchte Flucht aus der Enge und Fremdheit des AT in philosophische Weite oder in völkische Nähe wäre, wenn sie je voll gelänge, das Ende des Christentums. Und damit denn freilich auch das Ende des weltgeschichtlichen Wegs der Bibel, auch der jüdischen. Denn der Gang der einen Weltgeschichte, der eben in diesem Buche angehoben hat, kann zwar seine Träger wechseln, aber nicht den Zusammenhang mit seinem Ursprung und mit jedem Punkt seines Verlaufs. Denn eben dieser Zusammenhang ist ja, was wir Weltgeschichte nennen. Keine Zukunft kann das Vergangene ungeschehen machen. Aber freilich: auch keine Vergangenheit kann das Kommen des Zukünftigen verhindern.

Es könnte wohl geschehen, daß die vor nun hundertfünfzig Jahren begonnene Säkularisierung der Glaubensgemeinschaften noch weiter fortschreitet und Kirche und Gesetz im alten, überlieferten Sinn nur für kleine Kerngruppen weiterbestehen, während die Allgemeinheit (die »Kat-holizität«) der Gemeinschaft auf einen weltlichen Träger, das »Kirchenvolk« oder in unserem Fall das »jüdische Volk«, übergeht. Die Bedeutung der «heiligen Schriften« würde dann nicht geringer werden, sondern sogar noch wachsen, wie es sich übrigens schon in diesen letzten anderthalb Jahrhunderten in Kirche und Synagoge gezeigt hat. Wenn Dogma und Gesetz nicht mehr die allumschließenden Klammern der Gemeinschaft sind, sondern nur noch tragende Versteifungen im Innern, dann muß die »Schrift« zu der einen Aufgabe aller Schrift: den Zusammenhang der Geschlechter zu stiften, noch die andre, gleichfalls aller Schrift obliegende, übernehmen: den Zusammenhang von Mitte und Peripherie der Gemeinschaft zu gewährleisten. So würde, auch wenn Kirche und Synagoge nicht mehr das Portal des Weges der Menschheit flankieren sollten, dennoch die Bibel weiter bereit liegen, daß die Menschheit auf ihrem Weg sie um eben diesen Weg befrage und, sie um- und umwendend, »alles in ihr» finde.

Das Formgeheimnis der biblischen Erzählungen

Martin Buber zum 8. Februar 1928

I

Wo Goethe in seiner Lebensbeschreibung an die Wirkung der Wieland-Eschenburgschen Prosaübersetzung Shakespeares auf ihn selbst und seine Generation zu sprechen kommt, fordert er für die Jugend, zugunsten eigentlich tiefer und gründlicher Wirksamkeit des Gehalts, ganz allgemein Prosaübersetzungen von Gedichten und erinnert an Luthers Bibelübersetzung: »Daß dieser treffliche Mann ein in dem verschiedensten Stile verfaßtes Werk und dessen dichterischen, geschichtlichen, gebietenden, lehrenden Ton uns in der Muttersprache wie aus *einem* Gusse überlieferte, hat die Religion mehr gefördert, als wenn er die Eigentümlichkeiten des Originals im einzelnen hätte nachbilden wollen. Vergebens hat man nachher sich mit dem Buche Hiob, den Psalmen und andern Gesängen bemüht, sie uns in ihrer poetischen Form genießbar zu machen. Für die Menge, auf die gewirkt werden soll, bleibt eine schlichte Übertragung immer die beste. Jene kritischen Übersetzungen, die mit dem Original wetteifern, dienen eigentlich nur zur Unterhaltung der Gelehrten untereinander.«

Das sagt der große Schüler Herders, der ehemalige Neuübersetzer des Hohen Lieds, »der herrlichsten Sammlung Liebeslieder, die Gott erschaffen hat«. Also ist es wichtig, wie jede Einsicht, die sich ihr Seher etwas hat kosten lassen. Und wirklich rührt Goethe ja in diesen Worten an eine Kernfrage des Sprechens und Hörens des biblischen Worts, und es ist bezeichnend, daß auch ihm, wie jedem, der die Frage ernst nimmt, zunächst ein Entweder-Oder als einzigmögliche Lösung erscheint: zwischen religiösem Gehalt und ästhetischer Form gibt es keinen Friedensschluß, die Frage heißt: Poesie oder Prosa?

Aber so notwendig — persönlich und geschichtlich notwendig — immer wieder diese bilderstürmerische Stimmung ist, die den Knoten des Problems zerhauen möchte, so wenig hilft sie doch zu dauernder Lösung.

Poesie ist ja von Prosa nicht durch einen unübersteiglichen Wall geschieden. Es gibt keinen ganz formlosen Ausdruck. Reine Prosa wäre nur ein Grenzbegriff. In Wirklichkeit finden wir uns alle, wie ja die neueren Untersuchungen über den Rhythmus der Prosa gezeigt haben, in der umgekehrten Lage des Molièreschen Kammerdieners: Wir sprechen in Versen und wissen es nicht.

Also muß die trennende Linie zwischen dem »Religiösen« und dem »Ästhetischen« anders laufen. Oder vielmehr: eben die Trennungslinie selbst ist der Fehler. Ein Ästhetisches, das gern etwas für sich wäre, eine Poesie, welche die Prosa verleugnen möchte, schafft freilich sich gegenüber das gespenstische Zerrbild eines »rein Religiösen«, einer schlechtweg unpoetischen Prosa. Und in dem Maß, wie dort die Sünde des Für-sich-sein-wollens verwirklicht wird, bekommt auch das gespenstische Spiegelbild drüben zeitweilig Blut und Leben. Aber wo das Ästhetische sich nicht verabsolutiert, da verengt sich auch das Religiöse nicht zu einer Spezialität der Kultur, sondern bleibt im Vollbesitz all seiner Wirklichkeitsbeziehungen, auch der ästhetischen; da verstummt auch die Rede des Glaubens nicht zur Prosa eines bloßen »Gehalts«, muß sich — sie kann gar nicht anders — aller Weisen des Ausdrucks bedienen, alle Töne anstimmen, alle vermeintlich festen, herauspräparierbaren, für sich überlieferbaren »Gehalte« nur von Gnaden des vorüberschwebenden Augenblicks der ausdrucksvollen Mündlichkeit haben wollen. Jene Goethesche Frage, die doch selbst schon weniger durch die wirkliche Lutherbibel bestimmt war als durch das, was protestantischer Haus-, Schul- und Kirchengebrauch aus ihr gemacht hatten, verliert so die Schärfe ihres Entweder-Oder; sie zersplittert in eine ganze Reihe Einzelfragen nach den Mitteln, mit denen die Bibel die Unmittelbarkeit des Worts in die Mittelbarkeit und Vermittelbarkeit der Schrift hinüberrettet. Daß das keine bloße Privatbelustigung der Philologen ist, wofür Goethe es erklärt, ergibt sich schon daraus, daß es sich eben nicht um eine »Form an sich« handelt, sondern um solche Formen, ohne die der Gehalt oder ein bestimmter Teilgehalt überhaupt nicht vernehmbar würde. Für die »Formen an sich«, etwa die jetzt von manchen in den Text hineindividierten »Dreier« und »Siebener«, hätte Goethe freilich recht, — sogar wenn jene Divisionen auch ohne vorhergehende verzweifelte Subtraktionen von und Additionen zu dem armen geduldigen Text aufgingen. Solche Formen an sich werden, auch wo sie wirklich für den Autor und nicht nur in der Phantasie des modernen Gelehrten existieren, erst wichtig, wenn und wo man ihren notwendigen Zusammenhang mit dem jeweils auszudrückenden Gehalt einsieht; ich glaube wirklich, daß der individuelle Bau jedes Hexameters der Odyssee mit den individuellen Worten eben dieses Hexameters in einem fühlbaren und bisweilen auch erkennbaren Zusammenhang steht; Übersetzen heißt eigentlich, diesen Zusammenhang übersetzen, ihn fühlbar und bisweilen sogar erkennbar machen; möglich ist das natürlich nur selten, aber wo es gelang, da ist nicht nur die »poetische Form« wiedergegeben, sondern das lebendige Wort, das geflügelte, dessen Flug die leere Form-an-sich und den lahmen Gehalt-an-sich tief am Boden zurückläßt.

Eins jener Einzelprobleme der biblischen Ausdrucksform soll im folgenden behandelt werden: das des biblischen Erzählens. *Martin Buber* hat im Übersetzen dies Formgeheimnis des biblischen Stils entdeckt und gelehrt, es übersetzerisch wiederzugeben.

II

Wann erzählt man?

Zunächst wohl, wenn etwas geschehen ist. Der dringendste Anlaß zum Erzählen ist immer da gegeben, wo einer etwas weiß, was die andern noch nicht wissen und was sie notwendig erfahren müssen. Diese Lage tritt natürlich im allgemeinen nur unmittelbar oder bald nach dem zu erzählenden Ereignis ein; denn später ist meist schon ein andrer dem Erzähler zuvorgekommen. Der typische Fall ist die Botenerzählung der Katastrophe im antiken und antikisierenden Drama. In dieser Lage ist das Erzählen vollkommen natürlich und notwendig. Beide Teile, Erzähler wie Hörer, bleiben in ihrer wirklichen Zeit, in ihrer Gegenwart; das Erzählte ist nicht irgendein Vergangenes, sondern das für diese Gegenwart, und nur für sie und auch für sie nur grade gegenwärtig, Vergangene; der Hörer kann nicht anders weiterleben als eben indem er zum Hörer wird, die Erzählung ist die Schleuse, durch die sein Lebensschiff durchgeschleust werden muß, um weiterfahren zu können. Der Erzähler tritt mit der Erzählung in echten, also in vollkommen gegenwärtigen Dialog mit dem Hörer. Er braucht keine künstlichen Mittel, um den Hörer zum Hören zu bringen.

Die braucht der Erzähler, der aus der Lust des Erzählens und für die Lust des Hörens erzählt. Er muß dem Hörer erst die Spannung erwecken und wachhalten, die jenen Boten in der Tragödie gleich bei seinem Auftreten oder spätestens nach seinen ersten Worten umgibt. Man pflegt zu sagen: er muß vergegenwärtigen; man denkt dabei an das Erzählte; in Wahrheit hat er aber nicht das Erzählte zu vergegenwärtigen, sondern den Hörer in eine Vergangenheit zu versetzen, deren unmittelbare Vorvergangenheit das Erzählte ist. Der Hörer muß so zuhören, als ob das Erzählte nicht irgendein Vergangenes wäre, sondern das Vergangene, das ihn eben gegenwärtig gerade angeht; er muß also seiner wirklichen Gegenwart entrückt werden und in eine Scheinvergangenheit sich versetzen lassen; er soll an der Begebenheit teilnehmen, aber nicht mit der Teilnahme eines, der als Zeuge bei ihr zugegen war, sondern eines, dem ein solcher Gegenwartszeuge berichtet. Um das Entstehen dieser Illusion zu erleichtern, verlegt alle große Epik ihre Handlung gern in die unmittelbare Vergangenheit, kleidet sie mindestens in deren Kostüm. Den historischen Roman empfinden wir stets als eine Ausnahmeerscheinung. Selbst der Gegenstand der ganz großen Geschichtswerke war früher, ehe Ranke das Geschichteschreiben aus einer Mußebeschäftigung abgedankter oder sonstwie verhinderter Geschichtsmacher in eine gelehrte Berufstätigkeit verwandelte, gewöhnlich die Welt des tätigen Lebens, aus der er, der nun ihr Historiker wurde, ausgeschieden war. Immer geht uns das grade eben Geschehene besonders nah an. Wo diese Nähe nicht von selbst vorhanden ist, muß eine Fiktion sie schaffen.

Wenn es nur diese eine Naturform des Erzählens gäbe, so wäre die biblische Erzählung übel dran. Denn sie will ihren Hörer grade nicht aus seiner Gegenwart herausversetzen; sie will ihn nicht selbstvergessen machen; grade ihn in seiner vollen Geistes- und Leibesgegenwart will sie ansprechen und aufhorchen lassen. Sie darf also den zeitlichen Abstand durch keinerlei Fiktion aus der Welt schaffen. Nicht die gehörte Erzählung darf ihn aus seiner Heutigkeit unter den Sinai entrücken; erst sein tätiger Gehorsam rückt ihm den Sinai in nächste Augennähe — das Gesetz also, nicht die Geschichte, 2. Mose 20, nicht 2. Mose 19. Die Geschichte könnte ihn, grade weil sie ihn in seiner ganzen heutigen Wirklichkeit angehen will, nie etwas angehn, wenn es nur die geschilderte, die »epische« Erzählung des eben Geschehenen gäbe und nicht auch eine andre Art des Erzählens, dem die Zeit der Begebenheit ganz gleichgültig ist und das, einerlei ob das Geschehene längst oder grade eben, ja einerlei ob es überhaupt je geschehen ist, es in die unmittelbare Gegenwart des Hörers rückt, es also zum notwendigen Durchgangspunkt des Gesprächs macht: die Anekdote.

III

»Nicht die Kinder bloß speist man mit Märchen ab.« Lessings Nathan erzählt nichts eben Geschehenes, sondern seine Geschichte spielt »vor grauen Jahren«. Und doch hört sein Hörer, der Sultan, ihm mit gespanntester Aufmerksamkeit zu, als ob er dringend erwarteten Bericht von noch unbekanntem eben Geschehenen brächte; und doch ist Saladin nach der Erzählung ein Erschütterter, Gewandelter, ein andrer als vorher. Die Erzählung ist Antwort auf eine Frage.

Dies ist die andre Naturform des Erzählens. Die Erzählung tritt nicht in das Gespräch ein als Nachricht von draußen, als geschehenes Schicksal, sondern sie wächst im Gespräch selber auf als Antwort auf Frage, als Widerspruch zu Spruch, als Zusatz zu Satz. Sie hat im Gespräch selber ihren Anlaß, ihr Stichwort; sie erhält ihre Notwendigkeit, ihre Gegenwärtigkeit im Gespräch dadurch, daß ihr Erzähler erst durch das Stichwort, das ihm von dem andern kommt, angestachelt wird zu erzählen. Ehe jener das Stichwort gab, war die Erzählung nicht in seinem Bewußtsein, nur in seinem Gedächtnis; nachdem er sie erzählt hat, hat wieder der andre das Wort.

Diese Art Erzählung hat immer eine Pointe, eine Spitze. Zwischen dem Stichwort und der Spitze der Erzählung muß der Funke überspringen, wenn sie in den Strom des Gesprächs eingeschaltet werden soll. Hat sie nur eine Pointe, aber kein Stichwort, so wird sie zur Kunsterzählung. Man kann es im geselligen Verkehr beobachten, wie, nachdem eine Anekdote im Gespräch als natürliche Replik auftauchte, das Gespräch bisweilen in ein wildes »Witze«-Erzählen zerstiebt. Der erste dieser Witze nimmt gewöhnlich noch sein Stichwort aus der im vorangegangenen Gespräch aufgeschossenen Anekdote, die nächsten haben höchstens noch die schwache Anknüpfung des allgemeinen Themas — Hundegeschichte, jüdischer Witz, Zote —, schließlich wird auch das noch als Fessel empfunden und in sinnloser Jagd hetzt eine Pointe ihre Vorgängerin. Um dieser Ausartung zu entgehen, schaffen sich die großen Novellisten gern in einer Rahmenerzählung nicht novellistisch pointierten, sondern epischen Charakters einen künstlichen Anlaß für den ganzen Novellenkreis, bisweilen sogar einzeln für jede Novelle. Das entspricht, als technische Herstellung der natürlichen Erzählsituation, jener Vorliebe der epischen Erzählung für die unmittelbare Vergangenheit. Wo der Novellist auf diese künstliche Schaffung von natürlichen Anlässen für sein zeitgleichgültiges pointiertes Erzählen verzichtet, da muß er darauf hoffen, daß an Stelle jenes natürlichen Aktualisiertwerdens und Aktuellwerdens der Erzählung durch das Überspringen des Funkens vom Stichwort auf die Pointe eine künstliche Aktualisierung durch Überspringen eines Funkens von der Pointe seiner Erzählung auf ein im Herzen seines Lesers stumm wartendes Stichwort tritt. Diese Umkehrung des natürlichen Zeitverhältnisses zwischen Stichwort und Pointe mit der dadurch erzwungenen Entwirklichung des Stichworts entspricht der fiktiven Entrückung des Hörers oder Lesers der epischen Erzählung aus seinem Selbst und seiner Gegenwart in das Selbst seines Hörers aus der unmittelbaren Nachvergangenheit des Begebnisses. Die Pointe der Erzählung wird hier gewissermaßen zum Stichwort für den Hörer, und es bleibt dem Zufall anheimgestellt, ob der Hörer sie als Spitze gegen seine Brust kehren kann.

Damit wird aber auch diese Form des Erzählens für die biblische Erzählung unverwendbar. Denn hier soll ja grade, genau wie im natürlichen Gespräch, die Erzählung, soweit sie nicht Botschaft, also episch ist, sondern anekdotisch, also Lehre, das dialogisch Zweite sein: Antwort, nicht Frage, göttlicher Widerspruch und Zusatz zu eigenmenschlichem Spruch und Satz. Als Botschaft tritt sie an den Menschen heran, aber als Lehre muß er sie herausfordern. Offenbarung geschieht ihm, aber Gebot erzwingt er durch sein Tun.

IV

Offenbarende Botschaft, gebietende Lehre — beides ungetrennt will die biblische Erzählung sein. Sie offenbart nur gebietend, sie lehrt nur botend. Gnostizismus und Moralismus sind ihr gleich fremd. Wie würde man sich ein Schöpfungskapitel nach allen Analogien vorstellen und wie ganz unvorstellbar anders ist das der Genesis! Wie ist die Erzählung, die hier wenn irgendwo Offenbarungscharakter beanspruchen muß, doch so ganz eingestellt auf die Vorbildlichkeit des göttlichen Tuns für den Menschen! Die Welt geschaffen und vollendet — aber erzählt wird es so, daß der Mensch nun weiß, weshalb er sechs Tage arbeiten und am siebenten nach vollendeter Arbeit feiern soll. Oder andrerseits: wie ängstlich vermeidet der Erzähler, etwa bei Jaakobs Hintergehung seines Vaters, sein moralisches Urteil, das er doch sicher, neben der Einsicht in den dunklen und furchtbaren Abgrund der Notwendigkeit des Geschehenden, hat, anders auszusprechen als in dem sprechenden Gang der Geschehnisse selbst! oder bei Abraham in Ägypten! So muß er eine Form finden, die, episch und anekdotisch zugleich, dem Epischen die zeitlose Gegenwärtigkeit der Anekdote, dem Anekdotischen den aufregenden und spannenden Berichtcharakter des Romans gibt.

Die beiden Hilfsmittel der Dichter, Kostüm der jüngsten Vergangenheit und Rahmenerzählung, sind ihm versagt; er darf den Hörer weder aus seiner wirklichen leib- und seelenhaften Gegenwart entrücken, noch ihn in den Kreis der das Stichwort gebenden Menschen der Rahmenerzählung zauberisch hineinversetzen. Er muß das Stichwort in den Bezirk der Erzählung selbst verlegen, damit der epische Bericht, ohne seine epische Selbstgenügsamkeit einzubüßen, die pointierte Stoßkraft der Anekdote bekommt.

So hat die biblische Erzählung in sich selbst Stichwort und Pointe. Und jede Pointe kann wieder Stichwort für eine nächste werden. So daß unter Umständen eine Geschichte aufgespannt ist auf ein Gerüst einer ganzen Reihe gleicher oder formal zusammenhängender Worte oder auch formelhafter Sätze, die aber unter sich jedes mit dem nächstvorhergehenden wie die Wendungen eines schlagfertigen Dialogs zusammenhängen. Eben durch diese Wichtigkeit ihrer Reihenfolge unterscheiden sie sich von den stehenden Beiworten und formelhaft wiederkehrenden Sätzen des Epos, an die man äußerlich, besonders bei den Formeln, zunächst vielleicht denken möchte. Die stehenden Worte und Sätze des Epos schaffen zusammen dem Ganzen eine einheitliche Farbenstimmung, die wie alles Bildmäßige mit einem einzigen zusammenfassenden Blick aufgenommen werden will; die Elementgleichungen der biblischen Erzählung können nicht mit einem Blick, sondern können und wollen nur nacheinander aufgenommen werden, und wo eine Erzählung oder ein Erzählungskreis durch eine wiederkehrende Formel zusammengefaßt ist, da klingt die Formel bei jeder Wiederkehr immer stärker instrumentiert.

Die Bindungen und Verklammerungen können ganz dicht beieinander sitzen, sie können aber auch durch weite Strecken der Erzählung getrennt sein, ja sogar getrennte Erzählungen zu höheren erzählerischen Einheiten verschränken. Ein Beispiel von Überspringen des Funkens zwischen Stichwort und Pointe auf engstem Teilraum einer Erzählung ist es, wenn im Buch »In der Wüste« Bilam seine Eselin, die vor dem ihrem Herrn ungesehenen Gottesboten scheut, unter Stockschlägen anfährt:

Wäre nur ein Schwert in meiner Hand!
drum daß nun
ich dich umbrächte!

und nun der Bote mit dem gezückten Schwert in der Hand dem Reiter plötzlich sichtbar wird und die Sache der armen geschlagenen Kreatur führt:

Gar wohl ist sie vor mir abgebogen!
drum daß nun
eben dich ich umgebracht hätte und sie am Leben erhalten.

Die Wortwiederholungen, vor allem wie der Bote Bilams aufgeregtes »drum daß nun« mit erhabener Ironie gegen ihn wendet — dieses rein formale Mittel dient dem Erzähler zur Erreichung einer im höchsten Sinn inhaltlichen Wirkung, um derentwillen er doch keinen Augenblick aus der reinen gegenständlichen Haltung des Erzählers herausgetreten ist.

Eine Verklammerung eines größeren Zusammenhangs, nicht wie eben nur einer kleinen Episode, liegt vor, wenn im Buch »Im Anfang« der greise Jizchak den jammernden Efsaw aufklärt:

Mit Trug kam dein Bruder und hat deinen Segen genommen

und dann zwei Kapitel später, eben in dem Augenblick, da Jaakob zum ersten Mal erkennen muß, wie schnöde ihn sein Schwiegervater und Dienstherr in der Fremde ausnutzt, das Wort — weithin das einzige Mal — wiederkehrt:

Er sprach zu Laban:
Was hast du mir da getan!
Habe ich nicht um Rachel bei dir gedient?

Warum hast du mich betrogen?

Mit einem Schlage wird man hier des vom Erzähler gewollten Zusammenhangs zwischen Tun und Leiden gewahr; und doch ist der Erzähler mit keiner Silbe aus der Rolle gefallen. Der Betrogene hat unbewußt das Stichwort gegeben, das sein Betrüger nun, da er selber zum Betrogenen geworden ist, unbewußt aufnimmt.

Je weiter Stichwort und Pointe auseinanderliegen, desto seltener muß natürlich, zumal wenn beide nur je ein Wort sind, dies gemeinsame Wort sein, um dem Leser aufzufallen. Im Buch »Namen« heißt es bei dem Sieg des Volks über den Angreifer Amalek:

Und Jehoschua lähmte Amalek und sein Volk mit dem Biß
des Schwerts

mit einem Zeitwort, das in den fünf Büchern nur hier vorkommt. Im Buch »Reden«, also durch zwei ganze Bücher von jener Stelle getrennt, wird Amaleks Überfall noch einmal erwähnt, und hier steht eine umgebildete Form jenes Zeitworts, die in der Schrift überhaupt nur an dieser einen Stelle erscheint; hier trifft das Wort aber nicht wie dort die Züchtigung, sondern das Verbrechen:

Gedenke was dir Amalek antat unterwegs auf eurer Fahrt
aus Ägypten:
der unterwegs über dich kam,
den Schweif all der Lahmgewordnen hinter dir abschnitt,
da du müde und matt warst.

Der über die Lahmgewordnen kam, ihn lähmte Jehoschua; so unterkellert die zweite Stelle die erste.

Verborgenere Zusammenhänge als die des Maß-für-Maß der bisherigen Beispiele erschließen sich zumeist dort, wo das Stichwort oder die Pointe oder beide nicht bloß nur einmal, sondern gruppenweis stehen. Der nächtliche Ringkampf Jaakobs mit dem Unbekannten, Ungenannten ist von den alten jüdischen Erklärern zugleich nüchtern und tief als die entscheidende Auseinandersetzung mit dem himmlischen Sachwalter Esaws verstanden worden. Diese Auffassung ist ja die einzige, die den Kampf dort wo er erzählt wird, zwischen Jaakobs Angst vor der Begegnung mit dem einst so arg betrogenen Bruder und dem glücklichen Verlauf der gefürchteten Begegnung, erklärt. Und andrerseits öffnet allein diese Auffassung den Ein- und Aufblick in die, zwar auch dann unergründlichen, aber nun zu verehrenden, Gründe des Geschehens. Daß aber jene alte Erklärung nicht etwa aus apologetischen Absichten etwas in den Text hineinliest, was nicht drinsteht, das erhellt wieder aus der Verklammerung des nächtlichen Kampfs mit der Angst vorher, der Lösung nachher. Die Erzählung des Kampfs schließt:

Jaakob rief den Namen der Stätte: Pniel, Gottesantlitz.
Denn:
Ich habe Gottheit geschaut,
Antlitz gegen Antlitz,
und mein Leben ist errettet.

Dem klingt vor der Schluß des Stücks von der Angst:

Bedecken will ich sein Antlitz mit der Spende, die vor meinem Antlitz geht,
danach will ich sein Antlitz sehn,
vielleicht hebt er mein Antlitz empor

und ausklingt es in der glücklichen Lösung:

Denn ich habe nun doch einmal dein Antlitz angesehn,
wie man Gottesantlitz ansieht,
und du hast mir wohlgewollt.

Hier ergab die Einsicht in das epische Formgeheimnis des biblischen Stils nur eine Bestätigung des auch so Erkennbaren. In andern Fällen leuchtet erst aus den Lichtern, die der Erzähler in den Wortgleichungen über die Fläche seiner Erzählung verteilt, der Sinn des Erzählten auf. So, wenn die ganze Erzählung des Baus der »Wohnung« im Buch »Namen« von jenem »machte« der Schöpfungsgeschichte durchzogen wird und schließlich, wie jene in ein »Vollendet waren der Himmel und die Erde, und all ihre Schar« und ein »Gott segnete«, so diese in ein »Vollendet war alles Dienstwerk der Wohnung, des Zelts der Gegenwart« und in ein »Mosche segnete sie« mündet. Oder wenn die Offenbarung des Gottesnamens am brennenden Dorn »Ich werde dasein, als der ich dasein werde« durch ein vorklingendes »Wohl, ich werde dasein bei dir« und ein nachklingendes »Ich werde dasein bei deinem Mund« in seinem ganz unmittelbaren und erst durch diese Unmittelbarkeit und Augenblickverhaftetheit auch ewigen Sinn bestimmt wird — ein Sinn, der dann seinerseits im weiteren Verlauf der Offenbarungsgeschichte durch die Jahrhunderte zum Stichwort all der ferneren Verheißungen des Bei-dir-Daseins in Gottes Munde wird. Oder, um eine an sich schlechthin rätselhafte Erzählung anzuführen, wo erst die Beachtung der Wortgleichung den Fingerzeig für das

Verständnis gibt: Bilam hat den Hofherrn Balaks das erste Mal auf Gottes Geheiß es verweigert, mit ihnen zu gehn. Mit den zweiten Sendlingen des Königs geht er dann, da Gott es ihm gebietet. »Aber Gottes Zorn entbrannte, daß er so ging.« Warum? Hat der Erzähler nicht eben erzählt, daß Gott selbst es ihm geboten hatte? Und geht er denn nicht mit dem klaren Bewußtsein, daß er nur das, was Gott zu ihm reden wird, tun kann? Die Antwort wird gewiesen durch die Wortgleichung des Kapitels:

> Neuanhub da Balak Hofherrn zu senden, mehr und geehrtere als jene.
>
> ....
>
> Nun aber
> bleibt doch hier auch ihr die Nacht,
> daß ich weiß, was neuanhebend ER mit mir redet.
>
> ....
>
> Die Eselin sah SEINEN Boten,
> sie preßte sich an die Wand und preßte Bilams Fuß an die Wand,
> und neuanhub er, sie zu schlagen.
> Aber neuanhub auch SEIN Bote vorüber zu schreiten
> und stellte sich an einen engen Ort,
> wo kein Weg war, nach rechts oder links auszubiegen.

Das Kapitel von Bilams Ausfahrt bewegt sich also um das Problem und die Problematik des »Neuanhebens«, des Zweimaltuns. Für gewöhnlich hat das Sprichwort recht und einmal ist keinmal; so darf Balak wohl einen zweiten Versuch machen und neuanheben, Hofherrn zu senden. Auch Bilam denkt so, wenn er neuanhebt, seine Eselin zu schlagen. Aber freilich ahnt er nicht, daß dies sein Tun angesichts eines Gottesboten geschieht, der auch seinerseits »neuanhebt«. Denn gegenüber Gott ist einmal nicht keinmal, sondern einfürallemal; und wer wie Bilam nach Gottes erstem Wort noch einen Versuch macht, ob am Ende auch für ihn jener Satz zutrifft: einmal ist keinmal, der wird gestraft dadurch, daß nun wirklich für ihn einmal keinmal wird, und nun grade das zweite »eine Mal«: lassen wirs uns an Gottes eindeutigem ersten Wort nicht genügen, sondern versuchen, was neuanhebend Gott mit uns redet, so redet Gott unfehlbar diesmal die Worte des Dämons in unsrer eigenen Brust.

So ordnet sich die Ausreise unter Gottes Zorn ein in das große Thema der ganzen Erzählung von dem, der fluchen wollte und segnen mußte, weil er, wie es nicht weniger als sechsmal in den drei Kapiteln mit geringen Abweichungen heißt, nur die Rede, die Gott zu ihm redete, reden konnte. Er wollte wirklich fluchen: sein Wunsch nach einem »neuanhebenden« Gotteswort zeigt, was in seinem innersten Herzen war.

In dem Letztgesagten kam ja auch schon ein Beispiel für formelhafte ganze Sätze vor. Es sei nur noch erinnert an das »Abend ward und Morgen ward« der Schöpfungsgeschichte oder das Erstarken von Pharaos Herz nach jedem der zehn Schläge oder daran, wie nach dem Tod jedes Richters das Volk fortfährt, das in Gottes Augen Böse zu tun. Bezeichnend für den lebhaften, die Erzählung weitertreibenden Charakter dieser Formeln im Gegensatz grade zu dem malerischen der homerischen ist dies, daß sie nie zu ganz festem Wortlaut erstarren: sie sind nicht die Lokalfarben der Dinge, sondern die Gelenke der Erzählung. Daß bei Homer bei jedem Essen, einerlei ob im ersten oder im letzten Jahr der Erzählung, die Hände zum lecker bereiteten Mahl erhoben werden, das ist ein bestimmender Faktor der großen Erkenntnis des Einsseins des Menschlichen in allen Zeiten, über alle Räume, die aus den homerischen Gedichten jenseits der Worte mit der Überzeugungskraft unmittelbarer Anschauung aufsteigt; Schiller hat sie ausgesprochen in der Zeile von der Sonne Homers, die auch uns leuchtet — dem tiefsten Wort, das je über Homer gesagt ist. Auch da ist also eine Form, die das Innerste des Gehalts mit einer durch kein andres Mittel ersetzbaren Kraft und Deutlichkeit sichtbar macht. Form, echte Form, nicht »Kunstform«, und Gehalt, wahrer Gehalt, nicht angebbarer, angeblicher »Inhalt«, sind nicht zu trennen.

V

Daß die im Vorstehenden aufgedeckte und beleuchtete Form nun nur in der Bibel vorkäme, soll keineswegs behauptet werden. Ich würde es sogar von vornherein für sehr unwahrscheinlich halten. Ich glaube, es gibt kaum ein Element der Bibel, das man nicht bei genügend ausgebreiteten Kenntnissen, (die freilich schwerer anzueignen sind als die allgemeine These der Vergleichbarkeit) auch anderwärts nachweisen könnte. Die Einzigartigkeit der Bibel läßt sich unwiderleglich aufzeigen nicht am geschriebenen, sondern nur am gelesenen

Buch. Die Bibel ist nicht das schönste Buch der Welt, nicht das tiefste, das wahrste, das weiseste, das spannendste und was es sonst noch für Superlative geben mag — wenigstens kann man keine von diesen Einzigartigkeiten einem, der nicht schon ein Vorurteil dafür hat, aufzwingen. Aber die Bibel ist das wichtigste Buch. Das kann man beweisen, und auch der wütendste Bibelhasser muß es, für die Vergangenheit wenigstens, zugeben und gibt es durch seinen wütenden Haß sogar auch noch für die Gegenwart zu. Denn da wird keine Frage des persönlichen Geschmacks oder der seelischen Veranlagung oder der geistigen Richtung aufgeworfen, sondern eine Frage der bisherigen geschehenen Weltgeschichte.

So gewinnen auch alle die Eigentümlichkeiten, die mit dem mündlichen Charakter dieses Buchs zusammenhängen, ihre volle Einzigartigkeit erst durch sein Schicksal. Es ist das besondere Buchschicksal der Bibel, daß sie als einziges noch und immer wieder mündliches Buch sich in unsere Welt und Zeit des Schrifttums hinübergerettet hat. Wenn in andern, neuen oder alten, Büchern solche aus der Mündlichkeit entstandene Formen vorkommen, so bleiben sie eben trotz ihrer Entstehung stumm, weil die Bücher, in denen sie sprechen möchten, selber durch das Gesetz der Epoche mit Stummheit geschlagen sind und nur bisweilen und dann nur zu Einzelnen, Menschen und Menschenkreisen, sprechen. Herrschte also selbst dieses Formgesetz der pointierten Epik in annähernd gleich reicher und mannigfaltiger Übereinanderlagerung der Verklammerungen auch in irgendeinem andern Buch, so würde es da eben heute zur literarischen Form werden und grade wegen seines mündlichen Ursprungs dann hier viel weniger lebendige Gehaltsform sein als die Formen, die, wie etwa, um ein ganz einfaches Beispiel anzuführen, die Absatzgliederung, schon aus der Schriftlichkeit und für die Schriftlichkeit entstanden in das lesend vorauseilende Auge fallen, nicht das hörend folgende Ohr ansprechen wollen.

Wichtiger aber ist etwas andres: Das in dieser Abhandlung als Formprinzip des biblischen Erzählens nachgewiesene Hineinspielen eines gewissermaßen dialogischen Elements, das die Erzählung auf ein Gerüst von Frage und Antwort, Spruch und Widerspruch, Satz und Zusatz aufspannt, ist in der Bibel nicht nur für die Epik nachzuweisen, sondern auch für die andern großen Stilgattungen der Bibel, also für die psalmistische Lyrik, die profetische Rhetorik, ja auch für die gesetzliche Kasuistik. Freilich ist ihre Bedeutung hier geringer. Strafrede und Verheißung, Lob, Bitte und Dank, Gesetz und Sprichwort sind viel weniger als die Erzählung in Gefahr, als Kunstwerke zu Gegenständen des »reinen Genusses« zu werden und dadurch ihren Ernst, ihre Wirklichkeitsbeziehung einzubüßen. Die Schriftlichkeit legt sich nur wie ein leichtes Gewand über sie; im Augenblick, wo die Psalmen gebetet, die Gesetze befolgt, die Profetien geglaubt werden, verlieren sie sofort ihre monologische Stummheit, kriegen Stimme und rufen den ewigen Partner zum Dialog: den hörenden Menschen, den erhörenden Gott. So ist es hier nicht von so entscheidender Bedeutung, daß auch schon die eine Stimme selbst eine geheime Zweistimmigkeit, ein dialogisches Hin und Her aufweist. Die unterirdische Didaktik jenes Geheimdialogs wird erst da ganz wichtig, wo der offene Dialog aus dem Buch hinaus ins Freie nicht mehr ohne weiteres entstehen kann, also im Epischen. Alle Geschichte muß erst des langen und breiten nachweisen, »zu welchem Ende« man sie studieren soll, und ist auch dann noch vor der kritischen Abwägung ihres »Nutzens und Nachteils für das Leben« nicht sicher. Auch der größte Roman dient überwiegend einem leeren Unterhaltungsbedürfnis. Hingegen braucht kein Liebesgedicht, auch das schlechteste nicht, kein Polizeiverbot, auch das dümmste nicht, kein Parteimanifest, auch das verbohrteste nicht, seine Existenzberechtigung erst nachzuweisen: seine ersten Empfänger, Befolger, Anhänger sind Beweis genug seines Lebensrechts. Freilich nur für eine begrenzte Zeit, eben die Zeit des Empfangs, der Befolgung, der Anhängerschaft. Wenn diese Zeit der Aktualität vorüber ist, so wird das Interesse ästhetisch oder historisch. Also ungegenwärtig; im einen Fall zeitloses Interesse, im andern Interesse an Vergangenem. Aber vorangeht, wenn es nur überhaupt aus einer wirklichen Menschenkonstellation hervorgesprochen wurde, eine, ob auch noch so kurze, Spanne Gegenwart, erfüllte, beschäftigte Gegenwart, während der Erzähler außer in den beiden geschilderten Fällen des Zeugenberichts und der replizierenden Anekdote sich von vornherein mit »müßigen Stunden« seiner Hörer begnügt.

Es ist ein Stück jenes Buchschicksals der Bibel, daß ihre aus Dialog entstandenen Teile sich den menschlichen Partner des Dialogs immer wieder berufen. Immer wieder erwecken sich die Psalmen Beter, die Gesetze Befolger, die Profetien Gläubige. Auf eine solche Regeneration ihrer Hörerschaft kann die biblische Erzählung nicht rechnen, weil sie immer Erzählung von lang Vergangenem war und bleibt; sie muß sich begnügen mit den Hörern, die das Gesetz, die Profetie, der Psalm immer wieder aus ihren neuerweckten Tätigen, Hoffenden, Liebenden ihr zuführen. Diese Hörer kann sie nicht zu einer ihr das Wort von den Lippen reißenden Hörerschaft machen; so müßte sie ihnen in epischer Vergangenheit und bildmäßiger Ferne bleiben; da aber fängt sie die durch die Zeit von ihr entfernten Hörer in dem Netz des geheimen Dialogs, der durch sie hin ausgespannt ist, und schafft die ferne Hörerschaft um in Mitredende eines Gesprächs, das unter der Hülle ihrer epischen Vergangenheit sich in voller anekdotischer Gegenwärtigkeit durch sie hinzieht und das in Wort und Antwort, Spruch und Widerspruch, Satz und Zusatz den zu Tat, Hoffnung, Liebe Erweckten das eine gibt, was ihnen noch fehlt, und es ihnen so bescheiden gibt, daß es Tat, Hoffnung, Liebe nicht dogmatisch lähmt, nein, pneumatisch beflügelt: Erkenntnis, Lehre, Offenbarung.

Die Einheit der Bibel

Eine Auseinandersetzung
mit Orthodoxie und Liberalismus

Frankfurt a. M., den 21. 4. 27.

Sehr verehrter Herr Rosenheim,

. . . .

Unsre Differenz von der Orthodoxie liegt darin, daß wir aus unserm Glauben an die Heiligkeit, also die Sonderstellung, der Tora und an ihren Offenbarungscharakter keine Schlüsse über ihren literarischen Entstehungsprozeß und über den philologischen Wert des auf uns gekommenen Textes ziehen können. Wenn Wellhausen mit all seinen Theorien recht hätte und wenn die Samaritaner wirklich den besseren Text hätten, würde das unsern Glauben nicht im mindesten berühren. Das ist ein tiefer Gegensatz zwischen uns und Ihnen — ein Gegensatz, der, wie mir scheint, zwar durch gegenseitige Achtung, aber nicht durch Verstehen überbrückt werden kann; ich wenigstens verstehe die Glaubensgrundlage des Hirschschen Kommentars oder der Breuerschen Schriften nicht. Wie kommt es, daß dennoch unsre Übersetzung[1]) keiner früheren sich so verwandt weiß als der von Hirsch?

Ich habe in letzter Zeit viel darüber nachgedacht. Nur der Vordergrund, nicht der wahre, scheint mir darin zu liegen, daß unsre prinzipielle Bereitschaft zu philologischen Textänderungen durch eine ebenso prinzipielle philologische Ängstlichkeit und ein immerwaches Mißtrauen gegen das notwendig Hypothetische aller Wissenschaft neutralisiert wird. Der eigentliche, der Hinter-Grund liegt tiefer. Auch wir übersetzen die Tora als das eine Buch. Auch uns ist sie das Werk eines Geistes. Wir wissen nicht, wer er war; daß es Mose war, können wir nicht glauben. Wir nennen ihn unter uns mit dem Sigel,

[1]) Die Schrift. Zu verdeutschen unternommen von Martin Buber gemeinsam mit Franz Rosenzweig (Verlag Lambert Schneider, Berlin [1925]; Neubearbeitete Ausgabe bei Jakob Hegner, Köln 1954/62).

mit dem die kritische Wissenschaft ihren angenommenen abschließenden Redaktor bezeichnet: R. Aber wir ergänzen dieses R nicht zu Redaktor, sondern zu Rabbenu. Denn, wer er auch war und was ihm auch vorgelegen haben mag, er ist unser Lehrer, seine Theologie unsre Lehre. Ein Beispiel: hätte die Kritik auch recht und wären Genesis 1 und 2 wirklich von verschiedenen Verfassern (worüber ich nicht entscheiden möchte, nachdem mir ein Mann wie B. Jacob gesagt hat, er glaube es nicht), so wäre auch dann, was uns von der Schöpfung zu wissen nottut, nicht aus einem der beiden Kapitel allein zu lernen, sondern erst aus ihrem Zusammenstehn und Zusammenklingen. Und grade aus dem Zusammenklingen ihrer anscheinenden Widersprüche, von denen die kritische Scheidung ausgeht: also der »kosmologischen«, zum Menschen führenden Schöpfung des ersten und der «anthropologischen«, vom Menschen anhebenden Schöpfung des zweiten Kapitels. Erst dieses סוף מעשה במחשבה תחלה[1] ist die Lehre. Ein andres Beispiel: nicht der rauchende Sinai und das Kapitel der dreizehn מדות[2] allein kann uns lehren, was Offenbarung ist, sondern erst die Verflechtung dieser Berichte mit den משפטים[3] und mit dem Zelt. Und so überall — ich käme an kein Ende.

Die andre Seite des Hinter-Grundes ist das Verhältnis zur Tradition. Auch hier trotz ganz verschiedener Glaubensgrundlage Ähnlichkeit des Ergebnisses. Für Hirsch ist die mündliche Tora der aus der gleichen Quelle entsprungene Parallelstrom zur schriftlichen. Uns ist sie die Ergänzung der Einheit des geschriebenen Buchs durch die Einheit des gelesenen. Beide Einheiten sind gleich wunderbar. Der historische Blick entdeckt sowohl beim geschriebenen wie beim gelesenen Buch eine Vielheit: Vielheit der Jahrhunderte, Vielheit der Schreibenden und Lesenden. Dem Blick, der nicht von außen auf das Buch blicken will, sondern in innerer Verbundenheit und Zugehörigkeit, geht nicht nur die Einheit des geschriebenen Buchs auf, sondern auch die des gelesenen. Wie dort die Einheit der Lehre, so erfährt er hier die Einheit des Lernens, des eigenen Lernens mit dem Lernen der

---

1) Zitat aus dem Sabbateingangshymnus Lecha dodi: der Schluß der Tat ist der Anfang im Gedanken.

2) Die Gnadennamen Gottes, 2. M 34_{6} f., an die im Zusammenhang mit 33_{12-23} die jüdische Religionsphilosophie bis auf Hermann Cohen hinab ihre tiefsten Einsichten über Gottes Offenbares und Verborgenes anschließt.

3) Die »Rechtssprüche«, Kap. 21 ff.

Jahrhunderte. Die Tradition, halachische, doch auch haggadische, wird selber ein Element der Übersetzung. Nicht wie für Hirsch ein den Pschat[1]) beherrschendes und bestimmendes, sondern, gemäß dem andern Glaubensgrund, ein den Pschat erweiterndes und ergänzendes. Ein Beispiel: Wir konnten uns nicht überzeugen, daß die traditionelle Deutung von לא תשיך[2]) der Pschat ist; wir brachten es aber auch nicht übers Herz, diese Halacha, die ja einen unmittelbaren Blick in das Innerste des Judentums erschließt, beiseite zu lassen; also wählten wir eine Übersetzung, die wie das Hebräische beide Auffassungen der Stelle zuläßt. Ein haggadisches Beispiel: wir waren stark in Versuchung, die von der Kritik allgemein angenommene Lesart zu 2. M 17_{16} *(neſs* für *keſs)* zu übernehmen; die Entscheidung für den massoretischen Text war wesentlich bestimmt durch den Wunsch, dem großartigen messianischen Midrasch[3]) zur Stelle nicht seinen Anknüpfungspunkt zu nehmen. Auch da könnte ich in diesem »Plaudern aus der Werkstatt« fortfahren und käme an kein Ende.

Aus diesen beiden Einheiten, der der schriftlichen, geschriebenen, und der der mündlichen, gelesenen, Tora, erwächst für den Übersetzer die Aufgabe eines Kampfs um die Wörtlichkeit der Terminologie, der in andern Übersetzungen kaum unternommen wird und der wohl das umschreibt, was wir als unsre Verwandtschaft mit Hirschs Übersetzungsunternehmen empfinden. Terminologie dabei verstanden in einem Umfang, der sowohl weiter als intimer ist gegenüber dem was sonst als terminologisch bezeichnet wird. Denn es handelt sich nicht etwa nur um Begriffe wie רחמים[4]) und dergl., sondern um anscheinend ganz »untheologische« Worte. So ist es etwa von grundsätzlicher Wichtigkeit, daß die Fäden, die zwischen den erzählenden und den gesetzlichen Teilen der Tora hin und her laufen, auch in der Übersetzung erkennbar werden. Um ein Beispiel zu geben: es ist von größ-

[1]) Den schlichten Wortsinn.

[2]) »Bezinse nicht«, 5. M 23_{20} f., das die Tradition bekanntlich nicht vom Zinsennehmen, sondern vom Zinsengeben versteht (nicht etwa nur unverbindlich apologetisch, sondern in vollster, gesetzlicher Verbindlichkeit)!

[3]) Das verkürzte Wort für Hochsitz *(keſs* statt *kiſse)* und der verkürzte Gottesname (Jah statt Jhwh) seien das Zeichen dieser unserer Weltzeit, in der »Geschlecht zu Geschlecht« der Kampf gegen »Amalek« währe; wenn aber einst »Amalek« gebändigt ist, dann ist »der Hochsitz vollkommen, der Name vollkommen«.

[4]) Erbarmen.

ter Wichtigkeit, daß ריקם [1]) 1. M 31_{24}, 2. M 3_{21}, 5. M 15_{13} mit einem gleichen und eigentümlichen Ausdruck übersetzt wird; nur so kann die berüchtigte Exodusstelle richtig verstanden werden. — Ins Intime muß der Begriff der Terminologie ausgedehnt werden insofern, als er nicht nur auf die Worte, sondern oft auch auf die Wortwurzeln zu gehen hat. Etwa 3. $M19_4$ muß in *elilim* sowohl die Bezeichnung zu *al* wie die zu *el* spürbar werden[2]). Auch hier könnte ich vielleicht aus jedem Vers ein Beispiel bringen. Aber für den, der Hebräisch kann, ist es ja nicht nötig; er merkt von selber, warum so und nicht anders übersetzt ist.

Und für den, der kein Hebräisch kann, bleibt es nun einmal eine »künstlerische« Übersetzung. Mit diesem Mißurteil, das die Übersetzung seit dem ersten Erscheinen begleitet, habe ich mich allmählich abgefunden. Ich bin schon froh, wenn es als Tadel gemeint ist und nicht, wie leider meist, als Lob. Eine lächerliche Verkennung bleibt es in beiden Fällen. Nicht um Schönheit geht es, sondern um Treue. Beurteilt soll nicht ein »Kunstwerk« werden, sondern eine Übersetzung, ihre Treue und Untreue. Und anerkannt oder verworfen, im ganzen oder im einzelnen, der Glaube, der hinter der Treue, hinter ihrer Art und ihrem Grad, steht. Das darf, wenn nicht die Übersetzung, so doch gewiß das Übersetzte fordern.

Ich bin Ihr in Verehrung ergebener

Franz Rosenzweig.

Nachbemerkung

Da ich weiß, wie Gedrucktes gelesen wird, füge ich dem Abdruck dieses Briefs noch ein Wort an, das zwar für den Leser, der aus dem Gelesenen erfahren will, was der Schreiber meint, ganz unnötig ist; da

---

[1]) Leer, an den angeführten Stellen: lohnleer. Die traditionelle Erklärung des Heischens (nicht Leihens) der goldenen Geräte durch die aus Ägypten Ziehenden als des für die jahrhundertelange Knechtsarbeit geschuldeten Lohns ist erst durch B. Jacob (Monatsschrift für Geschichte und Wissenschaft des Judentums 68, 281 ff.) aus einer Apologese zu einer wissenschaftlichen Exegese erhoben: die entlassenen Knechte heischen das Geschenk, das nach jüdischem Recht der Herr dem entlassenen Knecht als materielle Grundlage seiner freien Existenz zu geben hatte.

[2]) *al* = ja nicht, *el* = Gott, *elilim* = Gottnichtse.

es aber diesen Leser nur gegenüber Tinte gibt und Druckerschwärze die magische Kraft hat, den Leser, jeden Leser, in einen zu verwandeln, der schon bei der Überschrift, ja schon beim Namen des Verfassers genau weiß, was er lesen wird, und wirklich nichts andres lesen wird als er weiß: so ist es doch nötig.

Das in dem Brief Gesagte meint *nicht* eine Scheidung zwischen »Wissenschaft« und »Religion«. Diese Scheidung, der vorletzte Schrei der protestantischen Theologie, scheint jetzt bei unsern neuesten »Irrationalisten«, mit dem beim Judentum nun einmal üblichen akademischen Vierteljahrhundert, dernier cri werden zu wollen. Er stammt von Kant — um so schlimmer für Kant! Er stimmt sich auf die Barth- und Gogartenweis — um so schlimmer für Barth und Gogarten!

Wenn Wissenschaft und Religion nichts voneinander wissen wollen, aber doch voneinander wissen, taugt weder die Wissenschaft noch die Religion etwas. Es gibt nur Eine Wahrheit. Zu einem Gott, den er als wissenschaftlicher Mensch leugnet, kann kein Ehrlicher beten. Und wer betet, kann Gott nicht leugnen. Damit ist noch nicht gesagt, daß der Gelehrte Gott in seinem Reagenzglas oder in seinem Aktenfaszikel feststellt. Aber der Inhalt des Reagenzglases sowohl wie des Aktenfaszikels existierte nicht ohne Gott. Gott ist nicht Gegenstand der Wissenschaft, das ist die Welt. Aber Gott hat die Welt, also den Gegenstand der Wissenschaft, geschaffen. Er ist also, um es nun nicht mehr deutsch und also unverständlich, sondern in den üblichen und also anscheinend gemeinverständlichen Fremdworten zu sagen, der Wissenschaft zwar transzendent, aber auch transzendental: sie hat ihn nicht, aber sie wäre nicht ohne ihn; er ist nicht in ihr, aber sie ist unter ihm.

Das ist aber auch nicht ohne Konsequenzen im Einzelnen. Das Wort von Helmholtz: er würde einem Optiker, der ihm einen solchen optischen Apparat wie das Auge anbrächte, ihn zurückgeben, könnte ein gläubiger Forscher nicht sagen; er würde zwar nichts gegen Helmholtzens Beurteilung des Auges als mangelhaften optischen Apparats einzuwenden brauchen, aber er würde daraus folgern, daß also das Auge noch etwas andres ist als ein — optischer Apparat. Ein Beispiel andersherum: In der englischen Geschichte kommt Ranke auf den Konflikt in Königin Mary zwischen dem Gefühl der Tochter und der Gattin zu sprechen und sagt: Ich glaube an die innere Wahrhaftigkeit der Menschen in großen innern Entschließungen. Ranke, der Begründer der modernen kritischen Methode, glaubt. — Und wie würde sich ein ungläubiger Historiker verhalten? — Nun, eben ungläubig.

Nicht Glaube steht gegen Wissen, sondern gläubiges Wissen gegen ungläubiges. Oder eigentlich, da ja eben dies die Legitimation des gläubigen Wissens ist, daß es das ungläubige miteinschließt, während umgekehrt dem ungläubigen Wissen das gläubige unzugänglich bleibt: gläubig-ungläubiges Wissen steht gegen beschränkt ungläubiges. Im Fall des oben abgedruckten Briefs: ein Bemühen um die neuen (»R«-) Fragestellungen neben den alten (»J«-, »E«- und »P«-) Fragestellungen gegen ein auf die alten Fragestellungen sich beschränkendes Erkennen. Und das Wort *gläubig* meint hier nicht ein dogmatisches Sichbinden, sondern ein totales, den ganzen Menschen umfassendes Gehaltensein. So daß also der Ketzer gläubig in diesem Sinn sein kann und der Hochorthodoxe ungläubig. Etwa Graetzens nationales Verhältnis zur jüdischen Geschichte gläubig und Breuers juristische Ansicht der jüdischen Geschichte (ich sage bewußt: Ansicht, ich glaube, daß sein wirkliches Verhältnis gläubiger ist als seine Ansicht) — ungläubig.

»Der Ewige«

Mendelssohn und der Gottesname
(1929)

Die geschichtliche Bedeutung der Mendelssohnschen Pentateuchübersetzung ist bekannt. Ihre Lebenskraft entspricht aber nicht diesem geschichtlichen Rang, noch auch ihrem Wert. In hebräischen Lettern ist sie zwar mehrfach wiederaufgelegt — zuletzt noch 1888 in Warschau —, dank der Verbindung mit dem wichtigen Kommentar, dem sogenannten Biur, der an der Schwelle des bibelkritischen Jahrhunderts noch einmal, schon in modernem Geiste und doch noch naiv, gleich fern von kritischer wie von restaurativer Tendenz, die Fackel der großen mittelalterlichen Erklärer übernimmt und neu entzündet. Aber in deutschen Lettern ist sie nach einem von Mendelssohn selbst begünstigten, aber nur bis zur Genesis gekommenen Versuch zwar 1813 und 1815 herausgegeben, dann aber erst wieder 1845 und auch da nur im Rahmen der Gesamtausgabe der Schriften, und nachher nicht wieder. Als die deutsche Judenheit in dem großen geistigen Aufschwung der dreißiger und vierziger Jahre nach einer deutschen Bibel verlangte, rangen nicht weniger als drei Unternehmen gleichzeitig um den Kranz: Zunz, Salomon, Johlson, etwas später dann Philippson; Mendelssohns Pentateuch galt als nicht vorhanden[1]). Dabei ist er, objektiv betrachtet, eine der großen Leistungen jener klassischen Jahrzehnte der deutschen Übersetzungskunst im Zeitalter der Goetheschen »Weltliteratur«; im Bewußtsein der »morgenländischen« »Sprache und Vortragsart« wagt er, mitten zwischen Falschem und Glättendem, Kühnstes und Überkühnes: etwa wenn seine Bünde weder geschlossen

---

[1]) Philipp Ehrenberg an Jost (handschriftlich, im Besitz meiner Mutter):
Wolfenbüttel, den 26. Oktober 1841.
. . . Beim Lesen des Subscriptionsprospectus der Mendelssohnschen Werke fällt es mir auf, daß die Übersetzung des Pentateuch wieder abgedruckt werden soll, und daß namentlich die Subscribenten *gezwungen* sind, dies veraltete Werk zu kaufen, das nur für Literatur und Kulturgeschichte noch Werth hat . . .

noch gestiftet werden, sondern wenigstens in der Genesis durchgängig — »zerschnitten«; in engstem Anschluß an die hebräische Metapher, die noch das Zerschneiden der Bundesopfer vor Augen hat. Aber all das spielt sich unter der Tarnkappe der hebräischen Buchstaben ab und wird dem deutschen Lesepublikum erst merkbar, als mit einem Male, wie aus dem Nichts entsprungen, eine Generation vollendeter jüdischer Stilisten in der deutschen Literatur und Journalistik erscheint.

Von dieser allgemein stilbildenden Wirkung abgesehen, hat die Mendelssohnsche Übersetzung nur an einem Punkt in das Deutsche und in das Welt-Judentum auf die Dauer hineingewirkt: mit ihrem Gottesnamen »der Ewige«. Er ist nicht bloß von den meisten späteren jüdischen Bibelübersetzungen übernommen worden, sondern auch in die gebräuchlichen Gebetsübersetzungen, in die Predigten und in alles sonst noch im Kult und im Zusammenhang mit dem Kult deutsch Gesprochene eingedrungen und hat so die jüdische Frömmigkeit des Emanzipationszeitalters überall, selbst bis in die Kreise der Orthodoxie hinein — obwohl hier sich S. R. Hirschs großartig begründeter[1]) Widerstand erhob —, gefärbt.

Er ist, soviel ich sehe, von Mendelssohn ins Judentum eingeführt. Die älteren jüdischdeutschen Bibelübersetzungen, die Mendelssohn in seiner Vorrede bespricht, sagen, wie später wieder S. R. Hirsch, »Gott«; das anscheinend so naheliegende »der Herr« vermeiden auch sie. Dagegen hat der Name eine christlich-europäische Vorgeschichte, freilich eine »alttestamentlich« gefärbte. Sein biblischer Ursprungsort ist das »Alte Testament« im eigentlichsten Sinn, nämlich der Teil, der sich nur in der christlichen Bibel erhalten hat, die Apokryphen: im Baruchbrief kommt in Kapitel 4 und dem Anfang von 5, also in dem Stück, das vielleicht gleich griechisch geschrieben ist, nicht weniger als sechsmal als Gottesname *ho Aionios*[2]), der Ewige, vor. Calvin braucht den strengen und erhabenen, recht eigentlich »numinosen« Namen zur Wiedergabe des alttestamentlichen Gottesnamens in der von ihm selbst redigierten, 1564 erschienenen französischen Ausgabe seines Hexateuchkommentars, aus der Reuss[3]) die »Calvin-

---

[1]) Im Kommentar zu 1. M 24.

[2]) ὁ αἰώνιος

[3]) Reuss, Bible française de Calvin, 1897 (auch Corpus Reformatorum Band 56).

bibel« hat zusammenstellen können, dagegen noch nicht in den im Laufe der fünfziger Jahre erschienenen Kommentaren alttestamentlicher Bücher; dort steht noch nicht Éternel, sondern Seigneur. Dieses[1]) herrscht auch noch in der von Calvins Vetter Olivetanus 1535 veröffentlichten Urgestalt der »Genfer Bibel«, die nur gelegentlich l'Éternel hat, sowie in allen von Reuss untersuchten Genfer Bibeln, die zu Calvins Lebzeiten erschienen sind; erst 1588 hat Calvins l'Éternel die Genfer Bibel ganz erobert und hat sich seitdem in ihr und im reformierten Kult behauptet; zwei zu Lyon 1550 und 1551 erschienene Ausgaben der Genfer Bibel, die die Berliner Staatsbibliothek besitzt, zeigen allerdings schon weitgehende Verwendung. Über eine auf der hiesigen Bibliothek vorhandene Ausgabe von 1565 wird unten noch zu sprechen sein.

Von Genf aus ist dann der Name auch in die europäischen Literaturen eingedrungen. Der älteste Verwender, den Littré anführt, ist der 1540 gestorbene Dichter Marot, dessen »fünfzig Psalmen« Calvin herausgegeben hat. Am bekanntesten sind die Stellen in Racines beiden alttestamentlichen Dramen. Auch für England bietet das Lexikon seit den achtziger Jahren des sechzehnten Jahrhunderts Belege. Dagegen haben es sich die Grimms entgehen lassen, obwohl es doch, abgesehen von dem Baruchbrief der Lutherbibel, mindestens in Gellerts durch Beethovens Töne unsterblich gewordenem Hymnus »Die Himmel rühmen«, dessen Psalmvorlage hier ja übrigens nicht den Namen, sondern bloß das Wort Gott hat, ein allbekanntes Vorkommen aufweisen kann.

So scheint für Mendelssohn, den Bürger des Berlin, dessen starke Hugenottengemeinde damals und noch langhin, mindestens im Kult, der Sprache ihres Rabenvaterlands ähnlich Treue hielt wie die türkischen Juden dem Kastilisch der Inquisition, die polnischen und russischen dem Rheinisch der Kreuzzüge, nicht viel Verdienst übrigzubleiben. Und dennoch hat er als Übersetzer einen scheinbar kleinen, in Wahrheit entscheidenden Schritt über seinen großen Vorgänger Calvin hinausgetan und erst das Tüpfelchen hinzugefügt, durch welches das i zum i wird.

Wie lag für Mendelssohn das Problem? Negativ läßt sich zunächst vermuten, daß »der Herr« schon als christlich belastet ausschied;

---

[1]) Realenzyklopädie für protestantische Theologie 3. Aufl. III, 133 (Reuss).

hatte es doch durch den Sprachgebrauch des griechischen und infolgedessen auch des deutschen Neuen Testaments eine Beziehung auf den Stifter des Christentums bekommen, die bis zum heutigen Tag auch das Alte Testament christlich einfärbt: wenn der fromme Christ sagt: »Der Herr ist mein Hirt«, denkt er nicht an Gott, sondern an den »guten Hirten«. Über die positiven Gründe der Wahl sind wir nicht auf Vermutungen angewiesen: grade zu dem Buch, das die entscheidende Stelle enthält, zu Exodus, hat Mendelssohn, im Stich gelassen von dem Kommentator seiner Genesis und vor dem Finden der Kommentatoren der folgenden Bücher, selbst den Kommentar geschrieben. Denn den Rechenschaftsbericht des Übersetzers hat man nicht etwa beim ersten Vorkommen des Namens zu suchen, nicht also zu 1. $M2_4$ wie etwa bei Hirsch. Dort findet man nur einen vertröstenden Verweis auf den Kommentar zu 2. $M3_{14}$. In diesem Aufschub, in den drei hebräischen Worten des grade in diesen ersten Kapiteln wieder von Mendelssohn persönlich verfaßten Kommentars: »denn dort ist der Ort dafür«, steckt im Keim Mendelssohns ganzes Verdienst um das Problem und sein entscheidender Fortschritt über Calvin und die reformierte Bibel, sowie auch sein Vorsprung vor den späteren, den Gottesnamen selbst von ihm übernehmenden jüdischen Übersetzern[1]).

Zu dem 14. Vers des 3. Kapitels von Exodus also, der im Original etwa heißt:

> Gott aber sprach zu Mosche:
> Ich werde dasein, als der ich dasein werde.
> Und sprach:
> So sollst du zu den Söhnen Jiſsraels sprechen:
> ICH BIN DA schickt mich zu euch

und bei Mendelssohn in breiter Paraphrase:

> Gott sprach zu Mosche: Ich bin das Wesen, welches ewig ist. Er sprach nämlich: So sollst du zu den Kindern Jisraels sprechen: »Das ewige Wesen, welches sich nennt: ich bin ewig, hat mich zu euch gesendet«

bemerkt Mendelssohns Kommentar:

In einem Midrasch heißt es: »Der Heilige, gelobt sei er, sprach zu Mosche: Sprich zu ihnen: ›Ich bin, der war, und jetzt bin ich der-

---

[1]) Eine Ausnahme macht Zadoc Kahn, der Mendelssohn genau folgt.

selbe und ich werde derselbe sein in der Zukunft!‹ Und ferner sagen unsre Lehrer, ihr Andenken zum Segen: ›Ich werde mit ihnen sein in dieser Not, der ich mit ihnen sein werde in der Knechtschaft unter den übrigen Reichen‹.« — Ihre Absicht damit ist folgende: »Weil die vergangene und die künftige Zeit in dem Schöpfer ganz Gegenwart sind, denn bei ihm gibt es keine ›Veränderung und Abhängigkeit‹[1]), und von seinen Tagen ist nicht vergangen, darum werden in ihm alle Zeiten mit einem einzigen Namen gerufen, der Vergangenheit, Gegenwart und Zukunft umfaßt. Durch diesen deutet er auf die Notwendigkeit der Existenz und deutet zugleich auf die ununterbrochen dauernde Vorsehung. Er sagt also mit diesem Namen gewissermaßen: ›Ich bin mit den Menschenkindern: gewogen zu sein und mich zu erbarmen, dessen ich mich erbarme; sprich also nun zu ihnen, zu Jisrael, daß ich es bin, der war, ist und sein wird und Herrschaft und Vorsehung übt über das All, ich bin es und ich werde mit ihnen sein in all ihrer Not: werde mit ihnen sein in dieser Not und werde mit ihnen sein allemal, wenn sie zu mir rufen‹.« — Nun gibt es aber im Deutschen kein Wort, das die Bedeutung der Allzeitigkeit mit der Bedeutung der Existenznotwendigkeit und der Bedeutung der Vorsehung in eins faßt, wie dieser heilige Name (»das ewige notwendige, vorsehende Wesen«[2]). So haben wir übersetzt: »der Ewige« oder »das ewige Wesen«[3]).

Onkelos[4]) übersetzt: »ich werde sein, mit wem ich sein werde« (nach der Lesart, die Nachmanides bringt), im Sinne von »Ich bin gewogen, wem ich gewogen bin, und erbarme mich, dessen ich mich erbarme« (unten Kapitel 33). Er beabsichtigt also, es nach dem Gesichtspunkt der Vorsehung allein zu übersetzen, ähnlich wie der zweite Midrasch. — Der Gaon Saadia schreibt, daß die Erklärung ist: der nicht vergangen ist und nicht vergehen wird, weil er der Erste und Letzte ist. Seine Worte sind also den Worten des ersten Midrasch ver-

---

[1]) Herr Dr. Torczyner versteht das Hiobzitat Mendelssohns, im Anschluß an den neuhebräischen Gebrauch, im Sinne von: keine »Variation neben der Konstanz«. – Ein Terminus des mittelalterlichen Hebräisch ist das schwierige Wort, wie mir Dr. Klatzkin auf Grund der Materialien zu seinem wunderbaren philosophischen Wörterbuch versichert, nicht.

[2]) Im Original deutsch.

[3]) Siehe Anmerkung 1.

[4]) Von hier an folgt Mendelssohn wohl zurückgelassenen Materialien des Kommentators seiner Genesis.

wandt, der auf die Ewigkeit deutet. — Maimonides im »Führer der Verirrten« erklärt es: der Existierende, der an sich Existenz hat. Seine Absicht geht also auf die Bedeutung der Existenznotwendigkeit. — In Wahrheit umfaßt es alle drei Bedeutungen; nur daß Onkelos im Aramäischen und ebenso Saadia im Arabischen und ebenso auch Maimonides im Arabischen, in dem er seinen »Führer« verfaßte, in jenen Sprachen kein Wort fanden, das alle jene Bedeutungen umfaßt wie dieser heilige Name. Darum legte jeder in seiner Weise nach einer von jenen Bedeutungen aus. Und der deutsche Übersetzer entschied sich, es im Sinne der Ewigkeit auszulegen, weil davon die andern Bedeutungen abzweigen. So habe ich auch bei Jonatan ben Usiel gefunden, daß er es nach dieser Bedeutung übersetzt: Ich-der-ich-bin-und-sein-werde hat mich zu euch geschickt.

Aus diesem Kommentar springt zunächst die überraschende Tatsache hervor, wie sehr diese für das moderne Judentum so folgenschwere Entscheidung für den abstrakten »philosophischen« Gottesnamen bei Mendelssohn selbst an einem Haar gehangen hat. Das »ewig notwendige« und das »vorsehende« Wesen, jenes von den klassischen Religionsphilosophen, dieses von der eigentlichen volkhaften Tradition — Onkelos, Talmud[1]), Raschi! — in dem Namen gefunden, gelten ihm an sich für gleichwertige, beides vom Text gemeinte Bedeutungen. In der Entscheidung steckt dann ein Stück von jenem, uns nach dem »Alleszermalmer«, als den ja grade Mendelssohn Kant bezeichnet hat, nicht mehr nachglaubbaren Glauben des achtzehnten Jahrhunderts an die Möglichkeit einer »rationalen Theologie«, für die sich — in flagrantem Widerspruch zur philosophiegeschichtlichen Erfahrung — aus dem »notwendig existierenden Wesen« das »vorsehende« mit logischer Schlüssigkeit ergäbe. Wir heute würden, wenn überhaupt, uns eher zu dem umgekehrten »Schluß« — vom Fürsorgenden auf den Existierenden — verstehen. Aber für Mendelssohn, den vorkantischen Menschen, war in »der Ewige«, oder wie er an besonders wichtigen Stellen wie grade hier sagt: »das ewige Wesen«, der Gott des betenden Anrufs mitgemeint, mitgenannt.

Wie liegt nun das Problem vom Text aus? Die, wie ich glaube, für jetzt abschließende Untersuchung darüber, vorbildlich in ihrer Nüchternheit und Umsicht, hat B. Jacob geliefert in seiner Abhandlung

[1]) Der nur den »zweiten« Midrasch recipiert hat (b. Berachot 9b).

»Mose am Dornbusch«[1]). Der ganze Zusammenhang der Erzählung des Kapitels spricht gegen die »erste«, die »Existenznotwendigkeits«-, und für die »zweite«, die »Vorsehungs«-Bedeutung des fraglichen Worts, das ja übrigens auch schon rein sprachlich nicht den statischen Sinn des Seins hat, sondern den dynamischen des Werdens, Eintretens, Geschehens. Mose schreckt vor der Rolle des Führers, die Gott ihm aufträgt, zurück. Darauf versichert ihm Gott:

Wohl, doch ich werde dasein bei dir.

Darauf Mose:

Seis denn: ich komme zu den Söhnen Jissraels,
ich sage ihnen: Der Gott eurer Väter schickt mich zu euch,
sie werden mir sagen: Was ists um seinen Namen?
was soll ich ihnen sagen?

Und hierauf, auf die Frage also nach der Bedeutung des Namens (nicht, wie Jacob nachweist und übrigens auch schon Mendelssohn[2]), freilich ohne es übersetzerisch zum Ausdruck zu bringen, kommentiert, nach dem Namen selbst), soll Mose das oben Angeführte antworten. Welchen Sinn hätte wohl für die verzagenden Unglücklichen eine Vorlesung über Gottes notwendige Existenz? Sie brauchen, genau wie der zaghafte Führer selbst, eine Versicherung des Bei-ihnen-seins Gottes und brauchen sie, zum Unterschied von dem Führer, der es ja aus Gottes eigenem Munde vernimmt, in der die göttliche Herkunft der Versicherung bestätigenden Form einer Durchleuchtung des alten dunkeln Namens.

So ist aus dem erzählerischen Zusammenhang nur eine Übersetzung gerechtfertigt, die nicht das Ewigsein in den Vordergrund rückt, sondern das Gegenwärtigsein, das Für-euch- und Bei-euch-dasein und -daseinwerden. Wie sich das dann zur Wiedergabe des von dieser Stelle aus durchsichtig gewordenen Namens in den drei Dimensionen des persönlichen Fürworts, dem Anredenden, dem Angeredeten, dem Beredeten, verdichtet, das habe ich an andrem Ort[3]) ausgeführt. Nur im Fürwort ballt sich die Bedeutung des Einen, jeweils in einer der drei Weisen Gegenwärtigen in der jeweils gemeinten Art von Gegen-

---

[1]) Monatsschrift für Geschichte und Wissenschaft des Judentums 1922.

[2]) Und übrigens auch Calvin im ausführlichen (lateinischen) Kommentar (Corpus Reformatorum Band 52) zu 2. M 6₁₃ f. und 6₂.

[3]) Franz Rosenzweig, Briefe, Schocken Verlag 1935. S. 599 (Brief an Martin Goldner vom 23. 6. 27).

wart zu einem Wort zusammen. Im Fürwort natürlich, das nicht in der Objektivität der Erzählung oder der berichteten Rede verschluckt wird, sondern mit der explosiven Kraft der Mündlichkeit aus der immer vergangenen Sprache des Buchs in die Gegenwart hervorspringt, — es ist kein Zufall, daß die beiden am tiefsten theologisch bewegten Übersetzer ins Deutsche, Luther und S. R. Hirsch, das Problem ebenfalls im Druck nicht ohne das Gewaltmittel einer Unterbrechung des ruhigen Fortflusses der Lettern zu lösen wußten, Luther mit seinen Versalien, Hirsch mit seinem Sperrdruck. Der jenen Gegenwärtige, bei ihnen Daseiende, also: ER, der einem Ich Gegenwärtige, bei mir Daseiende: DU, der einem Du Gegenwärtige, bei dir Daseiende: ICH. Eben der notwendige Wechsel der Personen ist die Probe auf das gelöste Exempel, die Wiedergabe des Namens in festen Zusammenhang mit der Offenbarung des Namens zu bringen und so, wie noch gezeigt werden soll, die Einheit der Bibel schon als des geschriebenen, nicht erst als des gelesenen Buchs, die eben dieser Zusammenhang konstituiert, übersetzerisch wiederzugeben. Was Raschis Enkel, der »Raschbam«, in seinem Kommentar nur unter dem Siegel des vertauschten Alphabets mitteilen mag, ist ja nichts als der schlichte Sinn jener Offenbarung: »er nennt sich: ICH BIN DA, und wir nennen ihn: ER IST DA«.

Mendelssohn hat also die Entscheidung falsch getroffen, beeinflußt durch den Vorgang Calvins und einflußempfänglich geworden durch den rationalistisch-klassizistischen Geist seines Jahrhunderts, der sich ihm hier mit dem Geist des von Jugend auf verehrten, doch eben hier wie so oft aristotelisch beeinflußten Maimonides gegen den sicheren Instinkt der jüdischen Tradition verbündete. Aber das wiegt, obwohl es für das Judentum des Emanzipationsjahrhunderts verhängnisvoll geworden ist, leicht gegen das große Verdienst, daß er als Erster — und auf lange hin Einziger — die spezifisch übersetzerische Entscheidungsfrage richtig gestellt hat, indem er die Wiedergabe des Namens an die Offenbarung des Namens gebunden hat. Wohl war auch die in den Ländern des christlichen Europa meistgebrauchte, aus der Septuaginta stammende und durch die Vulgata vermittelte Umschreibung »der Herr« insofern der Einzigartigkeit dieses Gottesnamens gerecht geworden, als sie eben Umschreibung war und dadurch die Transparenz des Namens, sein Durchleuchtetsein von Sinn, wiedergab. Und wohl war »der Herr« insofern sogar eine bessere

Wiedergabe als »der Ewige«, als es wenigstens keinen in sich beschlossenen Sinn hatte, sondern einen über sich hinausweisenden: »der« Herr ist immer der Herr des jeweils ihm Gegenübergestellten, ihm jeweils Begegnenden, immer ein Wort der Beziehung[1]). Aber — mindestens vom lateinischen »Dominus« an —, ganz im Gegensatz zu seinem hebräischen Urbild, der Deckaussprache des Gottesnamens, die nach der Rückkehr aus Babylon[2]) aufkam, das Wort einer falschen, nämlich eben nur herrschenden, nicht helfenden, nur vorstehenden, nicht beistehenden Beziehung. Das hebräische *Adonaj*, wie es im Mund der Profeten, des Amos, des Jesaja, zum eigensten Wort des Botenbewußtseins geworden war — »mein Herr« —, behielt (und behält im jüdischen Munde bis auf diesen Tag) diesen innigen, mit einem Unterton von Vokativität, von Anrede und Anruf versetzten Klang, wie es denn in der nachbiblischen Gebetsliteratur ganz überwiegend im Vokativ steht; es blickt gewissermaßen mitten aus dem Satz für einen Augen-Blick zum Himmel auf; so wie dem Toraschreiber das Gesetz auflegt, vor jedem Gottesnamen sich zu unterbrechen mit dem Wort, daß er ihn zur Heiligung des Namens schreiben wolle, und Frömmste des frommen Handwerks diesem Spruch durch ein Tauchbad Leibhaftigkeit geben; und wie den Toraleser die überlieferte Vokalisation zwingt, das Wort, wo auch immer im Satz es steht, so auszusprechen, als stünde es vor einer satzschließenden oder satzunterbrechenden Pause. Und unter Adonaj lag eben zum Unterschied von »Herr« jedesmal sichtbar der wirkliche Name mit seiner Bindung an

---

[1]) Dazu vgl. jetzt Baudissins überwältigend gründliches und überwältigend durchgeistigtes Nachlaßwerk »Kyrios«.

[2]) Vgl. B. Jacob, Im Namen Gottes, 1903, Exkurs. — Die interessante Hauptthese der beiden ersten Teile des Baudissinschen Kyrioswerks gibt der Verlagsvermerk durchaus irreführend an. In Wahrheit leitet Baudissin das Kyrios der Septuaginta und das, nach ihm viel spätere, Adonaj der Massoreten beides aus der altbiblischen und sowohl in Alexandria wie in Jerusalem lebendigen Gebetsanrede: Adonaj! mein Herr! her. – Daß er dann allerdings auf diese angegossene Spitze seines Werks zum Schluß noch die weitere Spitze aufmontiert, zwar sei die Gefühlstönung des »der Herr« der Alexandriner (wie er in den zwei Bänden überzeugend nachweist), »mein bzw. unser Herr« geblieben, aber die des »mein Herr« der Massoreten, also der nachchristlichen Juden sei die eines kalt-erhabenen »der Herr« geworden: dieses tolle chassez-croisez des simplen Tatbestands erledigt sich von selbst oder müßte sich von selbst erledigen, wenn nicht die Theologie, auch bei den Besten, immer eine militante Wissenschaft bliebe, – Mephisto behält, obwohl hier der Theologe einem Wort grade sein »Jota rauben« will, schon recht!

den Moment seiner Offenbarung. Und diese Aufgabe einer Bindung des Namens an den namenoffenbarenden Moment hat Mendelssohn der Übersetzer entdeckt.

Eben hier liegt der Punkt seines Fortschritts über Calvin. Die Genfer übersetzen verschieden, aber durchweg im Anschluß an die von der Septuaginta und Vulgata geschaffene Übersetzungstradition, also: ich bin, der ich bin (oder mit humanistischem Rückgriff auf das — aber doch immer nur im Sinn der Septuaginta verstandene[1]) — hebräische Original: ich werde sein, der ich sein werde) oder: ich bin der, der ist; und: der, der ist (oder: »ich bin« oder: der sich nennt »ich bin«), hat mich zu euch geschickt. Selbstverständlich ist ihnen, sobald sie Éternel statt Seigneur sagen, der Zusammenhang mit dieser Stelle bewußt; sehr eigentümlich zeigt sich das in der auf der hiesigen Bibliothek vorhandenen Ausgabe von 1565, die im allgemeinen (mit Ausnahme besonders zentraler Stellen, wie zum Beispiel 1. M 4_1 und 4_{26} und 2. M 34_6) Seigneur hat: sie sagt von dem Vers der Namensoffenbarung bis zum Kapitelschluß Éternel und erklärt in Anmerkungen sowohl diesen Namen aus dem Verb des Verses 14 als umgekehrt auch diesen Vers mit: »ich werde es ewig sein« und: »der, der ewig ist«. Aber in der Übersetzung selbst schafft auch sie keine Verbindung: das aus dem platonisierenden »Ich bin der Seiende« der Septuaginta ererbte Wort der Namensoffenbarung bleibt ohne sprachlichen Zusammenhang mit dem wirklich gebrauchten Gottesnamen des Textes.

Wie viel aber darauf ankommt, daß das Erkannte hier auch übersetzerisch zum Ausdruck gebracht wird, mag Philon zeigen —, als Erstling all derer, die sich des großen Privilegs der Menschheit bedient haben, das Menschheitsbuch im Knechtsgewand einer Übersetzung so zu lesen, als stünde es vor ihnen im Königskleid der heiligen Sprache. Philon hat aus seiner Septuaginta entnommen, nur »der Seiende« sei

---

[1]) Während Luther mit seinem wahrhaft genialen »Ich werds sein, der hat mich zu euch gesandt« durch den Platonismus der Alexandriner zum echten, ungriechischen, zum jüdischen Sinn durchstößt. – Sehr merkwürdig wiederum, wenn dieser Seitenblick mir verstattet wird, das Verhalten des Aquinaten. In der Summa theologica (Pars I, qu. 13, art. 11) macht er sich selbst den, nachher natürlich beseitigten, Einwurf, ob denn dieser ihm von seiner Vulgata dargebotene Name »qui est« Gottes eigentlichster Name sein könne, da doch jeder Gottesname eine Beziehung auf die Kreaturen enthalten müsse, weil wir ja Gott nur durch die Kreaturen erkennen.

Gott selbst, der »Herr« sei nur eine untergeordnete Gotteskraft! und — natürlich — die göttliche Strenge, nicht die göttliche Milde!

Aber auch nach ihrer jüdischen Wichtigkeit ist Mendelssohns übersetzerische Klärung des Zusammenhangs zwischen Name und Namensoffenbarung gar nicht zu überschätzen. Nicht weniger hängt von der Sichtbarmachung dieses Zusammenhangs ab als die Einheit der Bibel. Und zwar ihre Einheit als einheitlicher Ausdruck und Ausfluß der Offenbarung des einen Gottes. Gelehrter und also verständlicher gesagt: ihre Einheit unter dem Prinzip des Monotheismus. Der biblische »Monotheismus« besteht ja nicht in der Erkenntnis einer Einheit des göttlichen Wesens; wäre er das, so ermangelte er jeder Besonderheit: es gibt kein »Heidentum«, das nicht — und nicht etwa erst in späten religiösen Philosophemen, sondern in echter und ursprünglicher religiöser Erfahrung — seinen »Polytheismus«, die Fülle seiner religiösen Erlebnisse also, in der Einheit eines »Religiösen« überhaupt, sei es in einer Götterhierarchie, sei es in einem Götterpantheon, sei es in Götteridentifikation, zusammenfaßte. Sondern das Eigentümliche des biblischen Gottesglaubens besteht darin, daß er diese »heidnische« Einheit — mit dem Kusari zu reden: den Gott des Aristoteles — zwar voraussetzt, aber diesen Gott in seinem Einssein mit dem persönlichst und unmittelbarst erfahrenen — wieder mit dem Kusari gesprochen: dem Gott Abrahams — erkennt. Die »heidnische Einheit« ist dabei nicht etwa nebensächlich; ein teilgebliebener Gott (etwa ein Gruppengott), der beanspruchte, »der ganze« zu sein, wäre ein Götze und unfähig, in die Ineinssetzung mit dem »Gott Abrahams« einzugehn (das zu verkennen ist einer der zentralen Irrtümer Goldbergs); aber ihre, sozusagen, monotheistische Pointe erhält jene heidnische Einheit erst durch diese jüdische Ineinssetzung des fernen mit dem nahen, des »ganzen« mit dem »eigenen« Gott. Diese Ineinssetzung erst ist das »Wesen des Judentums« und durch das trinitarische Dogma, wie sehr auch gebrochen und in Gefahr des Rückfalls in die vor- und außerjüdische Spaltung, auch das Wesen des Christentums (den Ernst und die Aktualität dieser Gefahr zeigen in der Gegenwart wieder Barth und Gogarten). Und diese Ineinssetzung ist der Offenbarungskern der Bibel und das, was sie zur jüdischen Bibel macht; der Unterschied der jüdischen Bibel vom »Alten Testament« liegt darin, daß vom Neuen Testament aus allzu leicht der Gott des »Alten« dem »Vater Jesu Christi« gegenüber wieder gewissermaßen auf den »Gott des Aristoteles« reduziert wird. Und eben diese Ineinssetzung ist es, die mit ihrer aus dem ICH BIN DA-Ruf vom brennenden Dorn hervorschlagenden Glut in den Gottesnamen die ganze Bibel in eins schmiedet, indem sie überall die Gleichung des Gottes der Schöpfung mit dem mir, dir, jedem Gegenwärtigen vollzieht — diese Gleichung, deren Feuer am heißesten brennt an den Stellen, wo der Gottesname und das Wort für Gott aufeinanderprallen, wie in den Paradieskapiteln der Genesis oder in dem Einheitsruf des »Hör, Jifsrael«, überhaupt den Stellen, wo Mendelssohn »der Ewige« nicht genügt und er durch »das ewige Wesen« das Bezogenwerden auf die Namensoffenbarung des Exodus in seiner Weise ganz sicherzustellen sucht.

Die verschiedenen historischen Möglichkeiten lassen sich unter dem Licht der hier entwickelten Erkenntnisse etwa folgendermaßen skizzieren[1]):

In der hebräischen Bibel, wie sie uns vorliegt, erscheint der Gottesname in drei Gestalten, nämlich außer in seiner vierkonsonantigen Form, dem sogenannten Tetragrammaton, noch in einer zweikonsonantigen und in einer dreikonsonantigen, also sozusagen als Di- und als Trigrammaton. Das Digrammaton Jàh, zu sprechen mit kurzem hervorgestoßenen offenen o, gehört, wie Jastrow[2]) — freilich mit verfehlten Konsequenzen — wahrscheinlich gemacht hat, zu der Gruppe der Gottnamen oder -beinamen, die auf kultische Aus- oder richtiger: Anrufe zurückgehen, wie Iakchos, Euios und ähnliche. Er wäre also eine jener Interjektionen, einer jener Urschreie, aus denen die Sprache entstanden sein muß: Wort im Urstand der Begegnung, noch vor der Vergegenständlichung, reiner Vokativ vor aller Möglichkeit andrer Kasusse. Also das was grade ein Gottname zum Unterschied von allen Eigen- und Dingnamen nicht bloß ursprünglich einmal gewesen sein, sondern immer bleiben sollte. Tatsächlich kommt dieser Name auch nie in objektiven Zusammenhängen, etwa in Erzählungen vor, sondern ausschließlich in Wendungen eruptiven Charakters, als deren

[1]) Zum Folgenden vgl. als die wichtigste neuere Behandlung den Aufsatz von Driver: »The original form of the name Yahweh« (Zeitschrift für die alttestamentliche Wissenschaft 1928), mit dem ich die entscheidende These, daß das Tetragrammaton als Theologumen entstanden und dauernd Theologumen geblieben sei, gemein habe, während ich ihm in der Trigrammatonfrage nicht folgen kann.

[2]) Zeitschrift für die alttestamentliche Wissenschaft.

zugleich bekanntestes und häufigstes Beispiel der Kultruf Hallelu-Jàh dienen möge. Das spricht auch gegen die ebenfalls von Jastrow vertretene Theorie, wonach das »Digrammaton« als Gottesname ein spätes Gelehrtenprodukt sei.

Die zweite Gestalt des Gottesnamens, das »Trigrammaton«, ist biblisch nur in Eigennamen erhalten, und zwar in den beiden Ausspracheformen Jahuw (mit zwei langen Vokalen und stummem w) und Jehow (mit fast stummem e, langem o und stummem w) und in zwei diesen beiden Formen je zugehörigen Kurzformen Jah (mit langem a) und Jow (mit langem o und stummen w). Außerbiblisch kommt es dagegen auch selbständig als Gottesname vor, und zwar oft in den in Elefantine gefundenen Dokumenten der ägyptischen Juden des fünften und auf in Jerusalem und Jericho ausgegrabenen Scherben usw. des fünften und vierten vorchristlichen Jahrhunderts; ferner darf doch wohl auch das sowohl in antiken wie in patristischen wie endlich in zahlreichen allerdings trüben gnostischen Quellen als jüdischer Gottesname überlieferte Iao[1]) als Beleg für das Trigrammaton angesehen werden. Dieser merkwürdige Tatbestand, daß die Bibel diese außerbiblisch belegte und in ihren Personennamen ausschließlich vorkommende Gestalt des Gottesnamens in ihrem Text nirgends erhalten hat, sondern ausschließlich eine andre, die vierbuchstabige Gestalt, verlangt nach Erklärung. Den Nichtgebrauch des Tetragrammatons in Personennamen und in profanen Urkunden sowie auf profanen Geräten könnte man zwar wohl ähnlich wie die Ersetzung des eigentlichen Profetennamens durch die Deckformen Mehmed und Mahmud in der islamitischen Namengebung und ähnlich wie so manchen andern frommen Brauch als eine Scheu vor Profanierung des Heiligen verstehen; das Umgekehrte aber, das Nichtvorkommen des Trigrammatons im biblischen Kontext, forderte auch dann noch Erklärung.

[1]) Die fürchterliche Musterung, die Baudissin in seiner großen, auch heut noch als Sammlung des damals vorliegenden Materials wertvollen Abhandlung (in »Studien zur semitischen Religionsgeschichte«) »Der Ursprung des Gottesnamens Iao« über die Quellen für ihn abgehalten hat, wäre wohl weniger fürchterlich ausgefallen, wenn er ihn damals – vor Elefantine und vor Sellins Ausgrabungen – schon auf ein selbständig existierendes Trigrammaton hätte beziehen können und nicht nur auf das Tetragrammaton. Tatsächlich bedeutet die Behandlung der Frage in »Kyrios« eine vollkommene und auch ausdrücklich als solche dargebotene Umkehr. – Vgl. auch Deissmann, Griechische Transkriptionen des Tetragrammaton (in »Bibelstudien«).

Denn einerlei ob es eine ältere, im Tetragrammaton aufgelichtete Gestalt des Gottesnamens darstellt oder eine jüngere Deckform: in beiden Fällen ist nicht einzusehn, warum es sich nicht ebensogut erhalten haben könnte wie das Digrammaton. Es muß bewußt getilgt oder bewußt gemieden sein — oder auch beides.

Das Tetragrammaton, unbekannter oder wenigstens unsicherer Aussprache[1]), ist Name und Beiname in einem[2]) —, darin allen »Götternamen« gleich, und doch von allen geschieden dadurch, daß bei ihm das Namenhafte und das Beinamenhafte sich vollkommen decken, so daß also kein Teil des Namens vom Sinn undurchleuchtet bleibt (wie es etwa bei all den späten »Erklärungen« antiker Götternamen der Fall ist) und andrerseits die Flamme des Sinns an keiner Stelle über die Fläche des Namens hinausschlägt (wie etwa bei den Namen der römischen »Sondergötter«). Zum Namen wird das Tetragrammaton, außer durch seine grammatische Behandlung, durch die Ausschließlichkeit seines Vorkommens und seiner Verwendung; daß es aber nicht etwa bloß ursprünglich oder bloß nachträglich, sondern dauernd als bedeutungsvoll, beinamenhaft, empfunden wurde, lehren all die zahlreichen Stellen, in denen die Erkenntnis des Namens als großes umwälzendes Ereignis, ja als das große umwälzende Ereignis, die Wende der Weltgeschichte, gefaßt wird —, Stellen, die durch die übliche, pseudowissenschaftliche Wiedergabe jeglichen Sinns bar werden. »Sie sollen erkennen, daß ich Jahwe bin«, »Jahwe ist ein Kriegsheld, Jahwe ist sein Name«, das ist vollkommen sinnlos und wird erst sinnvoll, wenn man irgendwie, ganz einerlei wie: ob mit »Herr«, ob mit »Ewiger« oder sonstwie, den Namen als Bedeutungsträger wiedergibt. Daß die protestantische Wissenschaft vom Alten Testament an dem Gebrauch von »Jahwe« im Deutschen, wo es doch ohne alle Beziehung als ein nackter, sinnloser Name dasteht, so starr festhält, obwohl sie sich über die eben angedeutete »Beinamenhaftigkeit« klar ist — man sehe die ausgezeichnete Behandlung der Frage im Lexikon von Gesenius-Buhl —, diese Degradierung des Gottesnamens zu einem

---

[1]) Neben Jahweh kommt mindestens noch Jeheweh in Frage (vgl. Jacob, Monatsschrift für die Geschichte und Wissenschaft des Judentums 1922). – Auch Jahoh wird vertreten, kommt allerdings, wie mir scheint, nur für die Mesainschrift in Betracht, die dann das Trigrammaton in tetragrammatischer Orthographie böte.

[2]) Vgl. hierfür in Useners Götternamen den Abschnitt »Formale Wucherung«, besonders den Schluß, und zum Folgenden den Abschnitt »Sondergötter«.

Götzennamen[1]) ist aus rein wissenschaftlichen Gründen nicht zu begreifen; sie ist eine mit modernen Kriegsmitteln unternommene Fortführung des alten theologischen Kampfs gegen das »Alte Testament« oder wenigstens seinen Autarkieanspruch, seine Biblizität, die es für den Juden hat. Die jüdische Bibel ruft: Eli Eli! mein Gott, mein Gott! und die Alttestamentler schütteln den Kopf und erklären: Er rufet dem Elias.

Wie aber stellt sich nun das Verhältnis des Tetragrammatons zu den beiden andern Gestalten des Namens dar? Die zwei Möglichkeiten, die oben für das Verhältnis zum Trigrammaton abgesteckt wurden, treten, sowohl zueinander gegensätzlich, zurück vor der einen Grundtatsache des ausschließlichen Vorkommens des Tetragrammatons und Digrammatons im biblischen Kontext. Oder negativ ausgedrückt: des Nichtvorkommens des Trigrammatons. Verstehen läßt sich das nur so, daß das Tetragrammaton dem Trigrammaton gegenüber nie bloßer Name war, sondern immer mit dem vollen Spannungswert seiner theologischen Ladung auftrat, mit der es am Dornbusch gefüllt worden war. Historisch kann man sich den Gang der Dinge verschieden vorstellen. Wenn das Trigrammaton eine ältere Form war — sozusagen das »Jahwe« der Alttestamentler —, so ist das Tetragrammaton entweder das Zeugnis einer radikalen theologischen Umarbeitung der biblischen Texte bzw., da es ja schon im neunten Jahrhundert einmal in der moabitischen Mesainschrift als Name des israelitischen Gottes vorkommt, seiner älteren Schichten. Oder das Tetragrammaton ist in diesem Fall — und dazu neige ich selbst — ebenso alt wie die Bibel, mit andern Worten: es ist wirklich die Spur des im dritten Kapitel des Exodus berichteten Ereignisses am Dornbusch (bzw. für den, der lieber an Literatur glaubt als an Ereignisse, die Spur jener Erzählung und ihres »Verfassers«). Wenn aber das Trigrammaton eine spätere Deckform des Tetragrammatons sein sollte — dann allerdings, wie die inschriftlich bezeugten Eigennamen beweisen, eine recht alte —, so gilt historisch für seine Entstehung eine ganz ähnliche Alternative; nur ist dann die etwaige Vorform entweder unbekannt[2])

[1]) Freilich, auch Juden haben, irregeworden an den Übersetzungen »der Herr« und »der Ewige«, allen Ernstes mir vorgeschlagen, man solle im deutschen Text »Adonaj« schreiben!

[2]) Drivers (a. a. O.) »verlängertes« Digrammaton Jahwah oder Jawahi kommt mir sehr unwahrscheinlich vor.

oder das Tetragrammaton selber als »bloßer Name«. Das Digrammaton wäre all diesen historischen Möglichkeiten gegenüber der gemeinsame frühgeschichtliche Ursprung (vorausgesetzt natürlich, daß die Erklärung als Kultschrei zutrifft). Der Gott-Schrei wäre dann, um hier einmal eine der entwickelten Möglichkeiten auszuspinnen[1]), im Trigrammaton durch Zufügung der altsemitischen Nominalendung *u* zu einer Gottbezeichnung geworden und diese wiederum im Tetragrammaton durch Konsonantwerdung des Endungsvokals zur Gottesoffenbarung, oder wenn man es lieber vom Menschen aus faßt: zur Gotteserkenntnis. Dieser Name, der ganz Wort ist, ganz Wort der Begegnung und Gegenwart, ist dann, als er durch die Fortentwicklung der Sprache in Gefahr geriet, doch wieder bloßer Name zu werden, mit dem schützenden Zaun der Deckaussprache »mein Herr!« umgeben worden, die ihn selber zum verschwiegenen und doch sichtbaren Geheimnis macht und, indem sie ihn so vor gedankenlosem Hingesprochenwerden sichert, die lesenden Augen drängt, seines Sinns zu gedenken. Die Deckaussprache ihrerseits deutet einmal den Sinn des Namens insofern an, als auch sie Gott als den nennt, der nicht in seinem Sein, in seinem Wesen verharrt, sondern sich ins da-Sein, in die An-wesenheit herniederneigt; und zugleich deutet sie durch ihre grammatische Unverträglichkeit mit dem logischen Fluß des Texts an, wie der Name als eine Kraft der Wandlung und Neubildung die Sprache gewandelt, das Buch gebildet hat —, er selber Zeugnis eines Augenblicks der Offenbarung, der sich nun dem Leser in tausend Augenblicken der Erkenntnis wiederholt und erneuert. Beides, die Andeutung des Sinns und die Andeutung des Spannungsverhältnisses zwischen dem sinngeladenen Namen und dem Kontext, hat Mendelssohns Wiedergabe verfehlt, beides hat sie mit sicherem Blick für die Aufgabe einer jüdischen Bibelübersetzung erstmalig zum Problem gemacht.

Und dennoch — obwohl es nicht die biblische Konzeption wiedergibt und obwohl es jene von S. R. Hirsch gekennzeichnete Versuchung enthält, Gott in seinem Himmel zu lassen und sich auf der Erde einzurichten, kann auch dies »der Ewige« von echten Kräften der Men-

---

[1]) Nicht die Driversche, in deren assyriologischer Begründung ein, mir als Nichtassyriologen freilich nicht feststellbarer, Fehler stecken muß, da die von Driver selbst (a. a. O. 15 ff.) zusammengestellten Zeugnisse der palästinensischen Ausgrabungen genau den entgegengesetzten Schluß erzwingen, den Driver aus dem assyrisch-babylonischen Befund zieht.

schenseele beseelt sein. Ewig ist ja uns Vergänglichen das Wort der Sehnsucht, das letzte Wort unsres »Lieds von der Erde«. Unser Herz weiß keinen Wunsch darüber hinaus. Die großen Denker der Menschheit haben, von Platon und Aristoteles an, diesem Wunsch des Menschenherzens Erfüllung geschaffen, indem sie ihm ein Göttliches zeigten, in dem diese unsre Sehnsucht zur Ruhe kam. Auch der Gott der Bibel stillt dieses Verlangen, aber nicht indem er es erfüllt oder ihm Erfüllung verheißt, sondern wirklich indem er es stillt, indem er es schweigt. Die Sehnsucht nach seiner Ewigkeit vergeht dem Menschen, der Gottes Gegenwärtigwerden in dieser Weltzeit erfährt und erhofft. Selbst das Wort der Bibel, das gewöhnlich mit Ewigkeit übersetzt wird, bedeutet in Wahrheit ja eben diese unsere Weltzeit bis zu ihrer Wende, bis zu »jenem Tag«. Vor der lebendiggewordenen Zeit lernt das Verlangen des Menschen nach Ewigkeit schweigen.

Aber eben weil die Bibel es anders weiß, etwas anderes weiß, vermag sie sich auch den ihr fremden Ton, der ja doch ein echter Menschenton ist, einzustimmen. Wenn Hermann Cohen sprach: »Der Ewige ist mein Hirt«, so war dieses »der Ewige« nur wie ein augenblickhaftes Aufschießen der Sehnsucht, das von dem seligen Bewußtsein des göttlichen Herniederneigens, der göttlichen »Demut«, in dem biblischen »ist mein Hirt« sogleich überflutet wurde. Auch Mendelssohn selbst hat in seiner Fehlwahl zwischen »ewig« und »vorsehend« so empfunden, wenn er meinte, mit dem »Ewigen« wäre auch der »Vorsehende« mitgesetzt. Und wie müht sich der große Urheber des Worts, Calvin, in seinem Kommentar, den ewig »Seienden« über Platons »Seiendes« hinaus zum ewig Mächtigen und ewig Erlösenden zu steigern! Hätte die Bibel nicht diese geheimnisvolle Kraft, unsre Irrtümer in ihre Wahrheit zu verwandeln, so wäre, sie zu übersetzen, ein noch größeres Wagnis als es das schon ist. Aber darum allein auch wird das Wagnis Gebot und ein jeder Mühe wertes Ziel. Denn diese Kraft der Bibel zur Verwandlung ist das Geheimnis ihrer weltgeschichtlichen Wirkung.

Die Schrift und Luther

(1926)

I

Übersetzen heißt zwei Herren dienen. Also kann es niemand. Also ist es wie alles, was theoretisch besehen niemand kann, praktisch jedermanns Aufgabe. Jeder muß übersetzen und jeder tuts. Wer spricht, übersetzt aus seiner Meinung in das von ihm erwartete Verständnis des Andern, und zwar nicht eines unvorhandenen allgemeinen Anderen, sondern dieses ganz bestimmten, den er vor sich sieht und dem die Augen, je nachdem, aufgehen oder zufallen. Wer hört, übersetzt Worte, die an sein Ohr schallen, in seinen Verstand, also konkret geredet: in die Sprache seines Mundes. Jeder hat seine eigene Sprache. Oder vielmehr: jeder hätte seine eigene Sprache, wenn es ein monologisches Sprechen (wie es die Logiker, diese Möchtegern-Monologiker für sich beanspruchen) in Wahrheit gäbe und nicht alles Sprechen schon dialogisches Sprechen wäre und also — Übersetzen.

Wenn alles Sprechen Übersetzen ist, dann kann jene theoretische Unmöglichkeit des Übersetzens, die wir erkennen und anerkennen, nur die Bedeutung für uns haben, die all solche theoretischen Unmöglichkeiten, die man aus der Storchenteichperspektive des vor dem Leben Stehenden erkennt, nachher im Leben selbst haben: sie wird uns in den »unmöglichen« und notwendigen Kompromissen, deren Abfolge Leben heißt, den Mut der Bescheidenheit geben, die nicht das erkannte Unmögliche, sondern das aufgegebene Notwendige von sich selbst fordert. Also im Sprechen und Hören nicht, daß der andere meine Ohren oder meinen Mund hat, wodurch freilich das Übersetzen unnötig würde, aber das Sprechen und Hören auch. Und im Sprechen und Hören zwischen den Völkern nicht, daß die Übersetzung — keine Übersetzung ist, sondern entweder das Original, womit dann das hörende Volk überflüssig würde, oder ein neues Original, womit dann das sprechende Volk abgetan wäre. Beides könnte nur ein verrückter

Egoismus wollen, der in dem eigenen, persönlichen oder nationalen, Dasein sich zu befriedigen meinte und um sich her Wüste ersehnt. In der Welt, die nicht zur Wüste geschaffen wurde, sondern in Scheidungen und nach Arten, ist für solche Gesinnung kein Platz.

Schleiermacher, selber mit seinem Platon einer der großen Übersetzer, hat einmal die Übersetzungen witzig genug in solche geschieden, die den Schriftsteller möglichst in Ruhe lassen und den Leser ihm entgegen bewegen, und in solche, die den Leser möglichst in Ruhe lassen und den Schriftsteller ihm entgegen bewegen[1]). Wir wissen nun nach dem Vorhergesagten, daß diese blendende Antithese, insofern sie ernstlich Antithese hatte bleiben wollen, wirklich nur blendend war. Denn wenn sie mehr sein wollte als die antithetisch klärende Aufhellung einer vielfältig verflochtenen und vermischten und nie antithetisch geschiedenen Wirklichkeit, dann wäre ja das Ideal einer Platoübersetzung entweder eine Teubnersche Textausgabe oder Kants Kritik der reinen Vernunft. Aber vernünftig aufgefaßt, nämlich nicht als ein Entweder-Oder, sondern als ein Mittel zur Entmischung der gemischten Wirklichkeit, kann jenes Schleiermachersche Wort uns in unsre Untersuchung hineinleiten und eine Strecke lang begleiten. Es kann uns lehren, die Frage nach dem Mischungsverhältnis zu stellen; und wenn diese Frage, die wie alle quantitativen Fragen sehr wichtig, aber, wie ebenfalls alle quantitativen Fragen, nur eine Vorfrage ist, ihre Antwort gefunden hat, kann es uns an die eigentliche Frage heranführen: an welchen Punkten des Werks der Leser und an welchen Punkten das Original »bewegt« wird. Die bloße Nennung der wirkenden Kräfte sagt hier wie stets noch gar nichts; die Feststellung ihres quantitativen Verhältnisses sagt hier wie stets zwar etwas, aber nur wenig; erst die Beschreibung der Punkte, wo die eine ansetzt und wo die andere, gibt ein Bild.

II

Von Luthers Äußerungen über seine Übersetzung sind grade die bekannt, die seinen Willen aussprechen, Deutsch, gemeinverständliches Deutsch, zu schreiben: »deutliche und jedermann verständliche Rede

---

[1]) Sämtliche Werke III, II, S. 218.

zu geben, mit unverfälschtem Sinn und Verstand.«[1]) Es sind auch wirklich weitaus die überwiegenden. Und der große Schritt, den er über die deutsche vorluthersche Bibelübersetzung hinaustat, war hier schon den Zeitgenossen am eindrücklichsten. Dennoch war er sich auch der andern Seite seines Werks, der Bewegung des deutschen Lesers hin zu dem fremden Original, dem fremden Sprachgeist, voll bewußt. In der Sondervorrede des »Deutschen Psalters«, dieser instruktivsten all seiner Äußerungen zum Übersetzungsproblem, in der er sich und dem Leser an einer langen Reihe von Beispielen Rechenschaft gibt über seine Methode und über die tiefgreifendste und durchgängigste Umarbeitung, die er je an einem Teil seines Werks vollzogen hat, kommt er ganz ausdrücklich auch hierauf zu sprechen und stellt als die von ihm entdeckte und befolgte »Regel« auf, »zuweilen die Worte steif zu behalten, zuweilen allein den Sinn zu geben«.

Ihre Gründe nun oder vielmehr der Grund, aus dem Luther seinem deutschen Leser zuweilen zumutet, »der hebräischen Sprache Raum zu lassen« und »solche Worte zu gewohnen«, wird ganz deutlich aus einer Stelle jener Psaltervorrede, die ich deshalb trotz ihrer Länge ungekürzt hersetze:

Wiederum, haben wir zuweilen auch stracks den Worten nach gedolmetscht, ob wirs wohl hätten anders und deutlicher können geben, darum, daß an denselben Worten etwas gelegen ist. Als hier im 18. Vers[2]): Du bist in die Höhe gefahren und hast das Gefängnis gefangen. Hier wäre es wohl gut deutsch gewesen: Du hast die Gefangenen erlöset. Aber es ist zu schwach, und gibt nicht den feinen reichen Sinn welcher in dem Hebräischen ist, da es sagt: Du hast das Gefängnis gefangen, welches nicht allein zu verstehen gibt, daß Christus die Gefangenen erledigt hat, sondern auch das Gefängnis also weggeführt und gefangen, daß es uns nimmermehr wiederum fangen kann noch soll, und ist so viel als eine ewige Erlösung.

Auf solche Weise hat S. Paulus Lust zu reden, wenn er spricht: ich bin durchs Gesetz dem Gesetz gestorben. Item, Christus hat die Sünde durch Sünde verdammt. Item, der Tod ist durch Christum getötet. Das sind die Gefängnisse, die Christus gefangen und weggetan hat, daß uns der Tod nicht mehr halten, die Sünde nicht mehr schuldi-

---

[1]) Vorrede über das Buch Hiob (Drucke von 1524 und 25).

[2]) Luther spricht vom 68. Psalm.

gen, das Gesetz nicht mehr das Gewissen strafen kann, wie S. Paulus solche reiche, herrliche, tröstliche Lehre allenthalben treibt.

Darum müssen wir zu Ehren solcher Lehre, und zu Trost unsres Gewissens, solche Worte behalten, gewohnen, und also der hebräischen Sprache Raum lassen, wo sie es besser macht, denn unser Deutsch tun kann.«

Hier wird unvergleichlich klar, wie sich das Herrschgebiet der beiden Prinzipien, das der Bewegung des Texts zum Leser und das der Bewegung des Lesers zum Text, gegeneinander abgrenzt. Jenes ist an sich das vorherrschende, für Luther wie für jeden Übersetzer; denn schließlich geschieht alles Übersetzen in die Sprache des Lesers und nicht in die Sprache des Originals; daß Luther so viel von dieser, doch mehr selbstverständlichen, Seite seines Tuns spricht, hat seinen guten Grund darin, daß er sich als den ersten Könner dieser Kunst fühlen durfte; wenn die Übersetzung seiner Vorgänger von Latinismen wimmelte, so war das keine Wirkung jenes andern Prinzips, sondern bloße Stümperei. Das andre Prinzip ist für ihn, wie für jeden Übersetzer, die Ausnahme. Daß wir uns heut mehr dafür interessieren, liegt daran, daß, wenn erst einmal die Regel gesichert ist, die Ausnahme sowohl umstrittener als auch fragwürdiger und darum lehrreicher und interessanter ist als die Regel. Wo aber beginnt nun nach Luthers Ansicht die Notwendigkeit, im Deutschen »der hebräischen Sprache Raum zu lassen«? Wo das Gesagte ganz wichtig, ganz zu uns, zu »unserm Gewissen« gesprochen ist, wo also die Schrift für ihn, den lebendigen Christen von heute, heute lebendig ansprechendes Gotteswort, lebendige Lehre, lebendiger Trost, ist. Er hatte in der »Analogie des Glaubens« die nie versagende Wünschelrute, die ihm an all den Stellen, wo das Alte Testament »Christus trieb«, aufzuckte. Wo es so für ihn, den Christen, lebendiges Gotteswort war, da, und nur da, da aber unbedingt, mußte es wörtlich genommen werden und also auch in »steifer« Wörtlichkeit übersetzt. Überall sonst, und das umfaßte für ihn beim Alten Testament den größten Teil des Textes, wo es nach der herrlichen Stelle der Vorrede auf das Alte Testament nur ein Bild und Exempel des Regiments und des Lebens ist, wie es »zugehet wenn es im Schwang gehet«, läßt der Übersetzer »die hebräischen Worte fahren und spricht frei den Sinn heraus aufs beste Deutsch, so er kann«[1]).

[1]) Vorrede zum Deutschen Psalter.

Luthers Glaube bestimmt also bis ins einzelne, wie die große Mittlerarbeit geschieht, wo also das Wort und wo hingegen der Hörer »in Ruhe gelassen wird«. Luthers Glaube und, da es einen isolierten Glauben nicht geben kann, sein Begriff eines abgrenzbaren, weil abgegrenzten Glaubensinhalts. Einer Zeit also, der dieser Offenbarungsbegriff verlorengegangen ist und die, klarer oder verworrener, sich Offenbarung des ihr Glaubenswürdigen grade in der ganzen Breite dessen hofft, was Luther als bloßes Bild und Exempel des Lebens aus dem fest und sichtbar und für immer eingegrenzten Glaubenskern des Buchs herausverwiesen hatte, einer solchen Zeit müßte es also erlaubt sein, die Glaubensfrage des Übersetzens neu an das Buch zu stellen, so sicher wie es ihr geboten ist. Und diese Frage wäre in keinem der europäischen Sprachvölker eine Frage. In Deutschland ist sies, und eine von schwerstem Ernst. Denn zwar für Luther selbst war sein Werk stets im Fluß geblieben; noch am Ende seines Lebens hat er geklagt, daß es ihm nicht mehr gegönnt sein würde, die Übersetzung ganz neu umzuarbeiten, und hat von der Zukunft erhofft, daß sie »es mehr und besser machen«[1]) würde; aber für sein Volk hat sich das Werk von dem Glaubensleben seines Urhebers gelöst und ist zum Grundbuch nicht nur einer Kirche, was weniger bedeuten würde, sondern der nationalen Sprache selber geworden. So prallt hier der Mut jenes Erlaubt und der Ernst jenes Geboten an das verschlossene Tor eines Unmöglich.

III

Sprachen können jahrhundertelang schon von Schrift begleitet sein, ohne daß das entstünde, was man mit einem sehr sonderbaren Wort als »Schriftsprache« bezeichnet. Wohl bildet sich die Schrift überall bald Formen des sprachlichen Ausdrucks, die ihrer eigenen Umständlichkeit ent-sprechen, aber außerhalb der schriftbeherrschten Lebenskreise bleibt die Sprache frei und triebkräftig. So wie ein Schulkind zwar in der Schule selbst das Sprechen verlernt, aber zu Hause schwatzt es noch drauflos. Erst wenn es die Lesewut bekommt, spätestens also wenn es Zeitungen zu lesen anfängt, ist seine Sprachkraft

---

[1]) Zitiert nach Hopf, Würdigung der Lutherschen Bibelübersetzung, S. 126.

ins Joch gespannt. Von da ab braucht der Mensch eine besondere Erregung, um nicht so zu sprechen, wie er oder vielmehr wie man schreibt. So kommt auch im Leben der Völker einmal der Augenblick, wo die Schrift aus einer Gehilfin der Sprache zu ihrer Herrin wird. Und dieser Augenblick kommt dann, wenn ein das ganze Leben des Volkes umfassender Gehalt in Schrift gegossen wird, wenn es also zum ersten Male ein Buch gibt, das »jeder gelesen haben muß«. Von diesem Augenblick an kann Sprache nicht mehr unbefangen vorwärts gehen und sich die Richtung ihres Wegs nicht mehr ausschließlich von dem, was ihr unterwegs begegnet, weisen lassen; sie muß sich im Fortgehen alleweil umschauen, ob sie auch nicht jenen Punkt ganz aus den Augen verliert. Wer fortwährend zurücksieht, wird von da ab mindestens langsamer gehn als er zuvor gegangen ist. Und wirklich ist das Entwicklungstempo der Sprache von da an viel schwerfälliger als es vorher war. Wir verstehen heut im großen und ganzen noch Luthers Deutsch, wenn wir es nur orthographisch — die Orthographie ist aber stets Produkt zweckbewußten Willens — modernisieren; davon hat sich der Leser dieser Abhandlung in dem großen Zitat überzeugen können. Dagegen hätte das bei der ihm zeitgenössischen Literatur, soweit sie nicht schon von ihm beeinflußt ist, etwa bei dem letzten Druck der vorlutherschen Bibelübersetzung, dem von 1518, oder bei Dürers Niederländischem Reisetagebuch seine großen Schwierigkeiten; hier hätte ich schon mehr als die Orthographie erneuern müssen, mindestens viele Wortformen. Und Meister Eckhart müssen wir schon übersetzen, geschweige Berthold von Regensburg oder gar die Nibelungen. Die Italiener aber lesen ihren Dante, der doch mit unserm Eckhart gleichzeitig ist, so wie wir Luther; und wenn wir eine italienische Zeitung lesen können, so macht uns das Dantesche Gedicht im wesentlichen auch keine andren Schwierigkeiten mehr als die, über die sich schon das vierzehnte und fünfzehnte Jahrhundert die Köpfe zerbrach. Und wenn hier jener Augenblick des Werdens der Schriftsprache und die Regulierung des vorher fessellos sich breitenden Stroms der Sprachentwicklung schon volle sechshundert Jahre her ist, so finden wir ein Beispiel für eine mehr als doppelt so lange Zeit in der arabischen Schriftsprache. Hier wurde das klassische Werk der Koran. Seine Sprache ist, ähnlich wie das Hochdeutsch heut in der Schweiz oder seit dem Sieg der Lutherbibel Mitte des siebzehnten Jahrhunderts in Niederdeutschland, zwischen allen Dialekten die

Sprache des höheren Ausdrucks geworden; nicht bloß die Literatur und die Zeitung bedient sich ihrer, sondern auch das Theater, die parlamentarische und festliche Rede; und der Aufruf zum Heiligen Krieg während des Weltkriegs hätte nach dem Wort eines bekannten Berliner Orientalisten auch aus der Zeit der Omajjaden sein können.

Diese Herrschaft eines Buchs über die Sprache bedeutet ja nun natürlich nicht, daß die Sprachentwicklung fortan stillsteht. Sie ist nur ungeheuer verlangsamt und genau wie beim Einzelnen von der Hebelkraft erregter Momente, so von einem für die Sprache ebenso zufälligen und ebenso nothaften Auftreten sprachschöpferischer Genien abhängig geworden. Und die Geburten dieser spracherneuernden Augenblicke persönlicher, wie der Träger und Austräger völkischer Not weisen fortan nicht mehr immer in sprachliches Neuland, sondern sind nun oft von der Vergangenheit der Sprache gezeugt; so wie dem Einzelnen in seiner Not vielleicht ein einmal gelesenes Wort auf die Lippen kommt, das er sich zu gebrauchen sonst stets gescheut hätte und das ihm nun doch das wahre Wort dieses seines Augenblicks wird, so greift der öffentliche Sprecher in der Not seiner Aufgabe nun fortan nicht mehr nur ins Bereich des schwankenden Sprachmöglichen, sondern oft wird er jetzt die Schatten aus dem Totenreich der Sprache beschwören und sie mit dem Blut dieses seines nothaften Augenblicks zum Reden bringen. Wie aber jener Einzelne in den momenthaften Ausweitungen seines Sprachkreises doch meist gebunden sein wird an den Kreis dessen, was seine Zeit liest, so wird die Sprache als Ganzes, wird also der von ihr mit einer Aufgabe Betraute, die Totenbelebung kaum je über den Zeitpunkt des schriftsprachegründenden Werks hinaus versuchen. Was in der Lutherbibel steht, ist, wenn auch veraltet, doch fast alles wieder belebbar; und wenn man etwa in dem trefflichen Werk des Berliner Aufklärers Teller[1]) sieht, was er damals in der Lutherbibel alles für veraltet hielt — Worte und Wendungen, die damals, 1794, schon von den Klassikern wieder in lebendigen Gebrauch genommen waren, und noch mehr, die in den unmittelbar folgenden Jahrzehnten wieder in die allgemeine Sprache eindrangen —, dann hält man hier so leicht nichts mehr für unmöglich; aber aus den Sprachbezirken jenseits der Lutherbibel wird nur

[1]) Selbständige Darstellung und Beurteilung der deutschen Sprache in Luthers Bibelübersetzung. 1794 und 95.

selten und nur unter besonderen Umständen eine Wiedereinbürgerung gelingen.

Verschärft wird nun die Problematik des klassischen, schriftsprachegründenden Buchs hier dadurch, daß es eine Übersetzung ist. Denn für Übersetzungen gilt das Gesetz einer Einmaligkeit, die sich mit jener Einmaligkeit des klassischen Augenblicks der Sprachgeschichte hier summiert. Jedes große Werk einer Sprache kann in einem gewissen Sinn in eine andre Sprache nur einmal übersetzt werden. Es gibt einen ganz typischen Gang in der Geschichte des Übersetzens. Am Anfang stehen nebeneinander anspruchslose Interlinearübersetzungen, die nur eine Hilfe zum Lesen des Originals sein wollen, und freie Bearbeitungen, Nachdichtungen, die den Sinn des Originals oder was sie dafür halten, irgendwie an den Leser herantragen wollen. Es gibt keinen schlagenderen Beweis, daß etwa für Dante in Deutschland diese erste Periode noch nicht vorbei ist, als daß die Geisowsche und gar die Trencksche »Übersetzung« einen Verleger und sogar Leser gefunden haben.

Dann geschieht eines Tages das Wunder der Vermählung der beiden Sprachgeister. Es geschieht nicht unvorbereitet. Erst wenn das empfangende Volk aus eigener Sehnsucht und in eigener Äußerung dem Flügelschlag des fremden Werks entgegenkommt, wenn also die Aufnahme nicht mehr aus Neugier, Interesse, Bildungsdrang, selbst ästhetischem Wohlgefallen erfolgt, sondern in der Breite einer historischen Bewegung, erst dann ist die Zeit für einen solchen »Hieros Gamos«, eine solche Heilige Hochzeit gekommen. Also für Schlegels Shakespeare erst in den Jahren, wo Schiller den Deutschen ein eigenes Theater schaffen kann; für Vossens Homer erst, als Goethe antiker Form sich nähert; für Dante noch nicht im Zeitalter der »Weltliteratur« und der schönseligen oder lebensschiffbrüchigen Romantikerkonversionen, wohl aber — so viel darf man profezeien — in einer Zeit, die ohne zu katholisieren ins wahrhaft Kat-holische, ins Universelle, Summarische hinausstrebt. Der Übersetzer, den das fremde Werk dann findet, ist gleich fern von jener bescheiden-zaghaften Beschränkung aufs »Philologische«, wie von jener naiven Frechheit, die sich an Dante noch in unserer Zeit heranmachen konnte; ihn trägt der ehrfürchtige Glaube, je treuer das Original in die eigene Sprache eingehe, um so mehr werde die Forderung dieser nationalen Stunde erfüllt.

Danach ist das fremde Buch ein eigenes geworden. Das heißt konkret, daß Jugend — denn für sie allein wird alles Geschriebene geschrieben, die Erwachsenen haben andres zu tun, Besseres und Schlechteres — an ihm, dem fremden Buch, ihre Werdenöte erlebt, erleben kann. Es gibt fortan in Deutschland viele Menschen, denen Homer oder Shakespeare mehr bedeutet als er den meisten Griechen oder Engländern bedeutet hat. Dieser ungeheure Schritt in der Einigung des Babels der Völker wird nicht dem einzelnen Übersetzer verdankt, sondern ist eine Frucht, die das Volksleben unter der Konstellation einer ganz einmaligen Geschichtsstunde gereift hat. So kann er nicht wiederholt werden. Die Stunde der Volksgeschichte kehrt nicht wieder, weil sie nicht wiederzukehren braucht; sie ist, in den Grenzen, die hier allein in Betracht kommen, den Horizontgrenzen der augenblicklichen nationalen Gegenwart, unsterblich. Solange der Zusammenhang dieser Gegenwart mit der Vergangenheit nicht katastrophal zerrissen wird — nicht also wenn bloß eine Mode unmodern wird, wie das Rokoko seit 1770 gegenüber dem Zopf, auch nicht bei einer Teilkatastrophe wie der unsern von 1918, sondern etwa wie beim Untergang der mittelhochdeutschen Kultur, von deren großen Gedichten, die noch um 1400 häufig abgeschrieben wurden, nur noch Parzival und Titurel, und auch sie nur einmal, unter die Druckerpresse kamen — solange also dieser Zusammenhang nicht derart katastrophal zerreißt, woran vorauszudenken ebenso unsinnig wäre wie für den Einzelnen ein Ausmalen dessen, was ihn nach dem Tod erwartet, so lange bleibt homerisch dem deutschen Volk, was Voß, und biblisch, was Luther dazu gemacht hat. Kein neuer Übersetzungsversuch kann jene nationale Bedeutung erreichen, er wird in seiner Wirkung immer nur auf Teile des Volks und auf einzelne beschränkt sein und nur durch diese seine geschehende Wirkung auch ins Ganze wirken, nicht wie jene einmalige klassische Übersetzung durch ihr bloßes Dasein, durch einen von ihr ausströmenden mythischen Begriff — »biblisch«, »homerisch« —, der auch, ja sogar der grade die erfaßt, die das Buch nicht aufschlagen. Die neue Homerübersetzung kann zwar viel besser sein als die Vossische, aber ein welthistorisches Ereignis ist sie nicht, kann sie nicht werden; sie darf nur noch um die Kränze ringen, die der Geist des eigenen Volkes verleiht, nicht um den nur einmal verliehenen Kranz des Weltgeists, der nur einmal verliehen werden kann, weil das Kampfspiel der Welt nur einmal gespielt wird, nicht wie die Übungsspiele der Völker und Menschen alle Jahre, alle Tage.

Zu der doppelt gegründeten nationalen Einmaligkeit der Lutherbibel kommt noch ihre kirchliche. Sie ist beschränkter als jene, die in ihren mittelbaren Wirkungen — deutsche Klassiker und Mythos des »Biblischen« — auch den katholischen, auch den jüdischen Volksteil ergriffen hat. Der protestantischen Kirche ist Luthers Übersetzung das geworden, was die katholische Kirche in einem reichen System von Institutionen besitzt: der Träger ihrer Sichtbarkeit. Deshalb ist schon von Anfang an, gleich nach Luthers Tod, und bis auf den heutigen Tag der Protestant an keinem Punkt so »katholisch« wie an diesem. Es wäre lebensgefährlich für den Protestantismus, hätte er nicht, und ebenso schon von Anfang an, dieser Neigung zur Buchvergötzung etwas entgegenzusetzen gehabt: die Wortverwaltung. Die Predigt wird vom Pfarrer unter Zurateziehung des Urtexts vorbereitet; und wo das auch nicht geschieht, geschah doch wenigstens die Vorbereitung der Vorbereitung am Text: die Professoren, bei denen der Landpfarrer einst hörte, haben aus dem Urtext doziert. Trennung von Geistlichen und Laien wird dadurch freilich gesetzt, aber eben durch die Predigt auch wieder überbrückt. Und was die Predigt allsonntäglich erreicht, das haben geschichtlich die seit Luthers Tod nie ganz aussetzenden Revisionsbestrebungen gewirkt, die sich um die Wende des siebzehnten und in der zweiten Hälfte des neunzehnten Jahrhunderts je zu einem großen Werk verdichteten, der »Cansteinschen« und der heutigen »revidierten Lutherbibel«, beide genährt von der germanistischen Wissenschaft ihrer Zeit[1]), beide auf Luthers echten Wortlaut vielfach wieder zurückgehend, doch beide getragen von dem Willen, sein Werk für die Kirche brauchbar und für das Kirchenvolk lesbar zu erhalten. Beiden ist es geglückt. Die Cansteinsche Bibel hat den Text geschaffen, aus dem die Klassiker ihr Deutsch gelernt haben, das die Sprache vor der drohenden Romanisierung gerettet hat. Das Revisionswerk des ausgehenden neunzehnten Jahrhunderts wird von aller Welt außerhalb der Philologenkreise für die wirkliche Lutherbibel gehalten, schon dadurch den aus genialen Blitzen und gelehrten

---

[1]) Für die Cansteinsche ist das neuerdings ausführlich dargestellt von Burdach (Die nationale Aneignung der Bibel und die Anfänge der germanischen Philologie. 1924).

Borniertheiten sonderbar gemischten Protest Lagardes[1]) widerlegend, der ihren Vätern, voran dem gedankenreichen Franz Delitzsch, grade das vorwarf, was ihr höchstes Verdienst war: daß sie nicht nur nicht Luther nach dem »Stande der Wissenschaft« (von 1885), vor allem nach den, doch sogar von Olshausen angenommenen (!) Ergebnissen Paul de Lagardes umschrieben, sondern sogar ihre eigene in Delitzschs wissenschaftlichen Übersetzungen niedergelegte bessere Einsicht meistens zurückstellten.

So legt sich noch heute, und soweit von diesem Heute aus ein in diesem Deutschland eingewurzeltes Herz blicken mag und blicken darf, dem Unterfangen einer neuen Bibelübersetzung ein aus drei Einmaligkeiten geflochtener Verhau in den Weg: Einmaligkeit des kirche-versichtbarenden, Einmaligkeit des schriftsprachegründenden, Einmaligkeit des weltgeistvermittelnden Buchs. Niedergelegt kann dieser dreifache Verhau nicht werden und darf es nicht. Aber übersprungen werden kann und darf und muß er. Muß er — schon um ohne Gefahr stehenbleiben zu dürfen.

IV

Denn die Stimme dieses Buches darf sich in keinen Raum einschließen lassen, nicht in den geheiligten Innenraum einer Kirche, nicht in das Sprachheiligtum eines Volkes, nicht in den Kreis der himmlischen Bilder, die über eines Landes Himmel ziehen. Sie will immer wieder von draußen schallen, von jenseits dieser Kirche, von jenseits dieses Volkes, von jenseits dieses Himmels. Sie verwehrt nicht, daß ihr Schall sich echohaft in Räume verfängt, aber sie selber will frei bleiben. Wenn sie irgendwo vertraut, gewohnt, Besitz geworden ist, dann muß sie immer wieder aufs neue als fremder, unvertrauter Laut von draußen die zufriedene Gesättigtheit des vermeintlichen Besitzers aufstören. Dies Buch, es allein unter allen Büchern der Menschheit, darf nicht im Schatzhaus ihres Kulturbesitzes sein Ende finden; weil es nämlich überhaupt nicht enden soll. In der Bibliothek jenes Schatzhauses liegen alle Bücher, die je geschrieben sind; die meisten verstaubt, vergessen, selten einmal gefordert; manche täglich verlangt.

---

[1]) Göttinger Gelehrte Anzeigen 1885.

Auch die Bibel liegt in diesen Magazinen, in vielen hundert Sprachen, Sprachen der Völker, Sprachen der Künste, Sprachen der Wissenschaften, Sprachen der Institutionen, Sprachen der Programme. Ihre Ausleihziffer ist höher als die jedes andern Buchs, und trotzdem sind stets noch Exemplare vorhanden. Da betritt irgendein Besteller die Ausleihe und verlangt sie. Der Diener kommt zurück: kein Exemplar mehr vorhanden. Die Bibliothekare sind entsetzt, verzweifelt, ratlos: eben, als Frau Professor Vorgestern für ihren Mann eine holte, standen noch alle Regale voll. Um dieses einen Bestellers willen ist sie geschrieben.

Die Lutherbibel war, als sie entstand, das, was die Bibel sein soll und wodurch sie, so oft sie es ist, sich als ein einziges unter allen menschlichen, bloßmenschlichen Büchern bewährt: eine Sensation. Das sieht man sowohl aus den Auflageziffern, die Hans Lufft druckte, wie aus den Preisen[1]), wie endlich aus der Menge der Nachdrucke. Und negativ sieht man es aus dem Entsetzen »Meister Klüglings«, des »verdrießlichen Manns«, der aus »großem Neid«, daß er selber »nichts Gutes machen kann, doch damit Ehre erjagen und Meister sein will, daß er fremde gute Arbeit lästern und schänden kann«[2]), dieser Lustspielfigur, zu der sich Luther in seinen Bibelvorreden die Personen seiner Kritiker ohne Ansehn der Person zusammengeballt hat: der weiß ja auch, was die Bibel ist, und tobt nun, daß Luthers »gar ein ander Buch denn die lateinische Bibel sei«[3]), er hat doch seinen »bewährten Text«[4]), warum geht Luther von dem ab? Nicht einmal die Namen[5]) gibt diese »Haderkatz«[6]) so, wie sie dem Volk aus der lateinischen Bibel vertraut sind, sondern nähert sie den unvertrauten hebräischen Formen an! Er will doch mit Recht seine Bibel nur so verdeutscht haben, wie sie von je »gesungen, gelesen, gebraucht und angenommen ist von der heiligen lateinischen Kirche und sich nicht kümmern lassen, wie es in Jüdisch, Griechisch oder Chaldäisch laute«[7]).

---

[1]) Das Neue Testament von 1522 kostete anderthalb Gulden, »soviel wie ein Pferd«.

[2]) Vorrede zum Deutschen Psalter.

[3]) Vorrede über das Buch Hiob (1524 und 25).

[4]) Cochläus und Dietenberger (bei Hopf a. a. O., S. 132 ff.).

[5]) Emser und Eck (bei Hopf a. a. O., S. 172).

[6]) Cochläus (bei Hopf a. a. O., S. 132).

[7]) Eck in der Vorrede zu seinem auf Befehl der bayrischen Herzöge hergestellten Konkurrenzunternehmen (bei Hopf a. a. O., S. 134).

Dieser Posaunenton in das Ohr der über ihrem Besitz des »angenommenen und bewährten Texts«[1]) zufrieden Eingeschlafenen ist die Lutherbibel nicht geblieben; sie wurde selber Besitz, nationaler Besitz. Die große überhistorisch-historische Sensation konnte sie nur in den Jahrzehnten ihrer Entstehung bleiben; nachher sind die großen historischen Wirkungen, die von ihr ausgehen, Wirkungen in die einzelnen Kanäle des Kultursystems; Wirkungen also gewiß auch auf den »religiösen Anteil« der Kultur, aber eben als auf einen Teil; so hat sie vom ausgehenden sechzehnten bis ins beginnende achtzehnte Jahrhundert das protestantische Kirchenlied bis zu den Gipfeln der Bachschen Passionen befruchtet, so vom achtzehnten ins neunzehnte die Dichtersprache der Klassik und Romantik bis hinauf zum Goetheschen Faust; ein Sturm, der das Gewässer des nationalen Lebens aufwühlt, bevor es noch in seine Kanäle gefaßt, verfaßt ist, wurde sie nicht ein zweites Mal, konnte sie, Besitz geworden und so aufs neue »an die Kette gelegt«, nicht wieder werden. Auch der einzelne verteidigt heut in ihr Besitz, kirchlichen, nationalen, kulturellen; darum hat er ein Recht dazu — Vollmacht nicht.

Es ist historisch gesehen kein Zufall, daß wenigstens bis ins achtzehnte Jahrhundert hinein noch die innere Kirchengeschichte des deutschsprachigen Protestantismus sich an ihr abspielte. Seit Mitte des achtzehnten Jahrhunderts treten, vorerst meist in grotesker Gestalt, die Versuche auf, sie zu ersetzen — karikaturhafte Randzeichnungen zu einem sehr ernsten historischen Text: dem Wanken des alten festumschriebenen Glaubensbegriffs, der, wie zu Beginn gezeigt, die bis ins einzelne formbestimmende Kraft der Lutherschen Übersetzung war. Heute ist dieser Prozeß, in seiner negativen Hälfte wenigstens, zum Abschluß gekommen; denn auch die verschiedenen Orthodoxien, auch wenn sie in den öffentlichen Formulierungen Rücksicht auf den Zusammenhang mit dem eigenen Mittelalter und mit dessen Spätlingen in ihren Reihen nehmen zu müssen meinen, begründen doch vor sich selber ihren Glauben nicht mehr mittelalterlich. Aber positiv hat der Prozeß, obwohl auch diese Seite schon gleich mit seinen Anfängen anfängt, erst begonnen; auch das zeigt sich am deutlichsten an den Orthodoxien, nämlich an ihrem hemmungslosen Mitmachen der gegnerischen Argumentationen. So sagt, wer das Positive zu sagen

---

[1]) Cochläus (bei Hopf a. a. O., S. 132).

versucht, es heute auf eigene Verantwortung; mag es auch viele geben, die sein Bekenntnis mitsprechen können. — er sieht sie nicht, die Stimmen einen sich nicht zum Chor. Trotzdem ist, was er zu sagen hat, wenn es nur Wort um Wort aus echter Erfahrung geschöpft ist, nicht »subjektiv«; und die Lieblingswissenschaft des modernen gelehrten Schilda, die mit schildbürgerlichem Ernst das Fernrohr auseinandernimmt, weil sie hofft, darin die Sterne zu finden, die »Religionspsychologie«, hat an ihm ihr Spiel verloren.

Dieser Mensch ist kein Gläubiger, aber auch kein Ungläubiger. Er glaubt und er zweifelt. Er ist also nichts, aber er lebt. Genauer: er hat Glauben oder Unglauben nicht, sondern Glaube und Unglaube geschehen ihm. Ihm liegt nichts ob, als dem Geschehen nicht davonzulaufen, und wenn es geschehen ist, ihm zu gehorchen. Das klingt beides, solange man weit vom Schuß ist, wie nichts; es ist aber so schwer, daß wohl keiner lebt, der es immer — nein, wohl keiner, der es mehr als seltene gezählte Male fertiggebracht hat.

Wer so lebt, kann an die Bibel nur herantreten mit einer Bereitschaft zum Glauben und Unglauben, nicht mit einem umschreibbaren Glauben, den er in ihr bestätigt findet. Doch ist auch seine Bereitschaft unumschrieben, unbegrenzt. Ihm kann alles glaubhaft werden, auch das Unglaubenswürdige. Ihm ist nicht das Glaubenswürdige eingesprengt zwischen nicht Glaubens-, also doch Unglaubenswürdiges, wie Metalladern in Gestein, oder jenes mit diesem verbunden wie das Korn der Ähre mit ihrem »strohernen« Anteil; sondern wie ein Scheinwerfer für eine Weile ein Stück der Landschaft aus dem Dunkel heraushebt, dann wieder ein andres, dann abgeblendet wird, so erhellen diesem Menschen die Tage seines Lebens die Schrift und lassen ihn in ihren Menschlichkeiten heut hier und morgen da — und das Heut übernimmt keine Bürgschaft für ein Morgen — das mehr als Menschliche erkennen. Im Menschlichen selbst; sie ist überall menschlich. Aber allerorten kann dieses Menschliche unter dem Lichtstrahl eines Lebenstages durchsichtig werden, derart, daß es diesem Menschen plötzlich in die eigene Herzmitte geschrieben ist und ihm das Göttliche im menschlich Geschriebenen für die Dauer dieses Herzschlags ebenso deutlich und gewiß ist wie eine Stimme, die er in diesem Augenblick in sein Herz rufend vernähme. Nicht alles in der Schrift gehört ihm —, heute nicht und nie. Aber er weiß, daß er allem gehört. Diese Bereitschaft, sie allein, ist, auf die Schrift gewendet, sein Glaube.

Ist es nicht klar, daß auf dem Grunde solchen Glaubens die Schrift anders gelesen und also auch anders gemittelt werden muß als Luther las und mittelte? Muß nicht jener Grund, der Luther veranlaßte, bisweilen der hebräischen Sprache Raum zu lassen und die deutsche Sprache auszuweiten, bis sie sich der hebräischen Worte gewohne, nämlich wo es um die »Lehre« und den »Trost unsres Gewissen« ging, muß nicht jener Grund uns, die wir nicht wissen, aus welchem Wort die Lehre und der Trost fließen werden, und die glauben, daß die verborgenen Quellen der Lehre und des Trostes aus jedem Wort dieses Buchs einmal aufbrechen können, uns also zu einer neuen Ehrfurcht vor dem Wort beugen? einer Ehrfurcht, die notwendig auch unser Lesen, unser Verstehen, und also unser Übersetzen erneuern wird?

V

Alles Neue hat seine Vorgeschichte, zum mindesten eine negative, die »Erbschaft«, von der Goethe einmal zu Eckermann sprach. Seit der Mitte des achtzehnten Jahrunderts läuft eine ganze Wissenschaft nach dem Kampfziel der Vermenschlichung der Schrift. Gewiß war dies wissenschaftliche Ringen befangen in einer merkwürdigen Verwechslung der beiden Fragen: Was sagt das? und: was hat der Schreiber damit sagen wollen? — einer Verwechslung, deren Recht doch dieselben Gelehrten etwa als Rezensenten mit gutem Grund energisch zurückgewiesen hätten. Trotzdem hat diese Bewegung wenigstens ihr kritisches Ziel erreicht: der als goldener Reif oder als goldene Scheibe um das Buch gelegte Heiligenschein umgibt es heute nicht mehr. Daraus zu schließen, daß es darum nicht heilig sei, wäre so naiv, als wenn man den alten Malern zutrauen wollte, sie hätten sich vorgestellt, der heilige Franz wäre wirklich mit so einem Metallring um den Kopf herumgelaufen. Was die Legende aus dem Mund von Augenzeugen über Strahlerscheinungen berichtet, haben sich die Künstler in die Formen, die allgemeinen und die zeitbesonderen, ihrer Kunst übersetzt; wenn heut einer den Nimbus anders malt, wenn er ihn gar nicht malt, so braucht er um nichts weniger an die Heiligkeit des Heiligen zu glauben; einen Glauben an die Ausdrucksform einer vergangenen Zeit binden zu wollen, ist eine billige Ausflucht von Leuten, denen in ihrer Haut unheimlich wird bei dem Gedanken, jemand »in unsrer Zeit« könne glauben. Die kritische Wissenschaft hat sich jenes Fehlschlusses nicht schuldig gemacht. Sie hat mehr oder weniger bewußt von Anfang an auch einen neuen Begriff der Heiligkeit der Schrift zu bestimmen gesucht. Daß sie bei diesem Versuch regelmäßig wieder in die Nähe des starren, abteilenden Offenbarungsbegriffs des alten Dogmas geriet, liegt vielleicht nicht so sehr, wie dem Juden naheliegt zu vermuten, an konfessioneller Befangenheit, als vielmehr an jener geschilderten Verwechslung dessen, was in das Buch hineingeschrieben wurde, mit dem, was aus dem Buch herausspricht. Denn geschichtliche Fragestellung, weil sie notwendig zielstrebig ist, zeichnet leicht, auf ein Gegenwärtiges angewandt, die Linien ihrer Zielstrebigkeit auch in dieses hinein, wo sie dann natürlich zu Trennungs- und Umgrenzungslinien erstarren; Goethes Faust, wie er ihn entworfen und niedergeschrieben hat, und wie ihn also der Literaturhistoriker im Kolleg doziert, ist ganz und gar nicht der, den er geschrieben hat; der ist viel eher der, den ein Schuljunge mit heißen Backen aus dem Reclamheftchen liest.

Der Kampf der Wissenschaft um die neue menschliche Heiligung der Schrift spiegelt sich nun auch in den Übersetzungsversuchen, die ihr wie aller Philologenarbeit zur Seite gehen, und von denen ja einer, der von Kautzsch und zehn andern Gelehrten unternommene, mit der »zur Erbauung des Bibellesers«[1]) veranstalteten kommentarlosen Ausgabe in vielen Zehntausenden von Exemplaren verbreitet ist und mit Recht in dem Ruf steht, das Ergebnis der anderthalb Jahrhunderte alttestamentlicher Wissenschaft zu bieten. Mit Recht — es ist wirklich eine ganze Wissenschaft, die in ihm zu Worte gekommen ist; wenn im Folgenden gezeigt wird, daß diese Wissenschaft, um ihr eigenes Ziel zu erreichen, nicht wissenschaftlich genug ist, so geht das gar nicht auf den einzelnen Gelehrten, von dem etwa das grade angezogene Übersetzungsbeispiel stammt, sondern wirklich auf die Wissenschaft selber, von der der einzelne Forscher nur ein Exponent ist, auf den Anspruch also an Exaktheit, und das heißt doch wohl: an Wissenschaftlichkeit, den die Wissenschaft an sich selber stellt.

Jenes Bibelwerk gibt als seinen eigenen Zweck an: »jeder Art von Lesern den Inhalt des Alten Testaments, so wie es mit den Mitteln der heutigen Schriftforschung geschehen kann, in klarem heutigem

[1]) Vorwort zur »Textbibel«.

Deutsch zu vermitteln«[1]). In dieser Formulierung ist schon ausgesprochen, was der Übersetzerarbeit dieser Wissenschaft — und übrigens nicht dieser allein, sondern dem Übersetzergewissen in allen Zweigen der Philologie — zur wirklichen Gewissenhaftigkeit fehlt. Denn, es ist fast beschämend, solche Selbstverständlichkeiten auszusprechen, aber doch nötig —, denn man kann den Inhalt nicht vermitteln, wenn man nicht zugleich auch die Form vermittelt. Für das, was gesagt wird, ist es nicht nebensächlich, wie es gesagt wird. Der Ton macht die Musik. Das Kommando: Stillgestanden! ist zwar »inhaltlich« identisch mit dem: Bitte stillgestanden! eines zarten Kunsthistorikers und Etappenleutnants und auch mit der »inhaltlich« einwandfreien Satzumformung: ich befehle euch, stillzustehn; dasselbe ist es nicht. Und doch: so, genau so, wird »wissenschaftlich« übersetzt. Das klingt übertrieben, aber was ist es andres, wenn etwa in der Erzählung des Ereignisses am Schilfmeer — ich nehme die Beispiele alle aus dem zweiten Buch Moses, das in jenem Bibelwerk von zwei Gelehrten umschichtig übersetzt und jüngst von einem dritten neubearbeitet[2]) ist und also schon dadurch ein guter Repräsentant des allen Gemeinsamen — in wenigen aufeinanderfolgenden Sätzen (14_{19}ff) »da änderte ... seine Stellung«, »brachte ... zum Weichen«, »nahmen die Verfolgung auf«, »brachte ... in Verwirrung« für schlichtes hinwegzog, zurücktrieb, setzten nach, verschreckte des Originals steht. Vielleicht gibt es in einem stilistisch so verschiedenartigen Buch wie der Bibel auch Stellen, für die dieses Deutsch eines klein-

---

1) Vorwort der großen Ausgabe, wiederangeführt im Vorwort zur Textbibel.

2) Ich zitiere nach der Neubearbeitung des Hauptwerks von 1922, weil eine Neubearbeitung der Textbibel noch nicht vorliegt; nur für die Stellen, wo das große Werk wegen angenommener Textverderbnis nicht zu übersetzen wagt, lege ich die hierin mutigere Textbibel zugrunde. Auch das Hauptwerk wendet sich ja an das große Publikum; und die Neubearbeitung pflastert ihren Weg mit guten Vorwortsätzen von »Angleichung an den Urtext, die auch vor dem den hebräischen Sprachcharakter kennzeichnenden starken sinnlichen Realismus nicht zurückschreckt« und macht dem dernier cri von 1922, der »lebendigen Wissenschaft«, das charakteristisch formulierte Versprechen, »unschöne Wendungen zu bessern, überhaupt die Wiedergabe nicht nur photographisch exakt, sondern bildmäßig lebendig zu gestalten, um sie dem Ideal eines künstlerisch vollwertigen Abbildes des Originals in etwas näherzubringen«. Wen bei dem Wort lebendige Wissenschaft, diesem Produkt der Galgenreue, eine Gänsehaut überläuft, der wird freilich sagen, daß ihm eine gute Photographie lieber ist als ein schlechtes Bild. Es kommt beim Übersetzen nur und ausschließlich auf die »Exaktheit« an, das »Künstlerische« braucht man nicht zu bemühen.

städtischen Amtsblättchens das richtige zur Übersetzung ist. Über die ganze Erzählung ohne Unterschied ausgegossen, verfälscht es den Ton und damit auch die »Musik«. Freilich läßt dann gleich die wissenschaftliche Übersetzung die Wasser »zurückfluten«; aber gerade für diesen »starken sinnlichen Realismus« muß das Original die Verantwortung ablehnen, das hier ganz allgemein »kehren« sagt. Und ebenso ist es eine Fälschung in der umgekehrten Richtung, wenn das Bibelwerk da, wo das Original sich einmal einer umständlich verschnörkelten Wendung bedient, wie in der seltsam unerzählten Schilderung der Niederfahrt Gottes zum Offenbarungsberg: Da ward der Schall der Posaune fortgehend mehr erstarkend (19_{19}) ein simples »wurde immer mächtiger« hat. Wenn Luther in dieser Art übersetzt, bleibt er nicht hinter seiner eigenen Forderung zurück; wenn die moderne Wissenschaft so den Inhalt des Textes wiedergegeben zu haben meint, entblößt sie nur ihre wissenschaftliche Anspruchslosigkeit.

Das charakterisierte Obenhin-Übersetzen weicht bezeichnenderweise einer um eine Spur größeren Genauigkeit in einem poetischen Stück wie dem Siegeslied von Kapitel 15; hier weiß sogar die Wissenschaft schon, daß die Ausdrucksweise nicht ganz unwichtig für das Ausgedrückte ist; während balladenhafte Klänge (13_{21}f. und 32_{17}f.) und dithyrambische Aufschwünge (2_{23}ff und 12_{42}) der Erzählung unfehlbar in die Sauce des einen und allgemeinen Polizeisekretärsdeutsch eingeschluckt werden.

Jenes Obenhin wird aber geradezu Verwüstung bei dem Zielpunkt des Buchs, dem Höhepunkt vielleicht des ganzen Fünfbuchs, beim »Zelt«. Die gewaltige Gottesrede der Kapitel 25 bis 31, das Wort zu der Vision, die dem Führer bescheidet, zu welchem Ende, zu welchem »Werkdienst« sein Volk aus dem »Frondienst« geführt wurde, wird in dem erwähnten Bibelwerk aus ihrer strengen, sachlichen Erhabenheit in ein unruhig geschwätziges, die Klarheit der Linie verkritzelndes Idiom transponiert, ein Abstand etwa, wie wenn der Kompaniefeldwebel in der Instruktionsstunde die klassischen Sätze der Felddienstordnung zu »erläutern« sucht. So, um ein greifbares Beispiel anzuführen, meint jenes Bibelwerk, das ohne Unterlaß durch die ganzen Kapitel hindurchziehende Wort »machen«, das Thema dieser großen Fuge, in anmutiger Abwechslung, die wahrscheinlich den Leser vor Langeweile schützen soll, bald durch »errichten«, bald durch

»anfertigen«, bald durch »anbringen«, bald durch »arbeiten« wiedergeben zu müssen; ohne jede Ahnung, daß dadurch nicht »nur« die Form, sondern auch der ganze Sinn der Vision verlorengeht, deren Gegenstand ja das in sechstägigem Wolkendunkel (24_{16}) auf dem Sinai geschaffene Urbild der »Wohnung« ist[1]), zu dessen Schau Mose am siebenten Tag in die Wolke hineinberufen wird und das dann das Volk, ein menschgeschaffenes Gleichnis der göttlichen Schöpfung, vollendet (39_{32} und 40_{33} = 1. M2_1f. Ferner 39_{43} = 1. M 1_{31} und 2_3). Wie also die sechs Tage und der siebente hier wiederkehren, und das Wort der Vollendung, und das bestätigende Ja, und der abschließende Segen, so auch das einfachste und umfassendste, göttliches Tun menschlichem, menschliches göttlichem vergleichnissende Wort für die Schöpfung selber: das Machen.

Immer wieder muß gesagt werden, daß all das durchaus nicht zu Lasten des einzelnen Gelehrten geht, der an dem Werk nach seinen besten Kräften mitgearbeitet hat. Die Wissenschaft selber ist im Übersetzen wissenschaftlich zu anspruchslos. So hat sie das Vertrauen zur Lutherschen Übersetzung zwar in weiten Kreisen erschüttert; aber was sie an ihre Stelle gesetzt hat, ist nicht die Übersetzung des neuen Glaubensausdrucks, dem doch, bewußt und unbewußt, all ihre Arbeit dient. Wohl hat sie Einzelheiten berichtigt; aber andrerseits lassen sich viele der Lutherschen »Fehler« grade vor dem Richterstuhl der modernen Wissenschaft, der ja den alten Übersetzungen, denen Luther dabei vielfach folgte, eine Stimme gegen den überlieferten hebräischen Text zuerkennt, sehr gut verteidigen. Von solchen Einzelberichtigungen also abgesehen gibt sie auch im wissenschaftlichen Sinn nichts Besseres und allermeist Schlechteres als Luther.

VI

Luther selbst sah die wissenschaftliche Bedeutung seines Werks darin, daß er auf den Grundtext zurückging. Auch die Gegner empfanden, wenn auch mit dem schlechten Gewissen des Widerstands gegen eine Forderung der Zeit, das als das Revolutionäre. Und doch

[1]) Dazu und zum ganzen Zelt vgl. das Buch »Der Pentateuch« von B. Jacob, unter den Lebenden, Juden wie Christen, wohl dem besten Kenner der hebräischen Bibel.

war der Revolutionär noch innerlich gebunden an das, was er stürzte. Die Vulgata hatte ja, wie schon aus den angeführten Äußerungen »Meister Klüglings« hervorging, für den Bildungsmenschen des sechzehnten Jahrhunderts eine ganz ähnliche Bedeutung wie heute die Lutherbibel: wirklich oder vorgeblich vertrauter Besitz, und in beiden Fällen, heut zwar vornehmlich im zweiten, Ruhekissen des Gewissens und Türpolsterung des kultivierten Arbeitszimmers gegen störende Schälle von draußen. Aber auch Luther selbst steckte ihr Wortlaut in Fleisch und Blut. Er, dessen deutscher Psalter vielleicht den Gipfel seiner übersetzerischen Leistung darstellt, hat doch selbst in späteren Jahren noch, wenn er, ein »großer Psalmensager«, in äußeren oder inneren Anfechtungen sich zurückzog, um im Gebet einer Reihe Psalmen seine Kraft zu erneuen, den ihm aus langen Mönchsjahren vertrauten lateinischen Text gesagt! Das allein, wüßten wir es nicht sonst noch[1]) und verriete es der Text seiner Übersetzung nicht fortwährend, würde schon dahin führen, daß der innere und häufig auch der äußere Ausgangspunkt seines Übersetzens trotz allem die Vulgata war und der Grundtext nur das, freilich aufs stärkste herangezogene Korrektiv. Anders ausgedrückt: Er hat, indem er den Sinn des hebräischen Textes ergründete, doch bei diesem Ergründen nicht hebräisch gedacht (und auch nicht wie nachher beim Umgießen des ergründeten Sinns in deutsche Rede: deutsch), sondern lateinisch.

Nun ist ja das Werk des Hieronymus heut auch von protestantischer Seite als die Meisterleistung, die es ist und als die es Luther selbst beurteilt hat, anerkannt. Es war also kein schlechter Führer, dem er sich für die ersten Schritte anvertraute. Vor allem den Sinn eines Satzganzen — und auf ihn vornehmlich mußte es Luther, bei dem zu Anfang geschilderten Verhältnis der beiden Grundrichtungen alles Übersetzens in seiner Übersetzung, ja ankommen — arbeitet die Vulgata als, ob auch späte, Erbin logizistisch-rhetorischer Sprachtradition oft überraschend plastisch heraus. Aber grade das klassische, weil von Luther selbst in seiner typischen Bedeutung erläuterte, Beispiel des »du hast das Gefängnis gefangen«, wo Luther übrigens grade durch

[1]) Vgl. etwa für die Frühzeit, 1514, die Äußerung, die den hebräischen Text für den Buchstaben erklärt und den lateinischen für den Geist (zitiert bei Scheel, Martin Luther II, 228 und 408); für die Spätzeit die bekannte Mathesiussche Schilderung Luthers beim Revidieren der Übersetzung: »mit seinen alten lateinischen und seinen neuen teutschen Biblien, dabei er auch stetigs den hebräischen Text hatte«.

den Vorgang der Vulgata sich zu einer allzu dogmatischen Auffassung des Texts verleiten ließ, zeigt, welche tiefen Blicke, und sei es selbst einmal allzutiefe, der enge Anschluß an die hebräische Wendung eröffnen kann. Und wenn nicht nur da, wo ein umschriebenes Dogma hinweist, sondern grundsätzlich überall im Menschenwort die Möglichkeit verborgen geglaubt wird, daß sich eines Tages, zu seiner, zu meiner Zeit das Gotteswort durch es offenbart, dann wird es zur Notwendigkeit für den Übersetzer, soweit irgend seine Sprache es ermöglicht, den eigentümlichen Wendungen jener offenbarungsträchtigen Menschenrede, sei's nachbildend, sei's andeutend, zu folgen.

So haben, um bei dem Beispiel zu bleiben, die den semitischen Sprachen, aber nicht ihnen allein, sondern allen noch anschauungsstarken Sprachen eigenen Potenzierungen eines Zeitworts, auch wenn sie nicht wie hier durch ein Hauptwort, sondern wie meist durch einen Infinitiv geschehen, im Hebräischen jedesmal einen ganz präzisen Sinn, und sei es nur den einer mächtigen Hervorhebung des Worts. Wenn etwa — auch hier alle Beispiele wieder aus dem zweiten Buch — die sieben Jetrotöchter (2_{19}) dem Vater lebhaft die Antwort hervorsprudeln: Er schöpfte auch, schöpfte für uns, oder wenn Mose (5_{23}), Gott nach dem ersten Mißerfolg wieder aufsuchend, ihm vorwurfsvoll entgegenhält: doch errettet — errettet hast du dein Volk nicht, so kommt eben jene lebhafte Heraushebung des antworttragenden Tatworts und die Ausdruckskraft jenes Vorwurfs auch im Deutschen nur heraus, wenn man auch hier verdoppelt. Nun gar erst, wenn wie in der Sprache des Rechts die Verdoppelung einen ganz präzisen juristischen Sinn — gewöhnlich den der Rechtsnormalität: vollgültige Vergeltung, sühngerechte Sühne, gezählte Bezahlung — hat.

Die Grenzen des Sprachmöglichen dürfen natürlich nicht überschritten werden. Ja mehr noch: auch schon die Wiedergabe eines hebräisch gewöhnlichen Ausdrucks durch einen im Deutschen ungewöhnlichen ist unstatthaft; eine flache Wendung darf nicht vertieft, eine glatte nicht aufgerauht, eine unschöne nicht verschönt werden. Aber genau so wenig umgekehrt. Etwa der ungeheure Schluß des zweiten Kapitels ist mit seinem viermal wiederholten Subjekt »Gott« gewiß, wie Luther empfand, kein normales Deutsch. Aber genau so wenig normales Hebräisch! Nur engster Anschluß an den Urtext kann da die Überhöhung eines »Anthropomorphismus« durch den andern — in Wahrheit sind natürlich Gottes sogenannte Anthropomorphismen die

Theomorphismen des Menschen — bis zum letzten unüberhöhbaren »Gott erkannte« auch im Deutschen zum Reden bringen.

Was im Deutschen sprachmöglich ist, darüber entscheidet freilich hier bei diesem Buch das Sprachgefühl keines einzelnen, sei er auch Angehöriger der berufsmäßig unfehlbaren Berufe; auch der Übersetzer selbst darf sich nicht an seine eigene Sprache binden wollen; er steht hier nicht als einzelner vor einem einzelnen oder vor dem Werk einer einzelnen Zeit, sondern literarisch gesehen vor der Anthologie mindestens eines Jahrtausends; schon der Wortschatz der Bibel ist unvergleichlich größer als der andrer gleich umfangreicher Bücher. Und in der Frage der Sprachmöglichkeit irren bisweilen selbst die Größten; Luther gibt in der Vorrede zum Alten Testament von 1523 als Beispiele für unzulässige Sprachneuerungen die Worte: beherzigen, behändigen, ersprießlich! So gefährlich ist das Schulmeistern — selbst für Genies. Doch wenn Luther eine Zeitlang schwankte, ob er dem deutschen Sprachgefühl die Bildhaftigkeit der »starken Hand« zumuten könne, und sie deshalb im achten bis zwölften Druck durch »starke Wunder« ersetzte, so hat er mit Recht im dreizehnten die echte »starke Hand« wiederhergestellt: nur sie leitet zu dem folgenden »So recke ich denn meine Hand« hin, wie sie andrerseits auch wieder durch diese Fortsetzung selber ganz deutlich wird. Daß das wissenschaftliche Bibelwerk ohne Schwanken durch alle Ausgaben, von 1894 bis 1922, »Zwang« sagen wird, wird der Leser schon kaum mehr anders erwarten.

Jenseits von Luthers Erkenntnis lag das, doch schon von Hieronymus gelegentlich ergriffene, wichtigste Mittel, das lebendige Gewächs der hebräischen Rede in eine abendländische Sprache umzupflanzen. Ich habe an andrer Stelle[1] von der Bedeutung der »Atemkolen« ausführlich gehandelt. Hier darum nur dies: Sie machen so wenig durch ihre Absätze die Prosa zur Poesie — ein häufiges, aber darum nicht minder törichtes Mißverständnis — wie etwa durch ihre Überschneidungen des poetischen Metrums die Poesie zur Prosa. Sondern beiden, den poetischen wie den prosaischen Teilen der Bibel ganz gleichmäßig, geben sie den in der Schriftlichkeit der Schrift erstickten freien, mündlichen Atemzug des Worts zurück. Die weltweite Entfernung, wie sie etwa im ersten Buch zwischen der unartikuliert-artikellos

---

[1]) »Die Schrift und das Wort« (s. S. 134 ff.).

stammelnden Schilderung der Urschöpfung im zweiten Vers des Schöpfungskapitels und dem flüssigen Erzählen der Josefsgeschichte besteht oder im zweiten Buch zwischen der Groteskheit der Froschplage, dem Jauchzen des Meerlieds, der Wort gegen Wort auf der Waage der Leidenschaft auswägenden großen Anrede Moses an Gott, dem erhabenen Schildern der Wohnung und dem genauen Verumständen und Bedingen der Rechtssprüche: Dieser ganze Reichtum der Stimmen und Klangfarben wird, aus dem eintönigen Grau der gewohnten Klavierauszugsnotierung befreit, erst durch diese Partiturschreibung wieder lautbar, lesbar — laut lesbar.

VII

Wie in dieser letzten Totalität der Rede Luthers Übersetzung, aber nicht minder alle späteren, sich noch nicht zum Übersetzen verpflichtet fühlte, so nun auch in dem andern Pol der Sprache, dem elementaren: dem Wort. Auch hier hat zwar Luther, vielleicht mehr als alle Späteren, das Problem gesehen; etwa in den schönen Bemerkungen einer andern Psaltervorrede[1]) über die hebräischen Worte für Güte, Wahrheit und Treue, Glaube; oder noch näher am Schluß der Vorrede auf den Deutschen Psalter, in dem sehr ernst gemeinten Humor, mit dem er allen Meistern und Klüglingen fünfzig Gulden auslobt, wenn sie ihm das eine Wort *chen* »durch und durch in der Schrift, eigentlich und gewiß verdeutschen«. Es ist sein Wort, das Luthersch-ste Wort des hebräischen Lexikons, das Wort für Gnade. Schon das, und auch die drei vorher genannten Worte, zeigt uns wieder, was diese ganze Untersuchung überall zeigt: den Glaubenszwang, der alles wirkliche Übersetzen der Schrift bis ins einzelne beherrscht. Wieder wird eine andre Glaubenshoffnung, der alles Profane in der Schrift — und was wäre nicht profan! — nur Hülle ist, unter der sich eines Tages ein Heiliges, mein Heiliges enthüllen kann, auch dieses Problem der Wörtlichkeit des Worts anders, umfassender nehmen. Sie muß grundsätzlich die Aufgabe, ein Wort »durch und durch in der Schrift eigentlich und gewiß zu verdeutschen«, für jedes Wort anerkennen; und wenigstens da, wo ihr die erhoffte Enthüllung der Gegenwärtig-

[1]) Im »Dritten Teil des Alten Testaments« 1524 und 25.

keit des Worts schon einmal geschah, wird aus jener grundsätzlich anerkannten Aufgabe eine unumgehbare, mit allen Kräften anzugreifende.

Es gibt nur Eine Sprache — mit diesem Paradox habe ich in einer andern Behandlung[1]) des Übersetzungsproblems einmal die Aufgabe, Ziel wie Weg, zu fassen gesucht. Diese Einheit aller Sprache liegt für ihren elementaren Anteil, das Wort, tiefer verborgen als für ihren Totalitätsanteil, den Satz. Der Satz stellt sich auch dem oberflächlicheren Blick als ein Gebilde dar, und also als bildsam, umbildsam. So arbeitet auch die Grammatik, die Satzlehre sowohl wie die ja auch das Wort auf den Satz beziehende Formenlehre, gern mit einfachen Analogisierungen der Sprachen. Das Flugbild der Wortlandschaft einer Sprache aber scheint zunächst einmal von dem jeder andern Sprache geschieden und unterschieden; und auch die Landkarten dieser Landschaften, die Lexiken mit ihrem 1., 2., 3., a, b, c beschreiben um das Wort der einen Sprache nur je einen großen Kreis, der mehrere Kreise um Worte der anderen Sprache schneidet, so daß eine Anzahl gemeinsamer Flächen ensteht, die aber alle anscheinend beziehungslos und unverbunden auseinanderliegen. Anders wird das Bild erst durch die geologische Betrachtung. In der Wurzelschicht der Worte finden sich die oben getrennten Flächen zusammen, und in noch tieferer Schicht, des Wurzelsinns, der Wurzelsinnlichkeit, zeigt sich, jenseits allen Fragens nach etwaigen Urverwandtschaften der Sprachen, die an der Wortoberfläche nur erahnbare Einheit alles menschlichen Sprechens. In diese Schichten also muß der Übersetzer sich hinunterwagen, wenn er die in der einen Sprache eng zusammenliegenden Worte, in denen sich ein Begriffskreis schließt, in der andern Sprache, ungeachtet daß sie da oberflächlich, lexikalisch, weit auseinanderliegen, ebenfalls als geschlossenen Anschauungs- und Begriffskreis entdecken will. Bei dieser Einfahrt muß er ausgerüstet sein mit der Grubenlampe der wissenschaftlichen Etymologie; aber auch von dem Aufschimmern der Adern des Texts selbst darf er das Auge nicht hochmütig abwenden. Ja diese von den Sprechern und Schreibern selbst gemeinten, gefühlten, gewollten Zusammenhänge müssen ihm für sein Werk sogar noch wichtiger sein als die Wortverwandtschaften, welche die Sprachvergleichung sei es bestätigt, sei es verwirft, sei es aufzeigt.

---

[1]) Nachwort zu Jehuda Halevi (Seite 290 ff. dieses Buches).

Wenn etwa der Text immer wieder anhebt, daß im Zelt des *mo'ed* über dem Schrein der *'edut* Gott sich dem Menschen *hiwa'ed* will, so wird hier das Gemeinte nicht deutlich, wenn (Kautzsch) Gott sich im Offenbarungszelt über der Gesetzeslade offenbart, auch nicht, wenn (Luther) er sich in der Stiftshütte über der Lade des Zeugnisses bezeugt, am ehesten noch, wenn (Luther in älteren Drucken) er sich im Zelt der Bezeugnis über der Lade des Zeugnisses bezeugt; aber weder von zeugen noch von stiften noch von setzen noch von offen noch von bar weiß der Text das mindeste. Die lexikalisch verzweigten Bedeutungen helfen hier dem Übersetzer, wenigstens wenn er an die Bedeutsamkeit des von der Schrift so stark hervorgehobenen Zusammenhangs glaubt, gar nichts. Er muß in die Wurzeltiefen hinabsteigen, wo sich ihm dann bei *'ad* = »bis« und *'od* = »noch« der sinnliche Sinn der Wortgruppe erschließt: das räumlich-zeitliche Gegenwärtigsein. Nun gegenwärtigt sich Gott im Zelt der Gegenwart über dem Schrein der Vergegenwärtigung des am Sinai geschlossenen Bunds. Und auch das *ha'ed,* das Einschärfen und Verwarnen (Kautzsch), das Bezeugen und Ansagen (Luther), von Kapitel 19_{21} und $_{23}$ und Kapitel 21_{29} wird nun sinndeutlich als Vergegenwärtigen. Nur der *'ed,* der bei der Tat Gegenwärtige, muß Zeuge bleiben, und die *'eda,* die derzeitige Gegenwartschaft des Volkes, bleibt Gemeinschaft. Da stößt der Übersetzer an die Grenze des Sprachmöglichen, über die zwar, wie hier, die Leuchtkraft, aber nicht die Tragkraft des Wurzelsinns hinübertragen darf.

Die Grenze der Sprachmöglichkeit ist natürlich auch sonst gegenüber der Forderung, ein Wort »durch und durch in der Schrift« zu verdeutschen, unbedingt innezuhalten. So kann die leichte und vieldeutige Interjektion, die Luther mit »siehe« wiedergab, wegen des Fehlens einer ähnlich vieldeutigen Interjektion im Deutschen — das Italienische besitzt sie in ecco, dem Abkömmling des Worts, womit die Vulgata jene Interjektion gab — durchaus nicht einheitlich übersetzt werden, mag auch mit jenem »siehe« ein großer Teil des Zaubers des »Biblischen« wegfallen. Doch ist es genau so unzulässig, aus Scheu, etwa an jene Grenze zu stoßen, entlegene Ausdrücke des Hebräischen durch geläufige des Deutschen zu übersetzen. Und schließlich bietet das Deutsche mit seiner heutigen Leichtigkeit der Wortzusammensetzung auch einen Vorteil, der überall, wo die Wurzelaufgrabung nicht zu praktisch verwertbarem Ergebnis führt, vom Übersetzer auszunutzen ist. Etwa die das ganze Buch rahmende und zusammenschließende Gleichnamigkeit der beiden »Dienste«, des Frondiensts in Ägypten und des Werkdiensts am Zelt, wird in der Mitte des Buchs, in den Zehn Worten, noch verklammert durch die Erinnerung an das Dienstfrönerhaus und das Gebot nur dem Einen zu dienen; und noch tiefer, gelöst vom Historischen, im Ruhegebiet des siebenten Tags durch die Verwendung des gleichen Worts für den Dienstknecht und das sechstägige »Dienen« seines Herrn. Eine ehrfürchtige Treue zum Wort der Schrift wird auch solche Beziehungen ehren, seien sie nun, wie bei jenem erstgegebenen Beispiel aus den Zelt-Kapiteln, nachweisbar dem Text bewußt oder seien sie, wie das letzte Beispiel vielleicht, ihm nur vom unbewußten Tiefsinn der Sprache in den Mund gelegt, in die Feder diktiert. Jener stumme Tiefsinn der Worte gewinnt ja im Sprechen Sprache. Auch dem Übersetzer ist es gesagt, daß die Sprache der Schrift Treue und Wahrheit in ein Wort verschließt und daß sie dies verschlossene Wort im Glauben aufbrechen läßt.

VIII

Als Luther 1523 den ersten Teil seines Alten Testaments herausgab, grüßte er, über die »Klüglinge« seiner Zeit hinweg und hinweg über die siebzehn Ausgaben der deutschen Bibel in den sechzig Jahren vor ihm, über einen Geschichtsraum von elf Jahrhunderten hin, in männlich-freier Ehrerbietung als seinen Vorgänger den großen Hieronymus: »Nun wird sich auch der Kot an das Rad hängen, und wird keiner so grob sein, der hie nicht wolle Meister über mich sein, und mich hie und da tadeln. Wohlan die laß ich fahren! Ich habs von Anfang wohl bedacht, daß ich eher zehn tausend finden wollt, die meine Arbeit tadeln, ehe ich einen fünde, der mir das zwanzigste Teil nachtät. Ich wollt auch gar gelehrt sein und mein Kunst köstlich beweisen, wenn ich sollt S. Hieronymus' lateinische Bibel tadeln. Aber er sollt mir auch wohl wiederum Trotz bieten, daß ichs ihm nachtät«

Das sind die Zeiträume dieses Buchs. Ich sagte zu Anfang, daß alles Sprechen Übersetzen sei. Das Gespräch der Menschheit hat mit diesem Buch angehoben. In diesem Gespräch liegen zwischen Rede und Widerrede halbe, ganze Jahrtausende. Der Frage des dritten Kapitels der Genesis suchte Paulus die Antwort, indem er die Worte des zwanzigsten Kapitels des Exodus in Frage stellte. Seine Antwort wurde von Augustin und Luther wiederholt, doch auf sein Infragestellen gaben die beiden jeder wieder eine eigene Antwort, jener die Antwort seines Gottesstaats, dieser die Antwort seines Schreibens an die Ratsherrn, daß sie christliche Schulen aufrichten sollten. Jedesmal steht vor dem neuen Satz des Gesprächs eine Übersetzung. Die Übersetzung in die Sprache der Tragödie, die Übersetzung in die Sprache des Corpus Juris, die Übersetzung in die Sprache der Phänomenologie des Geistes. Wann das Gespräch zu Ende sein wird, weiß kein Mensch; es hat auch niemand gewußt, wann es anhub. So kann ihm auch keines Menschen Unwille, Besserwissen und Wohlweisheit sein Ende setzen, sondern allein der Wille, das Wissen, die Weisheit dessen, der es angehoben hat.

Interpretation

Aufsätze aus den Jahren 1919 bis 1929

Nachwort zu den Hymnen und Gedichten des Jehuda Halevi

(1922/23)

O lieber Leser, lerne Griechisch und wirf meine Übersetzung ins Feuer.
Friedrich Leopold v. Stollberg, Iliasübersetzung, Anmerkung zu VI, 484

Jehuda Halevi war ein großer jüdischer Dichter in hebräischer Sprache. Die vorstehende kleine Auswahl sucht dem deutschen Leser davon einen Begriff zu geben. Also war es nicht mein Ziel, dem Leser den Glauben beizubringen, Jehuda Halevi habe in deutscher Sprache gedichtet, noch auch, er habe christliche Kirchenlieder verfaßt, noch, er sei ein Dichter von heute, wenn auch nur ein Familienblattdichter von heute — all das soviel ich sehe die Ziele meiner Übersetzungsvorgänger, insbesondere des neuesten. Sondern diese Übersetzungen wollen nichts sein als Übersetzungen. Sie wollen den Leser keinen Augenblick vergessen machen, daß er nicht Gedichte von mir, sondern von Jehuda Halevi liest, und daß Jehuda Halevi kein deutscher Dichter und kein Zeitgenosse ist. Mit einem Wort: diese Übersetzung ist keine Nachdichtung, und wenn sie es hier und da doch ist, so nur aus Reimnot. Grundsätzlich war meine Absicht, wörtlich zu übersetzen, und bei etwa fünf Sechsteln der vorliegenden Verszeilen mag es mir gelungen sein. Für das sechste Sechstel, wo auch ich, wenn auch nur in vorsichtigstem Umfang, zum »Nachdichten« greifen mußte, bitte ich den Leser hier in aller Form um Verzeihung.

Der Begriff des Nachdichtens ist heute als Wertmaßstab für Übersetzungen so allgemein angenommen, daß er einmal eine nähere Beleuchtung erfordert. Wenn ein großer deutscher Dichter einen fremden nachdichten zu wollen erklärt, so werde ich mich einer leisen Verwunderung nicht erwehren können, daß er nicht lieber selber etwas dichtet. Immerhin, ein Goethescher Reinecke Fuchs nach dem mittelniederdeutschen Reineke Vos wird mich als ein Goethesches Werk zu Respekt nötigen, wenn ich auch den Verdacht dabei nicht ganz unterdrücken kann, es werde ihm also damals selber nicht viel eingefallen sein — was mir ja dann die Goethe-Philologen bestätigen werden. Wenn aber Herr Müller oder Herr Schulze oder, um bei der Sache zu bleiben, Herr Cohn nachzudichten anfängt, so werden mich die Ergebnisse ebensowenig interessieren, wie die eigenen Gedichte des Herrn Müller, Schulze usw. Wer nicht dichten kann, soll auch das »Nachdichten« bleiben lassen. Es wird nicht schöner.

Der Schutzpatron der heute lebenden Nachdichter, jener berühmte Berliner Professor, der schon bei seinem ersten öffentlichen Auftreten die Haupteigenschaften eines tüchtigen Philologen: »Takt« und Gefühl für das Bedeutende bewies, indem er den größten Denker, den (immerhin) größten Künstler und den größten Philologen seiner Epoche herausfand, um sich an ihnen zu vergreifen, Wilamowitz, hat als Ziel seiner allgemein beliebten Übersetzungen griechischer Tragiker ins Gartenlaubendeutsch es uns verraten: er wolle Aischylos dem heutigen Leser verständlicher machen, als er dem griechischen Zeitgenossen gewesen sei. Ein sehr dankenswertes Eingeständnis. Auf solches »Verständlichermachen« kommt nämlich in der Tat die Arbeit der Herren Nachdichter heraus. Sie wollen dem unglücklichen Original gar zu gern ein wenig unter die Arme greifen. Poesie ist nun einmal nicht ganz so verständlich wie Prosa. Offenbar liegt das daran, daß der Dichter sich nicht recht auszudrücken verstanden hat, so wie die eigentümliche Lebensferne einer ägyptischen Skulptur nur daher kommt, daß der Künstler es noch nicht recht gekonnt hat[1]). Nichts leichter und nichts dankbarer als hier korrigierend einzugreifen und ein bißchen zu ergänzen. Daß Dinge, die uns fremdartig sind, es unter Umständen aus Stilgründen sein können, will dem Nachdichter nicht in den Kopf, wie ihm überhaupt der Begriff des Stils unsympathisch ist. Sein Ehrgeiz ist, den Monumenten der Vergangenheit und der Fremde das »Gewand unsrer Zeit« anzuziehn. Ob der Apoll von Belvedere aber wirklich durch Cutaway und Stehkragen wesentlich gewinnen würde?

Die Aufgabe des Übersetzens ist eben ganz mißverstanden, wenn sie in der Eindeutschung des Fremden gesehen wird. Eine Eindeutschung in diesem Sinne verlange ich, wenn ich als Kaufmann eine Bestellung aus der Türkei erhalte und sie auf das Übersetzungsbüro schicke. Schon bei einem Freundesbrief eines Türken würde mir aber die Büro-

[1]) Die Gerechtigkeit gebietet es, nicht zu verschweigen, daß die bedeutendste Autorität auf dem Gebiet der antiken Geschichte, Eduard Meyer, für den Zug von Schwermut, der über den Pharaonengesichtern aus den Jahrhunderten des mittleren Reichs liegt, eine andre Erklärung herausgefunden hat: schwere Regierungssorgen. So zu lesen in seiner Geschichte des Altertums.

übersetzung nicht mehr ausreichen. Weshalb? Weil sie etwa nicht genau genug wäre? Sie wird ebenso genau ausfallen wie die des Geschäftsbriefs. Also das ist es nicht. Deutsch genug wird sie werden. Aber nicht — türkisch genug. Ich werde den Menschen, seinen Ton, seine Meinung, seinen Herzschlag nicht hören. Aber ist das denn möglich? Wird der Sprache nicht mit dieser Aufgabe, den fremden Ton in seiner Fremdheit wiederzugeben, also nicht das Fremde einzudeutschen, sondern das Deutsche umzufremden, etwas Unmögliches abverlangt?

Nicht Unmögliches, sondern das Notwendige, und das nicht bloß beim Übersetzen Notwendige. Die schöpferische Leistung des Übersetzens kann nirgends anders liegen als da, wo die schöpferische Leistung des Sprechens selber liegt. Die Eindeutschung des Fremden, also, um den legitimen Fall zu nennen, die Büroübersetzung des Geschäftsbriefs, geschieht in das Deutsch, das schon da ist. Darauf beruht ihre Verständlichkeit, und darauf beruht die »Beliebtheit«, die nur der Neid den obenerwähnten Übersetzungen von Müller, Schulze, Cohn, Wilamowitz abstreiten könnte. Sie übersetzen, wie ein Mensch redet, der — nichts zu sagen hat. Da er nichts zu sagen hat, braucht er auch der Sprache nichts abzuverlangen, und die Sprache, der ihr Sprecher nichts abverlangt, erstarrt zum Mittel der Verständigung, dem jedes Esperanto die Existenzberechtigung nehmen kann. Wer etwas zu sagen hat, wird es neu sagen. Er wird zum Sprachschöpfer. Die Sprache hat, nachdem er gesprochen hat, ein andres Gesicht als zuvor. Der Übersetzer macht sich zum Sprachrohr der fremden Stimme, die er über den Abgrund des Raums oder der Zeit vernehmlich macht. Wenn die fremde Stimme etwas zu sagen hat, dann muß die Sprache nachher anders aussehn als vorher. Dieser Erfolg ist das Kriterium für die pflichtgemäß ausgeführte Leistung des Übersetzers. Es ist gar nicht möglich, daß eine Sprache, in die Shakespeare oder Jesaja oder Dante wirklich hineingesprochen hat, davon unberührt geblieben wäre. Sie wird eine Erneuerung erfahren, genau wie wenn ein neuer Sprecher in ihr selbst aufgestanden wäre. Ja mehr noch. Denn der fremde Dichter ruft in die neue Sprache ja nicht bloß das, was er selber zu sagen hat, hinein, sondern er bringt die Erbschaft des allgemeinen Sprachgeists seiner Sprache mit zu der neuen, so daß hier nicht bloß eine Erneuerung der Sprache durch den fremden Menschen, sondern durch den fremden Sprachgeist selber geschieht.

Daß eine solche Erneuerung einer Sprache durch eine fremde überhaupt möglich ist, das setzt freilich voraus, daß, wie die Sprache jeden ihrer Sprecher schon selbst geboren hat, so auch alles menschliche Sprechen, alle fremden Sprachen, die je gesprochen sind und je gesprochen werden, wenigstens keimhaft in ihr enthalten sind. Und das ist der Fall. Es gibt nur Eine Sprache. Es gibt keine Spracheigentümlichkeit der einen, die sich nicht, und sei es in Mundarten, Kinderstuben, Standeseigenheiten, in jeder andern mindestens keimhaft nachweisen ließe. Auf dieser wesenhaften Einheit aller Sprache und dem darauf beruhenden Gebot der allmenschlichen Verständigung ist die Möglichkeit wie die Aufgabe des Übersetzens, ihr Kann, Darf und Soll, begründet. Man kann übersetzen, weil in jeder Sprache jede andre der Möglichkeit nach enthalten ist; man darf übersetzen, wenn man diese Möglichkeit durch Urbarmachung solchen sprachlichen Brachlands verwirklichen kann; und man soll übersetzen, damit der Tag jener Eintracht der Sprachen, die nur in jeder einzelnen, nicht in dem leeren Raum »zwischen« ihnen erwachsen kann, komme.

Ein Beispiel mag das erläutern. Luther konnte die Bibel übersetzen, weil es im Deutschen möglich ist, Eigentümlichkeiten des Hebräischen wie auch den Hebraismus des neutestamentlichen Griechisch wiederzugeben, etwa die neben-, nicht unterordnende Zusammenfügung der Sätze. Wenn er hier in die Sprache seiner eigenen Druckschriften hätte übersetzen wollen, die ja durchaus den humanistisch geschulten Sprachbeherrscher verraten, so wäre ein Kautzsch-Weizsäcker oder etwas noch Schlimmeres herausgekommen, aber nicht die Lutherbibel. Er hatte aber den Mut, die schon damals für das gebildete deutsche Sprachbewußtsein kyklopische Satzbauart des Hebräischen ins Deutsche einzuführen, und hat auf diese Weise ein das damalige Sprachbewußtsein überdauerndes Werk geschaffen — zu dem Bereich des damaligen Deutsch die neue Provinz des Bibeldeutsch hinzuerobert, die nun ihre eigne Geschichte innerhalb der deutschen Sprachgeschichte haben konnte und daher nicht ohne weiteres von der Fortentwicklung des Gesamtkörpers der Sprache widerstandslos mitgespült wurde, sondern in diese Entwicklung mithandelnd eingriff und dadurch in ihrer Eigenart selber erhalten blieb.

Und Luther durfte übersetzen, weil er zu diesem sprachlichen Eroberungszug sowohl den nötigen Mut wie die nötige Umsicht besaß. Sein vielberufener Kampf gegen die übersetzenden »Esel« und ihre schulmäßige Wörtlichkeit darf nicht so verstanden werden, als ob er dagegen eine blinde Willkür angeraten hätte. Denn nicht wahllose Wörtlichkeit führt ja zu dem Ziel, das hier gemeint ist und das Luther erreicht hat. Nicht das Lexikon darf die oberste Instanz für den Übersetzer sein. Die Sprache besteht nicht aus Wörtern, sondern aus Worten. Wörter übersetzt der Schüler und der Schulmeister. Wörter stehen im Lexikon. Worte stehen nur im Satz. »Stehen« ist da eigentlich schon ein falsches Bild, das dem wellenhaften Fließen der Worte durch das Satzbett nicht gerecht wird. Die Konturen, mit denen das Wort sich in den Satz einfügt und die im Lexikon, das seiner Aufgabe nach verpflichtet ist, von den Konturen zum Schwerpunkt oder zu den Schwerpunkten des Worts vorzudringen, nicht gefunden werden können, diese Konturen und gerade sie sind es, die übersetzt werden wollen und müssen, wie ja das eben gegebene Beispiel der ko- und subordinierenden Satzkonstruktionen ein solches Konturenbeispiel, nur eben für den Satz, nicht für das Wort, ist. Wie weit dies Aufsuchen der Konturen in die Elemente des sprachlichen Gebildes vordringen kann, ob nur bis zu den Sätzen oder bis zu den Worten oder selbst bis zu den unterm Wort aufgrabbaren Wortwurzeln, das kann nur von Fall zu Fall bestimmt werden. Immer aber handelt es sich um Konturen; und wenn Luther in seinem berühmten Beispiel es ablehnt, das Wort des englischen Grußes mit »Du voller Gnaden« zu übersetzen, so hat er die Kontur des Worts mit seiner Übersetzung »holdselig« getroffen, ohne deswegen auf die im griechischen Wort enthaltene Wurzel zu verzichten, die ja grade »hold« viel besser wiedergibt, als es die Schullexikonsübersetzung »Gnade« tun würde. Daß er aber auf sein im Überschwall der Polemik auftrumpfendes »Du liebe Maria« in der Übersetzung selber doch lieber verzichtet hat, das ist nicht, wie die Esel von heute es gerne haben möchten, eine Feigheit vor seinen eigenen Konsequenzen, sondern ein Beweis für die echte Besonnenheit seines Übersetzens. Mit »Du liebe Maria« hätte er die Szene zum deutschen Volkslied gemacht und damit grade die Spannung zerstört, durch die sie fähig war, Boden für das Volkslied zu werden. Nur die respektierte Distanz macht das Überspringen des Grabens möglich; wer ihn zu Anfang ausfüllt, lähmt die Sprungkräfte der andern.

Und Luther mußte übersetzen, weil das deutsche Volk jetzt diesen Zustrom fremden Sprachgeists brauchte. Die Bibel ist unter allen Büchern das, dessen Bestimmung es ist, übersetzt zu werden, und daher auch das frühst und meist übersetzte. Was der Sinn alles Übersetzens ist, das Kommen »jenes Tags«, das ist für die Bibel mit ihrem in aller Literatur einzigartigen Miteinander von Erzählung, Forderung, Verheißung geradezu der Reif, der diese Elemente zusammenhält. So ist das Eintreten eines Volks in die Weltgeschichte bezeichnet durch den Augenblick, wo es sich die Bibel übersetzend aneignet. Dieser Eintritt fordert stets auch ein Opfer an völkischer Abgeschlossenheit, ein Opfer, das sich spiegelt in der mit einer Bibelübersetzung notwendig verbundenen Umschmelzung der nationalen Sprache. Denn während andere Übersetzungen immer nur einen Teil des Lebens berühren, etwa eine Shakespeare-Übersetzung nur das Theater, greift eine Bibelübersetzung in alle Sphären des Lebens ein; eine »religiöse Sphäre« gibt es nicht. Der Heliand war Folge und Symptom dessen, daß das deutsche Volk noch nicht weltgeschichtsreif war; keine seiner Leistungen in den Jahrhunderten des Mittelalters ist von der Welt rezipiert worden, während es selbst auf allen Gebieten im höchsten Maß rezipiert hat. Die Reformation ist das erste deutsche Ereignis, das in die Welt hinausgewirkt hat und nicht wieder aus ihr geschwunden ist. Seitdem ist das deutsche Schicksal in das Weltschicksal verwoben. Luthers Übersetzungstat bezeichnet diesen Punkt. Das sogenannte »religiöse Genie« ist als solches allein niemals eine weltgeschichtliche Persönlichkeit — Meister Eckhart war keine —, es gehört noch eine andre, eine weltliche Seite dazu. Luthers andre Seite war der Übersetzer. Diese seine »Weltlichkeit« vollendet ihn zur weltgeschichtlichen Person.

Doch nun zurück zu der jüdischen Dichtung des Mittelalters. Das Übersetzungsproblem ist hier zunächst einmal ganz einfach ein äußeres Formproblem. Es ist in der Geschichte des Übersetzens beinahe typisch, daß die Erstkommenden sich vor der poetischen Form des Originals scheuen. Man übersetzt Homer zunächst in Blankversen, Alexandrinern, ottave rime, ehe man es wagt, moderne Hexameter zu bauen. Daß ein deutscher Hexameter kein griechischer ist, bleibt dabei wahr, auch nach Voß. Aber noch weniger ist ein deutscher Alexandriner ein griechischer Hexameter, und so kann der Übersetzer auf die Dauer der Aufgabe nicht ausweichen, ein der Form des Originals möglichst gleichwertiges Gebilde zu erstellen. Er wird dabei unter Umständen gezwungen sein, sich noch stärkere formale Bindungen aufzulegen, als die Originalform dem Dichter auferlegt hat — wenn nämlich durch solche vermehrte Bindungen der Übersetzungssprache der Eindruck der Originalform in engerer Annäherung erreicht werden kann. Ein Beispiel ist die notwendige Bevorzugung von einsilbigen Wörtern im deutschen Shakespeare, die dem Dichter von sprachwegen natürlich ist, während sie der Übersetzer sich bewußt auferlegt.

Von den Übersetzern Jehuda Halevis hat kein einziger bisher dem Metrum gegenüber diese Pflicht grundsätzlich anerkannt, und auch dem Reim gegenüber nur der einzige Heller, der auch sonst all seine Vorgänger und Nachfolger um Haupteslänge überragt und der deshalb von der communis opinio natürlich als »ungenießbar« bezeichnet wird (Heller, Die echten hebräischen Melodien, Frankfurt a. M., 3. Aufl. 1908). Die Scheu vor Nachahmung der Reimform hat den einfachen Grund, den bei näherem Zusehn überraschend viele menschlichen Dinge haben, nämlich — Faulheit, ganz einfach Faulheit, Faulheit *sans phrase*. Denn möglich ist die Nachbildung auch der kompliziertesten Reimformen im Deutschen durchaus, wie Rückert beweist. Im schlimmsten Falle verwende man doch ruhig das Reimlexikon; man braucht es ja, wenn man durchaus als Nachdichter figurieren will, niemandem zu verraten; ich, der ich nur Übersetzer bin, gestehe hiermit gern ein, daß ich dem Reimlexikon des Herrn Steputat manche Erleichterung verdanke, wenn ihm auch die schönsten Reime meistens nicht eingefallen sind. Wie wichtig aber die Nachbildung der Reimform ist, das geht schon daraus hervor, daß in den in Frage kommenden Dichtungen der Reim nicht bloß wie in den modernen Formen der Mörtel ist, der Stein an Stein leimt, sondern fast durchweg, mindestens auch, das Baumaterial selber, dessen einheitlicher Ton den Gesamteindruck der Fassade bestimmt. Man denke sich einmal einen Baumeister, der — in einer Zeit, wo solche Aufträge gegeben wurden — den Palazzo Pitti in jedem Stockwerk aus andersfarbigem Haustein nachgebaut hätte. So ungefähr muten einen vom Original her all die Nachbildungen an, die den entweder streng einheitlichen Reim oder, in den Strophengedichten, die Reimeinheit der Strophenschlüsse rücksichtslos zerreißen. Was bleibt denn von der Schönheit dieser »Gürtelgedichte«, bei denen die Reime der Einzelstrophen durch den kostbaren Verschluß des Rundreimsystems zusammengeschlossen werden, noch übrig, wenn man sie in deutsche Liedstrophen zersplittert? Dennoch ist das mit der einzigen Ausnahme Heller fast stets geschehen.

Schwieriger liegt die Frage für das Metrum. Hier besteht wirklich eine starke Fremdheit. Zwar ist auch der Reim nicht ohne weiteres mit dem abendländischen Reim gleichzusetzen, der ja stets vokalisch anlautet, während der Reim der hier übersetzten Gedichte durchweg schon einen Konsonanten mit in das Reimelement hineinzieht, also z. B. nicht ajich, sondern rajich oder nicht im, sondern bim reimt. Das ist natürlich nicht nachzubilden. Aber die Fremdheit des Metrums geht viel tiefer.

Man pflegt die Metrik der spanischen Hebraität gewöhnlich damit zu erledigen, daß man sie als eine Nachahmung der arabischen bezeichnet. Das ist so in Kürze irreführend. Die Übernahme der arabischen Metrik ist nicht in blinder Nachahmung geschehen; das verbot sich, obwohl es an sich durchaus möglich gewesen wäre, durch die bei den hebräischen Philologen der Zeit herrschende Theorie der hebräischen Silbe. Aber die Eröffner der neuen Dichtung im Hebräischen ergriffen mit kühnem Griff die Eigentümlichkeit des Prosarhythmus ihrer Sprache, die sie vom Arabischen unterscheidet, die stummen Silben, die ungefähr klingen wie die Silbe »Ge« in »Gewand« oder »Be« in »Bezug«, und gaben diesem Laut den Wert jener arabischen Silbenart, die nach der Theorie im Hebräischen fehlte. So entstanden die beiden Elemente der hebräischen Metrik, eine Art Jambus aus Stummsilbe und Schwersilbe und eine Schwersilbe, die zu zwei, drei und praktisch, durch Aneinanderreihung der Versfüße, auch in noch größerer Zahl gehäuft werden konnte. Von der Prosabetonung führte nun freilich die so entstandene Metrik weit ab, und zwar sowohl von der sephardischen der Endungen wie von der aschkenasischen des Stammes. Und hier liegt nun die Wurzel der Schwierigkeit auch für den Übersetzer. Denn im Deutschen ist seit dem siebzehnten Jahrhundert das Prinzip aufgebracht und durch die klassische Dichtung von 1800 unerschütterlich festgerammt, daß die Prosabetonung der Worte im Vers gewahrt bleiben müsse, ein Prinzip, das erst in den jüngsten Jahrzehnten durch die Georgesche Schule mit ihrer Forderung des gleichschwebenden Tons eine gewisse Modifikation zu erfahren beginnt. Die Herrschaft nun dieses Prinzips ist so absolut, daß es dem Heutigen schwer fällt, auch nur die Möglichkeit andrer Prinzipien für die Vergangenheit recht zu begreifen. Daß die griechisch-römische Antike ein durchaus andres Prinzip hatte, wird mehr als Tatsache hingenommen, als ästhetisch nachgefühlt. Dabei ist die Sache gar nicht so schwer zu erfassen. Der Moderne braucht nur an die musikalische Deklamation zu denken, in der ja auch er eine worttonfremde Betonung sich gefallen läßt. Der Reiz liegt hier — und lag offenbar auch beim homerischen Hexameter — in der stets wechselnden Spannung zwischen Prosaton und Verston, die sich wechselseitig fliehen und wiederfinden. Jeder homerische Hexameter hat so sein ihm ganz individuell eigenes Metrum — ein Reichtum, von dem die Schulmetrik sich nichts träumen läßt und den, nebenbei gesagt, in der modernen Vokalmusik die Wagnersche Betonungsregel mit ihrer einseitigen Herrschaft des Rezitativstils verschleudert.

Von hier aus ist also auch die sogenannte »Unnatürlichkeit« dieser hebräischen Metrik zu verstehen. Wer sich diese Metrik zu Gefühl bringen will, tut gut, die Verse »georgesch« zu lesen, also mit gleichschwebender Betonung aller Vokalsilben, die doch den — in diesem Fall natürlich sephardischen — Wortton nicht ganz verschwinden lassen darf. Die Aufgabe des Übersetzers aber ist nun, im Deutschen Verse zu bauen, die dem Leser eine solche schwebende Betonung aufzwingen, und die natürliche Tendenz der deutschen Sprache zu jambischen, trochäischen, etwa noch daktylischen und allenfalls anapästischen Rhythmen zu überwinden, die diesen hebräischen Versen mit ihren Häufungen von Schwersilben durchaus nicht entgegenkommt. Hier liegt ein Fall vor, wie ich ihn zuvor meinte, ein Fall, wo der Übersetzer durch das künstliche Mittel vermehrter Bindungen sich bemühen muß, in der Übersetzungssprache einen dem Original möglichst ähnlichen Eindruck zu erreichen. Es bieten sich da die folgenden Wege: künstliche Hervorrufung schwebender Betonung durch Zerstörung der jambischen oder trochäischen Tendenz einer Verszeile in der nächsten, starke Verwendung solcher zweisilbigen Worte, die aus gleichwuchtigen Silben bestehen, wie »Mißwachs«, »Lichtstrahl« und dergleichen, sowie auch Häufung von gleichbetonten Einsilbern zu eben diesem Zweck, endlich die künstliche Einführung von Zäsuren, die innerhalb der Verszeile immer wieder den Rhythmus, der schon sich wieder in den Trott der Jamben oder Trochäen zu verschlendern beginnt, zurechtzurücken gestatten. Alle diese Mittel verfangen jedoch nur bei den Gedichten mit strengem Metrum; bei den grade in der Kultpoesie zahlreichen Gedichten in freierem Metrum, das nur die Schwersilben zählt und regellos Stummsilben einzeln zwischen sie streut oder auch nicht streut, bleibt die Aufgabe einer genauen Nachbildung des

Metrums unlösbar. Denn durch kein Mittel wird der deutsche Leser sich bei gesprochener Poesie — bei nach bekannter Melodie zu singender ist es anders — zwingen lassen, nur eine Auswahl der die Zeile zusammensetzenden Silben für rhythmisch wesentlich zu nehmen, da solch ein starker Unterschied, wie er im Hebräischen zwischen Vollsilben und Stummsilben besteht, im Deutschen mündlich zwar vorhanden, aber metrisch nicht auswertbar ist. Hier hilft nur der Entschluß, sich im Deutschen auf die Silbenzahl zu beschränken, die im Hebräischen gezählt wird, also eine Regulierung des im Hebräischen viel freier dahinfließenden Silbenstroms. Die einzige Stelle, an der auch im Deutschen die Befreitheit des Metrums nachgebildet werden kann (und also, nach meinen Prinzipien, muß) ist der Versanfang. Doch darf die hier vorgesetzte Silbe den Charakter eines Vorschlags, und zwar eines Vorschlags vor einer eher noch trochäischen als jambischen Zeile, nicht verlieren. Vom Metrum her wird übrigens auch das Reimgeschlecht für die Übersetzung zu bestimmen sein, in all den Fällen, wo das Original männlich reimt, aber die Teile mit einer graden Zahl Schwersilben schließt und infolgedessen die Übersetzung weiblich reimen muß, was übrigens kein Unglück ist, da der konsonantische Reimanlaut für unser Gefühl auch die männlichen Reime des Originals beinahe wie weibliche erscheinen läßt. Im umgekehrten Fall — weiblicher Reim bei ungradsilbigem Versschluß — läßt sich der weibliche Reim retten, wenn man ihm eine schwerbetonte Silbe voranstellt.

Die Summe all dieser Mittel wird sich dann zu einem Eindruck addieren, der wenigstens in der Richtung des angestrebten Ziels einer Einführung der fremden Rhythmik ins Deutsche liegt. Ein dritter Punkt, der zu beachten ist, fällt nicht wie Reim und Metrum ins Formale, sondern ist inhaltlicher Natur. Es ist das, was man mit dem Schlagwort »Musivstil« bezeichnet und was man für ebenso unnachbildbar hält wie Reim und Metrum. Worum handelt es sich?

Alle jüdische Dichtung im Exil verschmäht es, dieses ihr Im-Exil-Sein zu ignorieren. Das würde geschehen, wenn sie jemals wie andre Dichtung die Welt unmittelbar aufnähme. Denn die Welt, die sie umgibt, ist Exil und soll es ihr bleiben. Und in dem Augenblick, wo sie diese Haltung aufgäbe, wo sie sich dem Einstrom dieser Welt öffnete, würde ihr diese Welt heimisch, hörte auf, Exil zu sein. Diese Exilierung der Umwelt aber wird geleistet durch die ständige Gegenwärtigkeit des Schriftworts. Mit ihm schiebt sich eine andere Gegenwart vor die umgebende und setzt diese zum Schein, genauer, zum Gleichnis herab. Also nicht etwa das Schriftwort wird gleichnisweise zur Illustration des gegenwärtigen Lebens herangezogen, sondern gerade umgekehrt dienen die Ereignisse zur Erläuterung des Schriftworts, werden zum Gleichnis für dieses. Das Verhältnis ist also genau das entgegengesetzte, wie wir es uns bei dem Wort Musivstil vorstellen. Musivstil ist eine Erscheinung literarisch unmündiger Epochen. Wenn Einhard Karl den Großen mit Worten aus der Suetonschen Augustusbiographie schildert, so will er ihn im Kostüm des Augustus zeigen, ihn von Augustus her beleuchten, nicht umgekehrt. Wenn ein jüdischer Dichter Christenheit und Islam mit Edom und Ismael bezeichnet, so kommentiert er nicht die Gegenwart aus der Schrift, sondern die Schrift aus der Gegenwart. Nicht literarische Unreife, sondern viel eher literarische Überreife liegt hier zugrunde. Man ist nicht in Verlegenheit um einen eigenen Stil, sondern man hat seinen Stil so eigen, daß man gar nicht auf die Möglichkeit kommt, aus ihm in die Stillosigkeit herauszutreten. Ein solches Verhältnis zum geschriebenen Wort setzt natürlich voraus, daß dieses Wort nicht bloß formell, sondern auch inhaltlich klassisch ist, ja daß die Klassizität des Inhalts und der Form für untrennbar miteinander verflochten gelten. Einen entfernten Vergleich dafür bietet heute die Art, wie die europäischen Völker zitieren. Wer einmal Engländer Shakespeare zitieren gehört hat, der weiß, wie sehr sie ihn auf »schöne Stellen« hin anführen. Shakespeare im Munde eines Engländers zitiert, gibt durchaus eine »musivische« Wirkung. Man zitiert ihn nämlich, ohne sich ernstlich mit ihm identisch zu fühlen. Die Weltansicht des modernen Engländers stammt aus dem Jahrhundert Cromwells, nicht aus dem Jahrhundert Shakespeares. Wenn hingegen der gebildete Deutsche Goethe oder Schiller zitiert, so zitiert er mit ihnen zugleich Kant, Fichte, Hegel — mit andern Worten: er glaubt dem Geist, den er zitiert; er zitiert ihn nicht bloß zur gesellschaftlichen Unterhaltung. Soweit man von einer Überlegenheit der Deutschen über die westlichen Völker reden kann, ist sie in diesem historischen Glücksfall der Verbindung zwischen den letzten Höhepunkten seiner formellen und seiner inhaltlichen Kultur begründet; von den älteren Völkern hat höchstens der Italiener mit seinem Dante, von den jüngeren vielleicht der Russe mit Dostojewskij einen ähnlich gesicherten Boden unter den Füßen, der ihm erlaubt, für das Höchste, was er zu sagen hat, das schönste Wort zu gebrauchen. Diese glückliche Einheit nun von Sprechen und Denken besitzt in stärkstem Maße und in ja allerdings teuer erkaufter Ausschließlichkeit der mittelalterliche Jude. Nicht bloß die höchsten Gedanken finden bei ihm die geprägte Form, sondern jeder Gedanke, der überhaupt sich als Gedanke legitimieren will, sucht diese Form. Das Zitat ist hier ganz und gar nicht ein schmückendes Anhängsel, sondern es ist der Zettel für den Einschlag der Rede.

Daraus aber ergibt sich wieder eine Aufgabe für den Übersetzer. Er darf nicht den Anspielungsgehalt der Sprache unterdrücken. Diese Aufgabe hat nicht bloß für unlösbar gegolten, sondern bis zu einem gewissen Grade ist sie es wirklich. Denn es wäre natürlich keine Lösung, wollte man etwa in Anmerkungen dem Leser die erforderliche Bibelkenntnis nachträglich beibringen. Für den hebräischen Leser ist die Verbindung mit dem Schriftwort auch keine nachträgliche Sache, sondern eine die Lektüre begleitende Folge von momentanen Stromschlüssen, die eben in ihrer nicht aussetzenden Folge das Fluoreszieren des Gelesenen bewirken. Mit diesem Gleichnis des Problems ist nun zugleich auch die Möglichkeit der Lösung angedeutet. Die Aufeinanderfolge der einzelnen Stromschlüsse kann im Deutschen nicht so rasch sein wie im Hebräischen, einfach, weil die Zitierbarkeit der deutschen Bibel geringer ist als die der hebräischen. Aber immerhin, es besteht auch hier eine gewisse Zitierbarkeit — dank der Lutherbibel, dank einigen aus der Bibel geschöpften Kirchenliedern und dank manchen auch dem heutigen Menschen noch bekannten biblischen Inhalten. Und da das Bibelzitat im Deutschen ungewohnter ist, so wirkt es vergleichsweise soviel wuchtiger, daß es auch in spärlicher Frequenz noch ein gewisses Fluoreszieren erzeugt. Also hat der Übersetzer die Aufgabe, jedes irgendwie zu Bewußtsein zu bringende Bibelzitat des Texts auch wirklich als solches herauszuarbeiten, und unter Umständen ein dem heutigen Menschen fremdes durch ein ihm näheres zu ersetzen; daß er damit den zuvor angeprangerten Fehler des »Verständlichermachens« begehe, braucht er nicht zu fürchten; dem heutigen Menschen ist es knapp so bekannt, daß die Araber sich von Ismael herleiten und daß Ismaels Mutter Hagar hieß, wie den Lesern oder Hörern des Jehuda Halevischen Gedichts, daß Epher ein Sohn der Ketura war und daß diese von der Tradition mit Hagar identifiziert wird. Übrigens aber kommt dem heutigen Leser entgegen, daß grade die dem Gebildeten heute noch am ehesten bekannten biblischen Bücher, wie die Psalmen, der Prophet Jesaja, das Hohelied, auch dem hebräischen Dichter am häufigsten auf die Zunge kommen.

Einen vierten Punkt habe ich in der ersten Auflage nicht erwähnt, weil ich ihn für selbstverständlich hielt. Das ist er aber, wie ich inzwischen gemerkt habe, nicht. So spreche ich nun also auch von der Wortwahl.

Es ist etwas heikel für den Übersetzer, diesen Punkt zu berühren. Er ist ja noch mehr als der richtige Dichter dem Verdacht ausgesetzt, aus seinen technischen Nöten poetische Tugenden zu machen. Insbesondere der Reim ist immer suspekt, sich aus einem gehorsamen Diener in den Herrn des poetischen Gedankens zu verwandeln. Da das jeder Diener tut, weil es die in der Sache selbst liegende Wiedergutmachung des Dienertums ist, so kann der Dichter, dem ja das Wort nur dazu in Dienst gegeben wird, daß es über ihn Gewalt kriege, das ruhig zugeben. Anders der Übersetzer. Er hat nicht das Recht, sich von dem eigenen, ihm eigenen Wort tragen zu lassen, er muß dem fremden Wort nachgehn. Ihm darf nicht Wort aus Wort entspringen, er muß Wort um Wort, wie sie ihm gegeben werden, wiedergeben. So stellt ihn jedes Wort vor die Frage der Wiedergabe, also vor eine im weitesten Sinn wissenschaftliche Frage. Er, und nur er, der Dichter nicht, wählt seine Worte. Er muß den Ort der Worte auf dem Gesichtsfeld der Sprache, und dieser besonderen Sprache dieses Dichters, kennen, er muß zu wissen streben, wie naher oder entlegener Herkunft dieses Wort, dessen Spur er folgt, ist, ob es im Mittelpunkt der Sprache oder in ihren Randgebieten zu Hause ist.

Im Hebräischen der spanischen Dichter ist diese Feststellung an sich gar nicht so schwierig, wegen des begrenzten, nämlich im wesentlichen rein biblischen, Wortschatzes. Mechanisches Arbeiten mit Lexikon und Konkordanz verbietet sich zwar auch hier; ein Wort etwa, das im täglichen Gebet vorkommt, ist geläufig, auch wenn die Konkordanz es als hapax legomenon führt. Nun ist aber trotzdem, wie ich zwischen der ersten und zweiten Auflage dieses Buchs festzustellen Gelegenheit hatte, das Bewußtsein dieser Unterschiede merkwürdig wenig verbreitet. Insbesondere Jehuda Halevi steht in dem Ruf leichter Anmut und sonderlicher Glätte. Offenbar meint man, da man selber ziemlich unterschiedslos vom Lexikon abhängig ist, Jehuda Halevi wäre es auch gewesen. Er hat aber mehr Hebräisch gekonnt, nicht bloß als ich, sondern auch — in aller dem Autor geziemenden Bescheidenheit sei es gesagt — als meine Kritiker. Er war ein vertrauter Knecht in dem ganzen weiten Hause der heiligen Sprache. Und hat wohl ein Gefühl dafür gehabt, ob ein Wort zum täglichen Tischzeug der Sprache gehört oder ob es nur für seltene Gelegenheiten in verschlossenem Schrank verwahrt wird. Daß ihm selber die beiden Schlüssel sich gleich leicht in der Hand drehen, bezeugt seinen treuen Schaffnerfleiß, der auch das seltener gebrauchte Schloß nicht einrosten läßt, sagt aber nichts gegen die Verschiedenheit des Geschirrs, zu dem die beiden Schlüssel den Zugriff öffnen.

Hier hat der Übersetzer nun dem Dichter nachzugehn und wenn nicht Wort um Wort, wenigstens Satz um Satz den Ungewöhnlichkeitsgehalt des Wortschatzes in seiner Sprache, so gut es gehen mag, nachzubilden. Selbst auf die Gefahr hin, daß Leser, deren Kenntnis der deutschen Sprachentwicklung erst bis zum Buch der Lieder vorgedrungen ist und denen also die Entdeckung des Westöstlichen Diwans und der Hölderlinschen Hymnen, um von Neuerem zu schweigen, noch bevorsteht, sein Deutsch unverständlich finden.

Oder steht etwa die Dichtung Jehuda Halevis selber unter Bedingungen, die ihm die nachgerühmte Glätte ermöglichen, und seinem Übersetzer nicht? Das allerdings ist die Belehrung, die ihm diese Kenner des Hebräischen und Nichtkenner des Deutschen mit seltener Einstimmigkeit erteilen. Die Reimnot, welche den Übersetzer zu seinen seltsamen Wortgebilden genötigt habe — die allerdings merkwürdigerweise ebenso auch mitten im Vers und sogar in seinen, des Übersetzers, gänzlich ungereimten Prosaschriften zu finden sind —, habe für Jehuda Halevi nicht bestanden. Er habe unbedenklich Reim an Reim in anmutigem Flusse reihen können und es so nicht nötig gehabt, ins Erhabene auszuarten. Als Begründung für diese Ansicht wird dann einstimmig angeführt die Sage vom Suffixreim.

Suffixreime sind Endungsreime, wie im Deutschen etwa der Reim von jubilieren mit allen andern Zeitworten auf ieren. Wirklich sind sie im Hebräischen leichter möglich als im Deutschen. Grade deshalb scheuen sich die anständigen Dichter vor ihnen und gebrauchen sie nur so, wie schließlich ja auch Goethe bisweilen Liebe auf Triebe, Sonne auf Wonne reimt. Es ist aber unter den Kennern die Sage verbreitet, die spanisch-hebräischen Dichter machten von dieser bequemen Möglichkeit verschwenderischsten Gebrauch und reimten ihre langen einreimigen Gedichte so vergnügt durch, wie etwa ein deutscher Philosophieprofessor eine ganze Kollegstunde mit lauter Reimen auf ismus mühelos bestreitet. Diese Sage — Sage bez. der spanisch-jüdischen Dichter, nicht bez. des Philosophieprofessors — hat wie jede Sage, die etwas auf sich hält, nun aber eine reale Grundlage, und meine Forschungen danach sind denn auch von Erfolg gekrönt worden. In der Wiener Morgenzeitung belehrt mich der Kenner folgendermaßen: »Wenn zum Beispiel Jehuda Halevi in seiner Zionide mehr als sechzigmal den Reim ›ajich‹ (die Endung, die ›Dein‹ bedeutet) verwendet, so ist es sicherlich eine schwierigere Bindung, wenn der Übersetzer im Deutschen 60 Reimworte auf ›Fragen‹ finden muß. Im Hebräischen reimt oft ein Suffix, das wechselnden Worten gemeinsam ist, im Deutschen das Wort selbst.« Das ist nun ungefähr so, als wenn ein Franzose behaupten würde, die Übersetzung der Zionide in diesem Buch reime auf die Endung en. Der Kenner hat nicht erkannt, daß der Reim rajich heißt, also aus einem Wortelement und einer Endung zusammengesetzt ist genau wie der deutsche Reim auf agen. Er kennt eben offenbar das unterscheidende Merkmal dieser ganzen Reimtechnik gegenüber der unsern nicht, obwohl es zum Überfluß auf Seite 216 des Nachworts ihm vorgestellt worden ist: den stets konsonantischen Reimanlaut. Das klingt unwahrscheinlich. Wer aber die gradezu märchenhafte Unwissenheit kennt, die unter uns in allen mehr wissenschaftlichen als routinemäßigen Dingen herrscht und die den Ruhm eines Kenners einerseits sehr schwer (nämlich in allem, was nur durch Routine zu erwerben ist) erreichbar macht, andererseits aber unverhältnismäßig leicht (nämlich in allem, was mit ein bißchen Verstand und wissenschaftlichem Sinn erworben werden kann), wird sich nicht weiter darüber wundern. Ich fragte vor Jahren einmal einen Freund nach dem Metrum der Zionide, die er von Kindheit an alle Jahre am 9. Ab zu sagen gewohnt war; er antwortete, er habe oft schon danach gesucht, aber es sei keines vorhanden, es seien freie Rhythmen!

Grade an der Zionide läßt sich aber sehen, wie es auch im Hebräischen durchaus kein Kinderspiel ist, 35 (immerhin nicht 60) Reime zu finden, worauf ja übrigens das sehr frühe Auftreten von Reimlexiken schon mit Sicherheit schließen läßt. Denn zu der Forderung des Wortendes auf r tritt noch die Bindung des Metrums, die nur gewisse Gruppen der Worte, die der Reimforderung entsprechen, zuläßt. Tatsächlich kommt denn auch — im sechsten und sechsundzwanzigsten Zweizeiler — zweimal das gleiche Reimwort in der gleichen Bedeutung vor. Also ist das Reimen auch, oder vielmehr gerade, damals schon so schwierig gewesen, wie die Gläubigen der Mythe vom Suffixreim meinen, daß es heute ist — und also auch das Dichten. Und unter den fünfunddreißig Reimworten der Zionide sind zwei, die in der ganzen Bibel nur einmal, und weitere zwei, die nur zwei- und dreimal vorkommen. Und andrerseits müssen etwa in dem Hymnus Dein Gott[1]) die Reimmöglichkeiten des nun einmal das Ganze inhaltlich und formal aus sich hervortreibenden Worts dieser Überschrift im Original nicht weniger ausgekauft werden als in der dem Original nachgehenden Übersetzung — weil sich der Dichter eben nicht den hier möglichen Suffixreim gestattet hat, sondern ungeachtet der Schwierigkeiten ehrlich den Stamm mitreimen läßt. Also mit der anmutigen Glätte dieses Dichters und mit seiner unabwegigen Wortwahl ist es nichts — wenigstens soweit er selbst in Betracht kommt; für das, was seine Übersetzer aus ihm gemacht haben, mögen die genannten Kriterien ja wohl zutreffen.

Die vorstehende Auswahl war ursprünglich eine reine Zufallsauswahl. Ich könnte bei jedem einzelnen der zuerst übersetzten Gedichte Rechenschaft davon geben, wie ich zur Übersetzung gekommen bin, doch es wären nur persönliche und zum Teil wirklich zufällige Gründe. Kein Zufall ist es, daß die weltliche Dichtung, die im Gesamtwerk des Dichters einen ziemlichen Raum einnimmt (wenn auch lange nicht den, welchen ihr die üblichen deutschen Auswahlen einzuräumen beflissen sind), bei mir fehlt. Es war nicht gerade die Scheu, die S. D. Luzzatto, der große und echte Philologe unter denen, die sich mit Jehuda Halevi beschäftigt haben, als bestimmend für seine Auswahl des Diwans angibt: Er habe das Heilige nicht mit dem Profanen vermengen wollen; sondern es ist auch hier ein persönlicher Grund. Es kommt im Übersetzen immer irgendwann ein Augenblick, wo die Scheidewand zwischen Gedicht und Übersetzung, und sei es nur für einen Augenblick, fällt. Um dieses Augenblicks willen übersetzt man, wenn man es auch selber nicht weiß; aber dieser Augenblick ist auch die Schranke, die einen in der Auswahl beschränkt.

Das Zufällige der Auswahl verlor sich dann im Laufe der Arbeit.

---

[1]) 90 Hymnen und Gedichte des Jehuda Halevi, S. 35 ff.

Ich begann darauf zu achten, daß die übersetzten Gedichte sich inhaltlich und formal möglichst zu einem Gesamtbild des Dichters ergänzen möchten. In einem gewissen Stadium der Arbeit war das so ziemlich erreicht. Aber dieses Stadium war, kaum erreicht, schon wieder überschritten. Und der Zustand, der jetzt kam, war, obwohl ästhetisch weniger erfreulich als der vorher schon erreichte, doch der, wenn das Wort erlaubt ist, getreuere. Denn eben die Wiederholungen, die nun eintraten, gehören zum Bild.

Es ist ja nicht so, daß sich grade ganze Gedichtteile wiederholen — wofür doch die Weltliteratur auch Beispiele bietet —, sondern was sich wiederholt, sind vielmehr die Gedanken und Bilder. Nicht bloß im einzelnen, sondern grade die Gedichtganzen erscheinen vielfach als Abwandlungen von festen Typen. Und da das wirklich so ist, so würde dieser Sammlung etwas fehlen, wenn sie dem Leser kein Bild hiervon gäbe.

Es wäre nun aber ganz verfehlt, wenn dies versucht würde durch gruppenweise Nebeneinanderstellung der gleichen Typen, der Meorot, Ahawot, Geulot und wie sie noch heißen. Dieses Museumsverfahren gäbe gerade die allerverkehrteste Vorstellung. Woher kommt denn das Typische hier? Diese Gedichte sind natürlich ursprünglich nicht zum Gelesenwerden bestimmt, sondern, wie in allen Zeiten, wo die Dichtung oder ein Teil der Dichtung Volkssache war, zum Vorgetragen- und Gehörtwerden. Goethes ohnmächtiger Wunsch: »Nur nicht lesen, immer singen!« — ohnmächtig, denn noch in seiner Zeit begann durch Schubert die Musik, die bei Goethes Hauskomponisten noch anspruchslos der Dichtung gedient hatte, sich, grade unter dem Vorgeben, ihr getreu zu folgen, der Herrschaft über sie zu bemächtigen — jener damals schon machtlose Wunsch wird in solchen Zeiten oder in Menschenkreisen, für die dasselbe gilt wie für jene bezeichneten Zeiten, mit Selbstverständlichkeit erfüllt. Es kommt dabei auf das Vorhandensein des Kreises, des »Volks«, viel mehr an, als auf die »Zeit«. Zu dem üblichen scheinheiligen, in Wahrheit nur trägen, Traurigtun über die »sinnlose« oder gar »gottferne« Gegenwart ist gar kein Anlaß; wo Dichtung für einen bestimmten Menschenkreis gedichtet und von ihm, von seinen Kehlen natürlich, nicht etwa nur im Geiste, aufgenommen ist, da ist die »Zeit« da. Also zum Beispiel in der bösen Jetztzeit in jedem Heer und in jeder protestantischen Kirchengemeinde, und im schönen Mittelalter für Walter von der Vogelweide zum Beispiel nicht.

Jehuda Halevis und seiner Genossen Dichtungen also sind, großenteils wenigstens, solche Zweckkunst; und selbst soweit sie es nicht sind, werden sie sprachlich und formal (sogar auch die ausgesprochen weltlichen) von den Gesetzen jener Kunstform bestimmt. Der Gebrauchszweck aber ist in diesem Fall Vortrag durch den Vorsänger und Mitgesang der Gemeinde an bestimmten Punkten des synagogalen Jahres. Der Fluß der all- und altbekannten Worte soll von ihnen unterbrochen sich zu Seen stauen, die dem Blick ungewohnte Uferlandschaften zeigen. Im Wiederkehrenden sind sie das Wechselnde, aber weil in ihrem Wechsel doch an Wiederkehrendes gebunden, darum mit Notwendigkeit zu einer gewissen Gleichartigkeit gedrängt. Das fällt nicht auf, solange sie in ihrem natürlichen Gebrauchszusammenhang stehen; die verschiedenen Gedichte waren ja dann durch ein volles, wirklich ein volles, von Ereignissen des synagogalen Lebens volles Jahr getrennt. Wiederholungen wurden da nicht als solche empfunden, oder sofern sie empfunden werden, ist es ganz in der Ordnung. Denn eben diese Wiederkehr im Jahr ist ja das Wesen des Fests. Wie letzthin überhaupt die Wiederholung die große und einzige Form ist, die der Mensch zum Aussprechen seines ganz Wahren hat. Man kann sich etwa in diesen Gedichten an den immer erneuten Worten der Demut und Hingabe, der Not und Erlösungszuversicht, der Weltscheu und Gottessehnsucht, der Sündenreue und des Gnadenvertrauens stoßen —, man kanns, aber man schafft damit die Tatsache nicht aus der Welt, daß eben das Herz des Dichters und die Herzen derer, für die er gedichtet hat, von diesen Empfindungen voll sind und für sie nach Ausdruck verlangen. Die Lüge hat viele Möglichkeiten, die Wahrheit nur wenige, im Grunde immer nur eine. Daß sie nicht müde wird, dies immer Eine immer wieder neu zu sagen, darin bezeugt sich ihre währende Kraft. Im Munde des Liebenden wird das Wort der Liebe nicht alt, das aus dem Munde, der die Liebe heuchelt, schon welkt, wenn es das erste Mal gesprochen wird.

Aber das praktische Problem, wie man sich als Herausgeber und Leser einer Sammlung verhalten soll, ist damit nicht gelöst. Man könnte sagen: wie Jehuda Halevi selber, nämlich gar nicht. Er hat nämlich seinen »Diwan« nicht gesammelt. Erst nach seinem Tode ist es, dann aber bald mehrmals, geschehen. Praktisch hieße das für unsre Zeit, daß die befugte Stelle, also die Synagoge, und zwar gerade die »Reform«-Synagoge Mittel- und Westeuropas und Amerikas, sich weit mehr als schon bisher auf diese Dichtungen besänne. Welche Gelegenheit für die Vorsänger und die komponierlustigen Dirigenten der örtlichen Synagogenchöre! Welche Gelegenheit aber vor allem auch für die Rabbiner! Sie könnten sich hier, indem sie ihrer Predigt die schlichte Interpretation des Gedichts vom Tage zugrunde legten, zurückfinden zum einzigen genuin jüdischen Predigtstil, zum lehrhaften, aus dem das Mahnende und Aufrufende sich ungesucht, gelegentlich im besten Sinne, ergäbe.

Aber das eben Ausgesponnene gilt ja nur für die Originale. Für das Verhalten des Übersetzers ist damit noch nichts gewonnen. Wie konnte ich den Leser dieser Übersetzungssammlung verhindern, sich als Leser zu benehmen, mit andern Worten, wie konnte ich ihn dazu bringen, die Gedichte nicht wie Kirschen, sondern wie Pfirsiche zu verspeisen, also nicht das nächste schon anzufangen, wenn er noch das vorige kaum herunter hätte, sondern jedes hübsch einzeln und mit Bedacht und mit der Vorstellung: so bald gibt's nun vielleicht keins wieder.

Diesem Zweck sollen die Anmerkungen dienen. Natürlich nicht ihm allein. Außerdem sollen sie die normale Anmerkungspflicht erfüllen, dem Leser unter Wahrung zivilisierter Umgangsformen, also mehr beiläufig und so als ob er das alles schon wüßte, die zum Verstehen des Gedichts nützlichen Dinge beizubringen, die er sicher nicht weiß. Aber der Hauptzweck ist der andre: den Leser zu veranlassen, jedes Gedicht so als ein Ding für sich zu nehmen, wie es der Dichter als ein Ding für sich gedichtet hat und wie es der Sänger und der Hörer an dem Ort, für den es bestimmt ist, sang und hörte, singt und hört, singen und hören wird. Also den Leser aus einem Leser und Vertilger zu einem Gast und Freund des Gedichts zu machen.

Über Jehuda Halevi selber will ich hier nicht sprechen. Es wird sich in den Anmerkungen zu den einzelnen Gedichten bessere, weil unmittelbarere, Gelegenheit dazu geben. Die Anmerkungen werden dann auch die zu Beginn dieses Nachworts ausgesprochene Entschuldigung wegen der trotz besten Willens zur Wörtlichkeit doch gelegentlich vorkommenden »Nachdichtungs«-Partien realisieren, indem sie zu diesen Stellen den Wortlaut ergänzen.

Wenn ich zum Schluß einen Wunsch äußern darf, so ist es der doppelte, daß der hier an einer kleinen Auswahl aufgestellte Pegel bald überflutet wird, daß aber niemand von meinen Nachfolgern auf diesem Gebiet mehr den Mut der Trägheit haben möge, hinter dem hier erreichten Maß von Genauigkeit zurückzubleiben. Die Entschuldigung, daß es »nicht geht«, steht nun keinem mehr zur Verfügung.

Kommentierte Übertragungen aus Jehuda Halevi

DER WAHRE/בכל לבי אמת ובכל מאדי

Dies Gedicht ist eine Anrede an die Wahrheit oder an Den, der wahr ist — beides ist in der hebräischen Sprache und für das jüdische Gefühl eins. Es fehlt nämlich beiden an einer Besonderung des Begriffs der Wahrheit; wer »Wahrheit« sagt, weiß, daß Gott sie ist. So sagt es Jeremia (12, 12) und so hat es der tägliche Ritus von ihm gelernt, wenn er das letzte Wort des Höre-Israel-Gebets, »der Herr euer Gott«, mit dem ersten Wort seines Nachspruchs, eben »Wahrheit«, zu Einem lauten Ruf zusammenzieht. So findet dies Gedicht auch wie selbstverständlich seinen Anfang in den ersten Worten jenes Gebets, dem Gebot der Gottesliebe (5. M. 6, 5), die hier nun zur Liebe der Wahrheit wird und doch alle sinnlich-übersinnliche Glut der Gottesliebe behält. Und wer dies »und doch« verstanden hat, der wird wissen, was es mit dem »jüdischen Rationalismus« auf sich hat, und daß dieser Rationalismus sehr rational sein mag, und doch nie so rational sein kann, wie er — jüdisch ist. Wer Hermann Cohen gekannt hat — auch der weiß das.

DER WAHRE

Mit ganzer Kraft, Du Wahrheit, ganzer Seele
hab ich Dich lieb, im Licht, in Busens Hehle.
Dein Name mein! — wo gäbs, der den mir stehle?
Mein Liebster Er! — wen gäbs, der da mir fehle?
Mein Licht Er! — meinem Docht gebrächs an Öle?
Gäbs Wank? wo solchem Stab ich mich empfehle!
Ihr Hohn schmält — Toren! wird doch Hohngeschmäle
ob Deiner Krone mir zum Kronjuwele!
Mein Lebensborn! sei Dir Ein Preis mein Leben
und Sang, solang noch Hauch in meiner Kehle.

DER FERN-UND-NAHE/יה אנה אמצאך

Dieser Hymnus, zugeordnet jener hymnenübersäten Stelle des Morgengebets, die von den himmlischen Rad- und Tiergestalten der Hesekielschen Vision redet, lebt von einem einzigen Gedanken. Aber es ist der letzte Gedanke, den das menschliche Denken erfliegen kann, und der erste, den das jüdische ergreift: daß der ferne Gott kein andrer ist als der nahe, der unbekannte kein andrer als der offenbare, der Schöpfer kein andrer als der Erlöser. Diesen Gedanken, den die kurze Vorstrophe in epigrammatischer Gefaßtheit hinstellt und den die folgenden vier in weiten hymnischen Schwüngen vom Himmelsthron zum Menschenherzen und wieder zurück ausschwingen lassen, diesen Gedanken, den im Kreise der Offenbarung immer neu entdeckten und innerhalb wie außerhalb ihres Kreises, von Paulus und Marcion bis zu Harnack und Barth, immer wieder neu vergessenen, singt das Gedicht.

Immer neu entdeckt, immer neu vergessen. Denn was die Menschen entdecken, das vergessen die Theologen. Und grade um so mehr, um so bessere Theologen sie sind. Die richtige Theologie ist die gefährlichste. Wir haben heute, nach langer Dürre, eine Theologie, meist protestantisch, die an Richtigkeit nichts zu wünschen läßt. Wir haben es also nun heraus, daß Gott der Ganz-Andre ist, daß von ihm reden ihn verreden heißt, daß wir nur sagen können, was er an uns tut. Die Folge dieser ungeheuren Richtigkeit ist, daß wir Richtigen heute allesamt wie die Kinder im Kreis stehen, einer sagt eine Richtigkeit, sein Nachbar fährt ihm mit der noch richtigeren, daß seine Richtigkeit eben als Richtigkeit falsch war, über den Mund, und so geht es rundum, bis wieder der erste dran ist. Das Ganze heißt Theologie.

Wir Theologen können es eben nicht lassen, aus unsern Erkenntnissen Vorschriften für Gottes Verhalten zu machen. Wir haben erkannt, daß Gott nur in seiner Gegenwart erkannt werden kann; gleich machen wir daraus ein Gesetz für ihn, sich nicht in seiner Abwesenheit erkennen zu lassen. Wo doch in Wahrheit wir es ihm ruhig überlassen könnten, wann und wie und was von sich er erkannt haben will; und wir nur in aller Ruhe oder in aller Unruhe — aber auch ob Ruhe oder Unruhe, ist nicht unsre Sache — zu sagen haben, und zwar so genau wie uns möglich — und diese Genauigkeit ist unsre Sache —, was wir wissen.

Wenn Gott uns nahkommt, erkennen wir freilich nur das Unaussagbare. Aber das ist nicht unsre Pflicht (und wie es im ganzgeheimen Herzen ja doch statt dessen heißt: unser Verdienst — weil wir nämlich so ausgezeichnete moderne Theologen sind), sondern wir können gar nicht anders; es liegt eben nur an seiner Nähe. Darum haben wir auch durchaus keinen Grund, uns gegenseitig über den Mund zu fahren, weil wir das Unaussagbare aussagen. Solange es unaussagbar ist und sein will, sorgt es schon selbst dafür, daß wir es nicht aussagen können. Wenn wir also anfangen, es auszusagen, geschieht das wohl, weil es selber uns das Sagen, das noch so mangelhafte, möglich macht, indem es — nein, indem er, Gott, von uns zu weichen beginnt, sich von uns entfernt. Indem er sich von uns entfernt, gibt er sich uns als den Fernen zu erkennen, und wenn er ganz fern ist, nämlich wenn er sich ganz entfernt hat, können wir ihn sogar — übergebt mich dem weltlichen Arm, ihr Inquisitoren der neuen Theologie! — beweisen.

Die Möglichkeit der Gottesbeweise ist die einfache Folge davon, daß Gott, wie ihr doch nicht müde werdet zu wiederholen, der Ganz-Andre ist. Oder noch nicht einmal Folge. Sondern dies »ganz-anders« ist selbst der moderne Gottesbeweis, nämlich der auf die äußerste Ferne der Abstraktion verdünnte Rest aller übrigen. Die finden aber ebenfalls noch vor diesem letzten Fernpunkt ihren Platz, wo sie, ein jeder für seine Entfernung, den genauen Ausdruck des hier Sichtbaren bedeuten. Es ist also durchaus noch kein Zeichen hoffnungsloser Verlorenheit, zu wissen, daß Gott das allervollkommenste Wesen oder die letzte Ursache, ja sogar, daß er das Ideal der Sittlichkeit ist. Sondern es ist, wo es als ehrliche Erkenntnis ausgesagt wird, nur ein Zeichen, daß dem Erkennenden im Augenblick dieser Erkenntnis Gott wirklich so weit entfernt war. Was heißt aber hier: ehrliches Erkennen? Nichts andres als was es immer heißt. Also nichts sagen, was einen nichts angeht und das man selber nichts angeht. Ohne solches Angehen ist auch eine Untersuchung über den deutschen Getreidebau im 15. Jahrhundert wertlos, und mit ihm sind Sätze wie »Gott ist heilig« oder sogar »Gott ist« ebenso wahr wie unsre modischen Nahsätze.

Denn Nähe und Ferne besagen an sich noch gar nichts dafür, ob jenes wechselseitige Sichangehen statthat, das alles Erkennen erst wahr macht, ob also hier der Mensch Gott und Gott den Menschen an-geht. Noch in der schrecklichsten Nähe kann der Mensch wegsehen und weiß dann nicht im geringsten, was ihm geschehen ist. Und auf die fernste Ferne kann Gottes und des Menschen Blick ineinanderbrennen, daß die kältesten Abstraktionen warm werden im Munde des Maimonides oder Hermann Cohens — mehr als all unser erschüttertes Geschwätz. Nähe, Ferne, gleichviel! darauf kommt es an, daß hier wie dort, was gesprochen wird, vor seinem Angesicht gesprochen wird — mit dem keinen Augenblick abgewendeten Du der Rundreime unsres Gedichts.

DER FERN-UND-NAHE

Ja Gott wo wirst funden Du,
des Raum hülln Ätherweiten.
Und wo nicht wärest funden Du,
des Saum füllt Erdenbreiten.

Herzensgrund-Bewohner
Er, und stellt Erd-Gränzen.
Nahen Erzbastion er,
Fernen Hoffnungsglänzen.
Du, — Cherubenthroner!
Du, — in Wolkenkränzen!
Heerscharliedumwunden Du —
es lobt Dich Benedeiten.
Sprengest Sphärenrunden Du —
wie erst Tempels Seiten!

Und hast Dich erhoben
hoch in Dunkels Hehle,
Ihnen bleibst verwoben
mehr als Leib, als Seele.
Hör, wie sie geloben:
Er nur uns befehle.
Wann hättst furchtentbunden Du
den Deinem Joch Gefreiten?
Wollst sein Flehn selbst stunden Du —
sein Brot mußt ihm bereiten!

Deiner Nähe wegen
ging aus mein Herz, aufglomms zu Dir.
So kams Dir entgegen —
sieh! entgegen kommst du mir.
Mit der Wunder Regen,
quellnd wie einst, o, frommst du mir.
Wem bliebst unempfunden Du!
Himmel, Sterngezeiten
Müssen Dich bekunden, Du,
in schweigendem Schreiten.

Ach! will Wohnsitz teilen
denn Gott mit Adams Söhnen?
Kann Ihn ihr Geist ereilen?
des Urstaubs sich entwöhnen?
Doch ja! wo Du willst weilen,
darf Dich ihr Loblied krönen.
Tiergestalten stunden, zu
tragen den geweihten,
Deinen Thron, verbunden. Du
trägst sie, in Ewigkeiten.

HEIMKEHR/ימינך נשא עוני

Tut Gott oder tut der Mensch den ersten Schritt? Kann der Mensch ihn überhaupt tun? Das ist eine wirkliche Frage, nicht, wie heut protestantische Theologen gern wahrhaben möchten, eine gelöste Vorfrage. Freilich auch nicht, wie es die jüdischen Theologen in begreiflichem Bedürfnis nach harmlosen »Unterscheidungslehren« gern hätten, »der Unterschied zwischen Judentum und Christentum«. Sondern eine wirkliche Frage des wirklichen Menschenherzens. Denn, um noch einmal jener neuprotestantischen Theologen zu gedenken, es ist etwas andres, ob man die Paradoxie des »knechtischen Willens« als ein weltgeschichtlicher Empörer behauptet oder als ein friedlicher Professor und Bücherschreiber; dort ergänzt sich die Theorie durch das Leben zur Wahrheit, hier potenziert sie sich durch es nur zur potenzierten — und also falschen — Theorie. Wenn Luther am 30. Oktober 1517 gestorben wäre, so wären alle Kühnheiten seines Römerbriefkommentars auch nur die Extravaganzen eines Spätscholastikers.

Die wirkliche Frage entsteht, weil der Mensch, wenn er vor Gott steht, immer seine eigene Ohnmacht spürt und also notwendig den ersten Schritt von Gott erwarten und erbitten muß und doch gleichzeitig unüberhörbar vernimmt, daß Gott ihn von ihm, dem Menschen, verlangt. Darüber kommt keine Theorie weg, weder eine, die die vernommene fordernde Gottesstimme, noch eine, die die verspürte Menschenohnmacht als Satansblendwerk zu diskreditieren sucht. Und natürlich schon gar nicht eine, die solcher brutalen Alternative durch weise Rollenverteilung und genaue Dosierung ausweichen möchte. Sondern die Sache bleibt ein unendliches Gespräch, wo also wie in jedem Gespräch der »recht hat«, der grade zuletzt gesprochen hat — und also Gott nur deshalb schließlich wohl recht haben muß, weil er am Ende das letzte Wort behält. Am letzten Ende!

So faßt der Midrasch das Problem, wenn er Mensch und Gott, die Gemeinde Israel und ihren Herrn, im Gespräch zeigt und sie sich einander, in Anlehnung an den Schluß der Klagelieder (5,21) und an das Prophetenwort des Maleachi (3,7), das Verlangen nach dem ersten Schritt entgegenhalten läßt als Bedingung für den zweiten, den dann man selber tun werde. Und auf diesen Midrasch hat Jehuda Halevi das große Gespräch zwischen Mensch und Gott aufgebaut, das als ein fünfthalbdoppelstrophiger Hymnus für die Mittagsstunden des großen Versöhnungstags bestimmt ist.

Die erste Doppelstrophe, kürzer als die folgenden, stellt mottohaft die beiden Leitsätze einander gegenüber, in starkem Kontrast des menschlichen Flehens und des göttlichen Verweigernmüssens. Dann beginnt der eigentliche Dialog, der sehr anders geführt wird als die zahlreichen andern zwischen Israel und Gott, die Jehuda Halevi gedichtet hat. Denn während in diesen — unsre Sammlung bietet auf Seite 108 bis 112 drei Beispiele — ein wirkliches Miteinandersprechen, von Angesicht zu Angesicht, stattfindet, bleibt hier ein furchtbarer Abstand, genau der Abstand, der in den beiden Eingangs- und Leitstrophen festgelegt ist. Die Menschenstimme bleibt — durch rechtendes Verlangen, tiefe Verzweiflung, entschlossene Demut, leidenschaftliches Flehen — Schrei aus der Tiefe, die Gottesstimme — in Forderung, Mahnung, Verheißung — Ruf aus der Höhe. Die Spannung zwischen Gott und Mensch scheint grade an diesem Tage, der ganz um Versöhnung geht, unversöhnlich.

Auch das, ja grade das, wodurch sie sonst am leichtesten ausgeglichen wird, trägt hier nur dazu bei, sie zu vermehren. Wenn sonst Gottes Wege fern von Menschenwegen sind, so begegnen sich der Weg von Israels Gott und der Weg seines Volkes am ewig rauchenden Sinai. Auch heute, an diesem Tag, wo der Jude ganz Mensch, sein Gott ganz Weltrichter ist, entschwindet diese Brücke nicht dem Bewußtsein. Sie wird sogar beschritten, von beiden Seiten, aber sie führt nicht bis zum andern Ufer. Wenn der Mensch — zweite Doppelstrophe — Gott als der Träger seines jüdischen Gesetzes und seines jüdischen Leidens anspricht, so antwortet Gott mit der steilsten Forderung an den Menschen und nur den Menschen; und wenn der dann — dritte Doppelstrophe — aus zerschlagenster Ganz- und Nurmenschlichkeit stammelt, erinnert ihn Gott an seine jüdische Gottessohnschaft, an Wunder und Gesetz. Die Nähe selber wird so an diesem furchtbaren Tage zu einem Element der Ferne. Das Gespräch läuft weiter in dem unendlichen Abstand der beiden Stimmen, aus dem es entsprang.

Aber das letzte Wort behält hier der Mensch. Die Schlußstrophe ist keine Doppelstrophe mehr, die Gottesstimme schweigt in ihr. Was bedeutet dies Schweigen? Wenn man das Gedicht für sich betrachtet, läßt sich das nicht entscheiden — eben weil der letzte Schrei des Menschen, sein ganz nackter Notschrei, ohne Antwort bleibt. Aber das Gedicht ist genau so wenig aus dem Tag und der Stunde, für die es bestimmt ist, loszulösen, wie etwa der einzelne Chor aus seiner Tragödie und dem Ort, wo er innerhalb ihrer steht. Es gehört in die Mittagsstunden des »langen Tags«; und selbst wenn es, wie eigentlich der Anfang mit seinem Zitat aus dem Schlußgebet — du reichst die Hand Sündern und deine Rechte breitet sich, zu empfangen Heimkehrende — vermuten ließe, zu diesem gehörte, so ist doch auch da noch alles vorläufig und kein Wort das letzte. Ein letztes Wort ist erst im letzten Augenblick möglich; und wenn es der Mensch sprechen soll, das zu sprechen doch Gottes Sache ist, so kann dies letzte Wort — des Tages, des Lebens, der Geschichte — eben nur das Wort sein, das hinter allem Sprechen Gottes steht —, in der Weise wie der Mensch dieses göttliche »Ich« in den Mund nehmen kann, nämlich als bekennendes »Er«. In diesem Bekenntnis der letzten Augenblicke des Tages findet wie der ganze Tag so auch unser Gedicht erst seine Lösung. Der

Mensch selber gibt sich unter Gottes Augen die Antwort, die ihm für diesen einen, vorweggenommenen letzten Augenblick die Erfüllung seines Heimkehrgebets schenkt; in diesem Augenblick ist er so nah bei Gott, so dicht an seinem Thron, wie er als Mensch sein kann. In der Entzückung dieser Nähe schweigt ihm das Du, nicht bloß das Du des Notschreis, sondern auch der Sehnsucht und der Liebe. Dem Engel unterm Thron gleich wendet er sich um und bekennt, bezeugt — Ihn. Er darf aber sich diesen höchsten, letzten Augenblick vorwegnehmen, weil er wenige Minuten später, wenn der Posaunenstoß des Freijahrs (3. M. 25, 9 f.) den Festtag beschlossen hat, im Abendgebet des wiederhereingebrochenen Alltags wieder sagen wird: Vergib uns, unser Vater, denn wir haben gesündigt.

HEIMKEHR

›Jed Irrn, du trägst mirs. Breite
den Arm dem Heimwärtskehren!
Doch folg ich deiner Leite,
muß eignen Rats entbehren.
Dein Licht ums Aug mir spreite!
Heil' Herzens Sichverkehren!
Heimkehr uns, Herr, bereite
zu dir, daß heim wir kehren.‹

»Ja köstlich Eigentum mir
eu'r Herz! Mein Busen brennt um euch.
Eh tagt Vergeltertum mir,
warnt ich im Elende euch.
Ruf im Heiligtum mir
erscholl, zu bessern endlich euch.
Kehrt heim zu mir,
so kehr ich heim zu euch.«

›Hast uns dein Gesetz gelehrt,
das wir nicht tauschten, wandten,
Die wir nur deinen Dienst begehrt,
nur deinen Namen kannten.

Wie sind die Männer, die dir wert,
gleich Beeren, glutverbrannten!
Den Feind, drisch ihn wie Korn! Dein Schwert,
zücks auf den Schreckentmannten.
Deiner Furcht sie unbeschwert,
wir die drein Gebannten!
Stift schrieb, diamanten,
Judas Aufbegehren.‹

»Heiligt euch, seid rein, flieh'
jeder Leichnams Schwelen!
Und nahet euch, geht ein hie
als lebendge Seelen.
Wegschmilzt Fleisch, Gebein, die
verschlingen Gräberkehlen.
Wie Scherben wird man weihn sie
der Höhlen stummen Hehlen,
Die Seelen neu zum Sein, die
aufschweben, Lichtjuwelen.
Eilt! hinan! nicht feucht' um
Scherben sich das Auge euch.«

›Und kann Blutrot sich weißen?
wie Wolle Purpur arten?
Herz graniten, gneißen —
o machs zum fleischern zarten.
Spähst du am Sohn das Gleißen
der Erbschuld, der bewahrten?
Die Ton vor dir geheißen,
ihr Geist zög kühn auf Fahrten?
Erbaun kannst du, einreißen,
wenn Wort zu Wort wir paarten.
Kann Spreu und Stroh der heißen
Flamme sich erwehren?‹

»Und Gottes Söhne enden
gewühlt ins Grab der Lüste?!
Da Brot euch Geister senden,

getränkt euch Felsens Brüste!
Sühnwerk — ihr habts, das wenden
der Seelen Siechtum müßte:
Gottes strenge Spenden:
Gebots, Gesetzes Rüste.
Laßt Kerkers Mauerblenden!
zu fernster Hoffnung Küste!
Gurte um die Lenden,
Schuhe an den Füßen euch.«

›Dein Geist, deine Kraft gießt
aus den Geist, die Kräfte.
Dein die Allherrschaft! liehst
du wem, daß er sie äffte?
An deiner Wage Schaft siehst
du, was des Manns Geschäfte.
Nur deiner Hoffnung Saft schießt
in irdscher Stämme Schäfte.
Deines Riegels Haft schließt
aller Riegel Häfte.
Wenn du mir zornentrafft fliehst,
wes Huld soll ich gehren?‹

»Den Seelen ruft Befreiung
von dem Dienst der Leichen.
Annehmt Erbbeleihung,
statt durchs All zu streichen.
Am Tag der Weltneureihung,
wenn Grabeshüllen weichen
Und in Geist-Fleisch-Entzweiung
ich füg der Knochen Speichen:
Dann, dann umstrahlt euch Weihung,
Kronen zu erreichen, —
Wenn der Greuel Zeichen
abgewaschen ward von euch.«

›Ach ihn, dir nächst, fern stießest du, —
wer zeigt ihm Trostes Sterne?

Wer hilft dem — ihn verließest du,
er fiel —, daß stehn er lerne!
Wenn nicht Heil rings gießest du
und sein erbarmst dich gerne,
In Cherubflug ihn schließest du
und Burgenfelsgekerne,
Des Tags harrnd, den verhießest du,
ihn hebst aus Schlammzisterne —
Ach sei uns nicht ferne,
denn es naht Verheeren!‹

GOTT SPRICHT / יאמץ לבבך ומעדך יחלי

Die Kraft, die ewig leben läßt, ist die Hoffnung. Zur Hoffnung ruft Gott selber Israel in diesem Gedicht auf, das nicht in der Bibel stehen könnte, denn es ist voll einer Gewißheit, die so erst ein tausendjähriges Exil reifen konnte. Die Hoffnung ist nun die »größeste« geworden; sie hat die Kräfte der Liebe in sich aufgesogen; das Gedicht spricht dies Geheimnis des Judentums, daß die Liebe hier zur Hoffnung der Erlösung geworden ist, rund aus — »am schönsten liebst du, Des hoffend, der dich erlöst«.

Es ist eine Hoffnung nicht weil, sondern trotz alledem. Eine Hoffnung, der es verboten ist, Termine auszurechnen — denn sie sind alle verstrichen —; eine Hoffnung, die noch aus der Schandenprophezeiung des Propheten (Hes. 23) das im Namen der Israels Verkommenheit symbolisierenden Weibsgestalt Oholibah enthaltene stolze »Mein Zelt in ihr« heraushört; eine Hoffnung, die mit dem Midrasch in Jakobs Antwort (1. M. 33, 14) an den raschen Bruder die weltgeschichtliche Ironie dessen, der gemach geht und doch am Ende das Ziel erreicht, wittert; eine Hoffnung, die es genau weiß, wie gebrechlich ihr Träger ist und wie doch eben an dem Punkt der Gebrechlichkeit auch die unsterblichen Kräfte der Erneuerung in ihm hausen; eine Hoffnung, die allen Königen der Erde den König des Himmels entgegenzustellen den Mut hat.

GOTT SPRICHT

Jung bleib' die Hoffnung! dein Herz es sei stark zu ihr!
was rechnest aus Du des Elends Ziel, mutlos schier?
Hochrichte Dich, sprich und Liedeswort dichte frisch!
Dein Schandenname noch sagt es: Mein Zelt in dir.
Und acht gering, wer da höhnt, ob schon laut er dröhnt!
Sacht treib die Herde, — du kommst zuletzt ins Quartier.
Dein Liebster quält Dich, doch Er, er quillt Glück dir auch.
Dein Teil, der krank, Er. Er Heiletranks Elixier.
Am schönsten liebst Du, des hoffend, der Dich erlöst.
Dräng nicht! noch schaun wirst du meiner Tat Glanz und Zier.
Wenn ihres Königs sich rühmen die, rühme du:
Er, Jakobs Heilger, mein König ists, Löser mir.

Neuhebräisch?

Anläßlich der Übersetzung von Spinozas Ethik

(1925)

J. Klatzkin, der bekannte Zionist und Schüler Hermann Cohens, veröffentlicht, gleichzeitig mit einem hebräischen Buch über Spinoza, eine hebräische Übersetzung der Ethik. Wie der prachtvoll gedruckte und ausgestattete Band nun vor einem liegt, gibt er zu allerlei Gedanken Anlaß.

Es ist nicht die erste Übersetzung der Ethik ins Hebräische. Schon vor mehr als einem halben Jahrhundert hat ein Jünger der »Haskala«, der östlichen jüdischen Aufklärungsbewegung, die ja zum Unterschied von der westlichen kulturnationalistisch und infolgedessen hebraistisch gerichtet war, sich an der großen Aufgabe versucht. Aber erst Klatzkin besitzt die wissenschaftliche, geistige und sprachliche Ausrüstung, die das Unternehmen verlangt. Und so darf er das stolze Bewußtsein haben, daß keine künftige Erforschung des Sinnes der Ethik an seiner Übersetzung, an dem immanenten Kommentar, der sie, wie jede Übersetzung, ist, vorübergehen dürfen wird, so wenig wie etwa an Bäntschs mustergültiger deutscher.

Noch über das gewohnte Maß wird hier die Übersetzung Kommentar. Man hat schon am Ausgang des siebzehnten Jahrhunderts bis hin zu dem neusten Biographen, dem Jesuiten von Dunin-Borkowski, Einflüssen nachgespürt, die der junge Spinoza aus der jüdischen Philosophie des Mittelalters einerseits und aus der Kabbala andrerseits empfangen hätte und die in der Ethik wirksam geworden wären. Klatzkin, der Nationalist, lehnt mit der asketischen Strenge des Wissenschaftlers das Vorhandensein solcher jüdischen Einflüsse bei dem großen entsprungenen Juden ab. Aber statt des geistigen stellt er einige genau zu bezeichnende sprachliche Einflüsse fest. Nun mündet aber einer von diesen an ganz zentraler Stelle, nämlich in den Begriff der »Idee«; und der verweigert in seinem spinozistischen Sinne mit seinen Beziehungen auf das »Ideeierte«, die »ideeierten Dinge« und die »Intellektion« sich einer zureichenden Übersetzung in die Sprachen der europäischen Philosophie; aber auch im Latein des Originals nötigt er den Denker einerseits zu sprachtollkühner Neubildung, andrerseits zum Verzicht auf sprachlich vollkommenen Ausdruck des Gemeinten. Hier ergibt sich nun eine paradoxe Erscheinung. Denn in der Terminologie der jüdischen Scholastik, auf die grade hier Spinoza selber sich ausdrücklich bezieht, formuliert sich diese Begriffsgruppe sowohl natürlich als auch in durchsichtigem sprachlichem Zusammenhang. So daß die Übersetzung hier in die Lage kommt, originaler als das Original zu sein.

Eben dies gibt zu denken. Klatzkin ist innerhalb der zionistischen Theorie der führende Vertreter eines, wie er es selber nennt, »formalen Nationalismus«, der bewußt jeden zukunftsbindenden oder gar zukunftsverpflichtenden Rechtsanspruch der jüdischen Erbschaft an die gegenwärtige Generation, die sich anschickt, jene Erbschaft anzutreten, leugnet und die nationale Wiedergeburt allein von der Zukunft, von den Wunderkräften der Rasse, des Bodens und vor allem eben der Sprache, erwartet. Wobei diese drei Faktoren natürlich streng ohne jede inhaltliche Erfülltheit, eben »rein formal«, gefaßt sind, so daß, beiläufig bemerkt, der Wunderglaube des modernen Rationalisten, was Grundlosigkeit und Stützenunbedürftigkeit anbetrifft, den dem alten Juden von der Tradition abgeforderten bei weitem hinter sich läßt.

Die Herkunft dieser extremen Theorie aus den Versuchslaboratorien des europäischen Nationalismus, in denen ja im Lauf der letzten Jahrzehnte auch die meisten andern exotischen Völkerschaften, nicht bloß unser (wie es Hermann Cohen bei guter ironischer Laune wohl einmal nannte) »harmloses Handelsvölklein«, ihre höhere Ausbildung erfahren haben, liegt ja auf der Hand und wird übrigens von ihren Vertretern auch gar nicht bestritten. Aber nicht auf die durchsichtige Oberflächlichkeit der Theorie kommt es an, sondern darauf, ob sie die Kraft hat, die Wirklichkeit nach ihrem Bilde zu gestalten, oder ob umgekehrt jenen geleugneten Rechtsansprüchen, ungeachtet der Unfähigkeit dieser Theorie und dieses Theoretikers, sie in ihrem Rechtscharakter zu erfassen, dennoch so viel Macht innewohnt, daß sie nicht bloß die Theorie ad absurdum führen, sondern auch den Theoretiker zwingen, gescheiter zu sein, als es seine eigene Theorie erlaubt.

Und das ist hier, wie mir scheint, dem Spinozaübersetzer Klatzkin begegnet, wie es denn wohl überhaupt, auch jenseits dieses Spezialgebiets, das Charakteristikum dieser geistigen Persönlichkeit ist, das sie günstig von ihren Nachbetern in der zionistischen Jugend unterscheidet. Mag, um auf den Fall der Übersetzung zurückzukommen, Klatzkin selber auch die Wahl der mittelalterlichjüdischen Terminologie, die ja allein ihm jene Frucht hat entgegenreifen lassen, zu einer bloßen durch Spinozas eigene noch scholastische Terminologie gegebenen Möglichkeit entwerten, die Art, wie er selber sich in dem sprach- und philosophiegeschichtlich gleich interessanten zweiten Anhang wegen seiner Wortwahl im einzelnen rechtfertigt, straft auch hier seine kühle Voraussetzung Lügen.

Die nackte Wahrheit ist nicht lebensfähig, und die nackte Unwahrheit auch nicht. Sie brauchen beide Kleider, um sich zu wärmen. Aber bekleidet sehen sie gar nicht mehr so verschieden aus; von hinten kann man sie, wie einen schwarzen und weißen Delegierten in Genf, beinahe verwechseln. Die Wahrheit, daß das Hebräische die heilige Sprache des heiligen Volkes ist, und die Unwahrheit, daß es die gesprochene Sprache eines Volks wie alle Völker sei, scheinen unversöhnlich. Aber die jüdische Wirklichkeit läßt die beiden, jene Wahrheit und diese Unwahrheit, aufeinander angewiesen sein. Jene Wahrheit will nicht von einem Munde ausgesprochen werden, der sie nur ausspricht, um sich vor jeglichem Tun, sowohl dem Tun der Wahrheit wie dem Tun der Unwahrheit, zu drücken. Und diese Unwahrheit kann im Munde eines, der sie tut, wirklich tut, unversehens zu jener Wahrheit werden. Die gewaltige Erkenntnis des Midrasch: »Auch gegen euren Willen bin ich euer Gott« steht über allem Jüdischen geschrieben — auch heute noch. Hier wird ein Heiliges, das allem Profanen den Rücken kehren möchte, profanisiert, und die Profanität des ersten Tags eilt dem siebten zu, der sie heiligen wird. Die Heiligkeit des Hebräischen hat nie Heiligkeit in jenem genauesten, aber eben im Jüdischen überwundenen Sinne der Abgeschlossenheit bedeutet. Stets, nicht bloß zu Moses und Jesajas Zeiten, sind ihr, der heiligen, der Sprache Gottes, aus der gesprochenen, den gesprochenen Sprachen des Menschen Kräfte der Erneuerung zugeströmt. Mit andern Worten: Das Hebräische war trotz seiner Heiligkeit nie bildnishaft erstarrt, sondern ist immer lebendig geblieben. Das Hebräisch der Tora und das des Buchs Esther, die Monumentalität der großen Stammgebete und die artikulierte Gefügtheit der

Mischnas, der Barock des Kalir und der Klassizismus der großen Spanier, die fromme Nüchternheit des Rambam und Raschis ruhigeifriges Lehren, die sprachliche Bedenkenlosigkeit der Tibboniden, die Ungepflegtheit des Schulchan Aruch, der Historismus der Haskala im historischen neunzehnten Jahrhundert — das alles ist Hebräisch. Das gesprochene Hebräisch der Urzeit, die aramäische Gemeinsprache der Perserzeit, dann die griechische der Diadochenstaaten, dann, stärker und nachhaltiger als alles, das Aramäisch der palästinensischen und babylonischen Lehrhallen, und gleichzeitig die Sprache der Heere und Gerichte Roms und die der Herrscher und Untertanen des neuen Perserreichs, dann das Arabisch der islamischen Ärzte und Philosophen, Europas Sprachen wie sie sich unter dem überschattenden Baum der weltkirchlichen Latinität zu eigenen Bildungen entwickelten, sie alle haben an dem Wort- und Satzgewebe des Sprachvorhangs gewirkt, der das Allerheiligste des hohepriesterlichen Volks den Blicken der Weltvölker zugleich anzeigt und verhüllt. Der Unterschied dieser Lebendigkeit von der einer profanlebendigen Sprache ist nur, daß hier nichts, was einmal aufgenommen wurde, verlorengehen kann; die Sprache wird immer reicher; während die Sprachen der Völker unter dem Gesetz einer dauernden und unter dem Schicksal gelegentlicher katastrophaler Selbstreinigung stehen; die sichert ihnen trotz Schriftwerdung und in deren Gefolge eines Tages eintretendem Klassischwerden eines bestimmten historischen Sprachzustands (das Klassische also gewissermaßen die weltliche Heiligkeit einer Sprache) die Möglichkeit des Weitergesprochenwerdens. Das Leben der ewigen Sprache aber vollzieht sich genau wie das des Volks nicht in einer solchen Folge von Toden und Auferstehungen, durch die alles irdisch Lebendige sein Leben allein über die zugemessene Spanne der natürlichen Dauer dehnen kann, sondern es ist Nichtsterbenkönnen, Nichtsterbenwollen, Nichtsterbendürfen. Was sie sich einmal wirklich einverleibt hat, scheidet sie nie wieder aus. Sie wächst nicht wie ein Organismus, sondern wie ein Hort — der Schatz, an dem die lebende und sterbende Menschheit der Völker das Nahen des Reichs ablesen darf. Man kann einen Roman von Thomas Mann lesen, ohne deshalb auch den originalen Simplicius Simplicissimus oder gar das Nibelungenlied, den Heliand, die gotische Bibel nachher in irgendeiner ihrer eigentümlichen Wendungen besser zu verstehen; man kann aber, ich will gar nicht einmal sagen: Klatzkins Spinoza, sondern nur ein hebräisches Zeitungsblatt, nicht lesen, ohne davon etwas für das sprachliche Verständnis Ibn Esrascher Kommentare, talmudischer Diskussionen, biblischen Urlauts zu profitieren. Hebräisch Lesen heißt: Bereitsein, die ganze Erbmasse der Sprache anzutreten; liest man Deutsch, Englisch oder Latein, so erntet man nur die Frucht, die der Sprachacker dieses Generationsjahrs trug.

Und wie also der Gottessprache des Volks das eigentliche Kennzeichen einer heiligen Sprache, nämlich die Abgeschlossenheit gegen seine gesprochene Menschensprache, abgeht und sie so auch nie zu der magischen Heiligkeit des Kirchenlateinischen oder des Koranarabischen entartete, die dem Laien, ist er nur im Geist und Glauben dabei, ruhig unverstanden bleiben dürfen, ja fast wollen, sondern stets hat sie auf der Forderung wörtlichen Verstandenwerdens beharrt: so fehlt nun auch seinen gesprochenen Sprachen das wesentlichste Merkmal der profanen Lebendigkeit, die volle Hingabe an den gegenwärtigen Augenblick. Sie sind voller Zitate, das Anführungsstrichlein wäre ihre häufigste Interpunktion, noch im Deutsch des entjudetsten Juden. Wollte das neue, in Palästina gesprochene Hebräisch sich diesem Gesetz des jüdischen Schicksals entziehen, so könnte es das theoretisch freilich, es hätte aber die Folgen zu tragen. Die Folgen wären nicht bloß die für manchen unsrer jungen und alten Radikalen ja erwünschte, daß das neue Hebräisch nicht mehr die Sprache des alten jüdischen Volkes wäre; sondern die Hoffnungen auf eine neue, »bodenwüchsige«, »echtnationale« Kultur, die das bisher in unsrer Geschichte immer ungelöst gebliebene Problem der Vereinigung von Normalität und Individualität (denn wo wir normal sind, gleichen wir den andern aufs Haar, und unsre Eigenart macht uns zum »Sprüchwort und Spottlied« der Völker) automatisch lösen würde, hätten wahrscheinlich gar keine Zeit zur Verwirklichung; und Zeit, »einige Generationen«, pflegt doch selbst dieser wundergläubige Nationalismus, der meint, es genüge, die alten Geschäftsbücher zu verbrennen, damit die neuen Kunden in Scharen gelaufen kämen, als Bedingung für das Eintreffen des Wunders zu fordern. Man denke etwa einmal dem erstaunlichen Phänomen der mehrhundertjährigen Erhaltung des Jüdischdeutschen, nicht im Osten, sondern in Deutschland selber, nach. Daß es sich im Osten unter anderssprachiger Umgebung erhielt, ist am Ende gar nicht so merkwürdig wie daß es in der gleichsprachigen Umwelt in seiner Besonderheit beharrte. Das läßt sich nicht aus der

Trennung allein erklären, die doch nur sehr unvollständig war. Diese Rückgrat gaben der dialektischen Abweichung nur die wirklich sprachfremden Bestandteile, ihr Gehalt an Hebräisch, altem, beziehungsreichem Hebräisch. Freilich daneben noch der Rückhalt, den sie an dem Judendeutsch der nach sprachfremden Gegenden gewanderten Brüder fand. Ohne solche historische Verfestigung und geographische Spannung wäre sie notwendig dem Schicksal aller dialektischen Splitter verfallen. In dieser Lage würde sich aber ein Hebräisch palästinensischer Siedler befinden, das auf historische Verbundenheit und transpalästinensische Verpflichtetheit so bewußt verzichten würde, wie das eine natürliche Sprache um ihrer normalen ungehemmten Entwicklung willen allerdings müßte; und die Aufsaugungsgefahr ist um so größer, weil das Arabische, wenigstens das heutige, in Wort- und Formbildung dem Hebräischen sehr nah, im Wortschatz trotz durchgängiger etymologischer Beziehungen sehr fern steht. So ist ein Hebräisch, das wie andere Sprachen sich auf seine Gesprochenheit allein verlassen möchte, fast wehrlos der arabischen »Überfremdung« preisgegeben.

Aber das sind, wie gesagt, alles nur theoretische Erwägungen. Die freilich von den eigenen Theorien der Beteiligten ausgehn, aber eben nur von ihren Theorien und nicht von ihrer mit Notwendigkeit grade entgegengesetzt gerichteten Praxis. Man kann eben nicht so Hebräisch sprechen wie man möchte, sondern man muß es schon so sprechen, wie es einmal ist. Und es ist vergangenheitsgebunden und weltverpflichtet, auch im Munde des jüngsten Siedlerkindleins der neustgegründeten Siedlung. Denn das Zentrum, welches das neue Palästina in vormessianischer Zeit ja höchstens werden könnte, würde in dieser Zeit mitnichten Zentrum im Sinne Achad Haams sein, der eben den voreiligen Messianismus bremsen wollte und ihm dann in seiner Kulturseligkeit doch grade verfiel, sondern nur im Sinne der — Mathematik. Denn zwar anschaulich liegt der Kreis um seinen Mittelpunkt herum, aber konstruktiv ist mit dem Mittelpunkt noch gar nichts über die Fläche entschieden, die der Kreis einnehmen wird, während schon mit dem kleinsten Stückchen Peripherie der Ort des Mittelpunkts eindeutig festgelegt ist. So wird auch ein geistiges Zentrum, wie es in Palästina erhofft werden kann, zwar weithin sichtbar und so für das Gesamtjudentum repräsentativ sein; aber wenn es Zentrum sein will und nicht irgendein beliebiger, in jedem Sinne exzentrischer Punkt, so muß es sich von der Peripherie und von ihrem Daseinsgesetz abhängig machen — solange es eben eine Peripherie gibt, also in jeder vormessianischen Zeit. Also, nüchtern bis zur Blasphemie ausgedrückt: der Geist dieses geistigen Zentrums kann sich gar nicht, auch wenn er es noch so gern möchte, im Sinne des reinen, hemmungslos entwicklungslustigen Nationalismus entwickeln; er muß, um seines Zentrumscharakters willen, dauernd Rücksicht nehmen auf die Peripherie, deren Lebensgesetz jener reine Nationalismus nun einmal nie sein kann, sondern die immer gezwungen sein wird, ihr nationales Element als eine Funktion des religiösen zu behandeln, aus einfachen Gründen der Minderheitssoziologie. Gründe, die dann freilich, wenn man ihnen nachgeht, wieder rasch aus dem Blasphemischen heraus und in das Metaphysische hineinführen: denn warum sind wir immer Minderheit gewesen? und warum können wir nicht aufhören es zu sein?

Was hier allgemein gesagt ist, das gilt nun ganz und gar von dem Kern alles nationalen Daseins, von der Sprache. Sie kann nicht werden wie sie will, sondern sie wird werden wie sie muß. Und dieses Muß liegt nicht wie bei jeder natürlich-nationalen Sprache in ihr selber, sondern außerhalb ihrer Gesprochenheit, in der Erbmasse der Vergangenheit und in dem gewahrten Zusammenhang mit denen, deren Judentum notwendig wesentlich das des Erben ist. Die doppelte Bindung in ihrer Unnormalität bedeutet aber zugleich, je spürbarer sie ist, eine Lösung von den Fesseln der Normalität. Es ist nicht die Aufgabe einer Spinozaübersetzung, aus dem Scheintiefsinn dieses großen Verlockers echte Gedanken zu machen; sie hat Übersetzung zu bleiben, mag auch das Hebräische unter der Last eines Begriffs wie »natura sive Deus«, die das Lateinische ganz munter trägt, die aber hier eine durch keines Oders Glätte dem Sprachgeist aufzulistende Verkoppelung eines späten Philosophieworts mit einem schöpfungssturmumwetterten Urwort bedeutet, ächzen und stöhnen. Nur beiläufig kann sich da die Eigenart der ewigen Sprache durchsetzen. So etwa wenn die drei Trommelschläge: q. e. d., deren »was zu beweisen war« in eintönig-unaufhörlicher Wiederkehr das Buch durchhallt, hebräisch durch das talmudische, wie üblich zu zwei Buchstaben abgekürzte, »hörs daraus!« ersetzt werden; und dies, obwohl auch das Hebräische ein ebenso wie das griechische und lateinische und — deutsche Wort für Beweis aus der Welt des Auges genommenes Wort bietet. Da ist man einmal unmittelbar Zeuge, wie mitten im Lager des Feindes, im Herzpunkt der »geometrischen« Methode, das bild- und gestaltfeindliche Wesen der Offenbarung — Gestalt habt ihr keine gesehen, Stimme allein — durchbricht.

Was ich mit der Lösung aus den Fesseln der Normalität meine, kann ich deutlicher an einem andern Beispiel erläutern. Vor mir liegt ein zionistisches Bilderbuch mit Landschaften aus Palästina und zweisprachigem Text. Das Vorwort, ursprünglich deutsch geschrieben, schildert mit allen Tinten europäischer und, wenn man Rabindranath Tagore für typisch nehmen darf, auch asiatischer Stilistik die palästinensische Landschaft und macht dabei, zwischen hin- und herzukkenden Gegensätzen und einem naturgegebenen Mittelpunkt, der Offenbarung folgende himmlisch begehrockte Respektvisite: »Ist es ein Zufall, daß in dieser Landschaft der Prophetismus erstand? Daß der Mensch hier wie am Sinai die ausschließende Einheit Gottes erkannte und das eine, was dem Menschen nottut, sittlich, das heißt gerecht zu sein?«

Aus diesem mit allen Wassern neudeutschen Universitätsidealismus ge- und verwaschenen Satz hat der hebräische Übersetzer folgendes gemacht: »Ist es ein Zufall, daß dieses Hochland zur Lagerstatt der Prophetie wurde? daß hier wie am Sinai sich dem Menschen offenbarte der Eine Gott und ihm ›gesagt ward, was gut ist und was Er von ihm fordert: Recht tun und Güte lieben‹?« aus gebildetem Gewächs ist in der Übersetzung, die nicht ihrem allfälligen Können, sondern dem gesetzmäßigen Müssen der Sprache folgte, das einfache Wort der Wahrheit geworden. Quod erat demonstrandum. Hör's daraus!

Anmerkung über Anthropomorphismus

Die Bemerkung, die ich der Anzeige jedes Bandes folgen lassen will, soll diesmal an den Artikel »Anthropomorphismus« anknüpfen.

Der sehr instruktive Artikel enthält eine ausführliche Übersicht der anthropomorphistischen — also Gott »menschliche« Eigenschaften, Tätigkeiten, Gefühle »zuschreibenden« — Bibelstellen und dann einen schönen Überblick über die Auseinandersetzung mit diesen Stellen durch zwei Jahrtausende jüdischer Geistes- und Literaturgeschichte. Voran geht diesen ausgezeichneten Beiträgen zum Thema ein kurzer Absatz, der nach einer einwandfreien Begriffsbestimmung das Folgende über die »psychologischen Grundlagen« bringt, das, grade weil es der herrschenden (und nicht nur bei uns herrschenden) Auffassung genau entspricht, einer Betrachtung unterzogen werden soll — übrigens einer, der stofflich großenteils zugrunde liegt, was ich aus dem vorzüglichen Artikel gelernt oder wiederaufgefrischt habe:

»... Es ist zu unterscheiden zwischen dem an der absoluten Gei»stigkeit Gottes festhaltenden formalen Anthropomorphismus, der »sich nur zur Veranschaulichung von Gottes Wesen und Wirken an»thropomorphistischer Ausdrucksweise bedient, und dem materiellen »Anthropomorphismus etwa der alten Griechen und anderer heidni»scher Völker. Jener uneigentliche Anthropomorphismus wurzelt »nicht bloß in der Unzulänglichkeit der menschlichen Sprache — »kann ja alles Geistige und Übersinnliche sprachlich überhaupt nur »in sinnbildlicher Form dargestellt werden —, sondern darüber hinaus »in der Beschränkheit des menschlichen Denkens, das reingeistige Be»griffe nur mittelbar, unter Zuhilfenahme sinnlich betonter Vorstel»lungsbilder, zu erfassen vermag. Da nun die menschliche Persön»lichkeit in ihrem leiblich-geistigen Doppelwesen sich unserer sinn»lichen Erfahrung als das vollkommenste und wertvollste Gebilde »dieser Welt darstellt, ist es leicht erklärlich, daß auch das fortge»schrittene religiöse Bewußtsein geneigt ist, Gott mit den edelsten »und nach Möglichkeit sublimierten und vergeistigten Eigenschaften »der menschlichen Persönlichkeit auszustatten. In diesem Sinne gilt

»nicht allein für die primitiven heidnischen Religionssysteme der be»kannte, einen biblischen Satz in sein Gegenteil umbiegende Spruch, »der Mensch habe Gott in seinem (des Menschen) Ebenbilde geformt.

»Unzulänglichkeit der Sprache«, »Beschränktheit des Denkens«, »unsre sinnliche Erfahrung«, zuletzt als Clou der vom Menschen in seinem Ebenbild geformte »Gott« — so behandelt man heut ein theologisches Problem! Selbst einmal die Richtigkeit dieser erkenntnistheoretischen« Mangelhaftigkeiten zugegeben (ich verstehe freilich nicht, mit welcher Sprache, welchem Denken, welcher Erfahrung wir unsre Sprache, unser Denken, unsre Erfahrung vergleichen können, um ihnen die Zensur Mangelhaft erteilen zu dürfen), aber das einmal selbst zugegeben: in welcher Wissenschaft sonst ist es erlaubt, »erkenntnistheoretische« Lamentationen an Stelle des rechtschaffenen Bemühens um Erkenntnis des Sachverhalts selber zu setzen? Wird etwa ein Biologe durch die doch gewiß vorhandene Schwierigkeit einer eindeutigen Abgrenzung des Belebten gegen das Leblose oder ein Psychologe durch die Fragwürdigkeit alles Selbstbewußtseins sich von dem, mit Kant selber zu reden, Niederstieg in die fruchtbare Ebene der Erfahrung entbunden fühlen? Aber ein theologisches Problem glaubt man unter Vernachlässigung der Erfahrung mit ein paar allgemeinen Betrachtungen über unsre menschliche Schwäche und einer damit eigentlich im Widerspruch stehenden kühnen Schlußbehauptung der menschlichen Allmacht, die Gott selber seine Form verleihe, erledigen zu können. Gibt es etwa keine theologische Erfahrung in dem Sinn wie es eine biologische oder psychologische gibt? Das ist freilich die Meinung. Aber es gibt kein Argument gegen die Möglichkeit theologischer Erfahrung, das nicht mit dem gleichen Recht auch gegen die Möglichkeit biologischer oder psychologischer (und jeder andern) Erfahrung geltend gemacht werden könnte, und auch die Notwendigkeit kritischer Sichtung und Bearbeitung der gesammelten Erfahrungen ist für die Theologie keine andre als für jede andre Wissenschaft.

Nicht minderen Grund als diese bildungsübliche Narrenverkappung des Problems nach der geistreichen Knallbonbondevise, daß der Mensch sich Gott nach seinem Bild geformt habe, hätte wahrhaftig die Umkehrung, die das Bibelwort ernst nimmt. Die sogenannten Anthropomorphismen wären dann in Wahrheit Theomorphismen: nicht wir stellen uns Gott sehend, hörend, redend, zürnend, liebend vor, weil wir selbst sehen, hören, reden, zürnen, lieben; sondern wir können nur deshalb sehen, hören, reden, zürnen, lieben, weil Gott sieht, hört, redet, zürnt, liebt. Aber man braucht das nur etwas in seine Konsequenzen zu verfolgen, um gewahr zu werden, daß ein solches dogmatisches Ausgehen von Gott nicht weniger erfahrungsfremd ist als jenes skeptische Ausgehen vom Menschen. Theologische Erfahrungen haben eben, soweit es echte Erfahrungen sind und nicht Hirngespinste, das Gemeinsame, daß sie Erfahrungen von Begegnungen sind; nicht Erfahrungen gegenständlicher Art wie die Welterfahrungen, nicht aus beiden gemischt wie die zwischenmenschlichen Erfahrungen. Will man also hier innerhalb des Bezirks der Erfahrung bleiben, so darf man weder über Gott etwas aussagen wollen noch über den Menschen, sondern nur über ein Geschehen zwischen beiden. Und eben hierzu gibt die Bibel die beste Anleitung.

Die »Anthropomorphismen« der Bibel sind durchweg Aussagen über gottmenschliche Begegnungen. Nie wird Gott — was doch die Redensart, daß ihm etwas »zugeschrieben« werde, still voraussetzt — beschrieben. Nie nämlich werden zwei oder mehr »Eigenschaften« untereinander in Beziehung gesetzt, wie es doch das Grundprinzip jeder Beschreibung ist; nie also etwa heißt es:

Ja, und mit den düsteren Braun jetzt nickte Kronion.
Doch es ergossen sich rings die ambrosischen Haare des Schirmherrn
Ums unsterbliche Haupt, den großen Olympos erschütternd.

Stets, selbst bei den größten Häufungen beschreibender Elemente führt von jedem Einzelzug der Weg statt zum nächsten Einzelzug (wodurch ein Bild entstehen würde), hinaus in die Schöpfung und zum Geschöpf. Man vergleiche etwa mit jenem Iliaszitat[1]) die folgende Stelle, die wohl ein Höchstmaß von anschaulichen Elementen versammelt:

Da mir angst war, rufe ich IHN,
ich rufe zu meinem Gott,
von seiner Halle hörte er meine Stimme,
mein Notschrei war schon in seinen Ohren.

---

[1]) Aus A. Schaeffers Übersetzung (bibliophiler Vorabdruck der ersten drei Gesänge).

Da schütterte, zitterte die Erde,
die Gründe der Himmel erbebten,
erschüttert, denn auf flammte er.
Hoch entstieg Dampf seiner Nase,
Feuer fraß aus seinem Mund,
Kohlengluten zündeten draus.

Er neigte die Himmel, fuhr nieder,
Wetterdunkel ihm unter den Füßen,
er ritt auf dem Cherub, flog an,
schoß herab auf Schwingen des Sturms.

Wie ist hier jede einzelne Aussage nur das eine Ende einer Linie, an deren anderm Ende der angstvoll um Hilfe rufende Beter steht, der schaut, wie Gott sich ihm nähert und seine Bedränger niederwettert. Bildhaft wird nur die mitgewitternde Schöpfung, bis zur als Cherubgreif mythologisierten Wetterwolke, nicht der Niederfahrende selber, soviel von ihm ausgesagt wird; kein Phidias hätte sich hier die Inspiration holen können, und wenn ein Michelangelo einst ein Bildnis machen wird, so wird er dazu fähig, nicht weil Dawid sang, sondern weil Phidias bildete.

Dieses Grundgesetz des biblischen Stils, und des Stils ja nur, weil des biblischen Denkens, bestätigt sich nun, wie es ja, wenn die Bibel mehr als historischen Wert hat, auch kaum anders sein kann, in der lebendigen, jedem Heutigen offenstehenden Erfahrung. Keine der biblischen Aussagen, auch der skurrilsten und anstößigsten, gibt es, die sich nicht in der Begegnung mit Schöpfung oder Geschöpf heute wie je verwirklichen kann. Wo es etwas zu sehen gibt, da hat Gott ein Auge darauf; wo ein Mensch ruft, da tut Gott ein Ohr auf; wo ein Mensch hinaufhorcht, oder andrerseits, wo ein Mensch sein Ohr verschließt, kann die Stimme des göttlichen Mundes sein Ohr füllen; wo er die Hand hilfeflehend ausstreckt, kann Gottes Hand sie ergreifen; wo er sich in Sehnsucht nähern möchte oder sich in Trotz zu entfernen sucht, wird Gott niedersteigen, ihm auf halbem Weg zu begegnen oder dem Flüchtigen am Ziel seiner Flucht entgegenzutreten; und wo eine Menschengemeinschaft in ehrlicher Meinung (nicht in magischem Zwangswillen, der sich von anderer, näherer Pflicht freikaufen möchte) ihn mit Opferdüften zu erfreuen sucht, da wird er — Verzeihung dem kecken Wort! — nicht humorlos genug sein, nicht hinzuriechen.

Gleichwohl dürfte man nicht sagen, daß er Augen, Ohren, Mund, Hand, Bein, Nase hätte; aber nicht weil Sehen, Hören, Reden, Ergreifen, Niedersteigen, Riechen, sondern weil das »Haben« eine seiner unwürdige Beschränkung wäre. Nicht ein Wissen um Gottes »Haben« oder »Sein« steht uns zu — solch Wissenwollen wäre stets ein Versuch, ihn abbildend festzulegen —, sondern ein unbegrenztes Vertrauen in seine unzubegrenzenden Kräfte, stets, jeden Augenblick, unsrer und aller Schöpfung augenblicklichen Leiblichkeit und Seelischkeit leiblich und seelisch, leibhaft und seelenhaft, zu begegnen. Und wie es keine Begegnung gibt, mit der er uns nicht begegnen könnte, so gibt es keine noch so — mit dem Enzyklopädieartikel zu reden — »sublimierte und vergeistigte Eigenschaft«, die man von Gott aussagen dürfte. Nicht weil es menschliche Eigenschaften sind, sondern weil es Eigenschaften sind. Allgegenwart, Allmacht, Allwissenheit, Allgüte verraten sich nicht erst durch die Schwierigkeiten, in die das Denken bei dem Versuch, sie aus- und zusammenzudenken, gerät, als unerfahrene Hirngespinste, sondern schon durch die Vorsilbe »All-«. Was weiß ich von »all«! was ich erfuhr und erfahre, ist Gegenwart, Macht, Wissen, Güte — jedes zu seiner und meiner Stunde.

Selbst eine so »vergeistigte« Aussage wie: Gott ist Geist, fällt in die allgemeine Verdammnis der Ist-Sätze. Hermann Cohen hat es gesagt (leider nur gesagt, nicht geschrieben): »Gott brauchte keinen Geist zu haben, wenn er dem Menschen nicht Anteil daran geben wollte.« Nicht anders steht es mit dem Begriff der Persönlichkeit. Die Bibel, indem sie für das, was wir mit Geist bei Gott zu bezeichnen suchen, Geistbraus sagt, und für das, was wir mit Persönlichkeit meinen: Antlitz, gibt uns auch hier Anleitung zum erfahrungstreuen Denken. Spinozas Hohn: »Wenn ein Dreieck sprechen könnte, würde es sagen, Gott sei das schlechthin dreieckige Wesen« höhnt freilich an der Wirklichkeit vorbei, denn ein Dreieck spricht eben nicht, sondern wird »gesprochen«. Aber wenn das urphilosophische Staunen des alten Xenophanes dasselbe für Ochs, Pferd, Löwe, stumpfnasigen Äthioper und rotblonden Thraker sagt, so trifft hier die Satire ins Schwarze der Wirklichkeit — und hört damit allerdings auf, Satire zu sein. Gott spricht alle Sprachen.

Zu dem bisher Gesagten bringt die Geschichte die Bestätigung. Sie zeigt den »Anthropomorphismus« als die Schutzwehr des »Monotheismus«. Oder, um deutsch zu reden: sie zeigt, daß ohne den Mut, den wirklich erfahrenen Gotteserfahrungen auch die wirkliche und unmittelbare Herkunft von Gott zuzutrauen, diese Erfahrungen sich selbständig machen und sich einen eigenen oder mehrere eigene Träger neben Gott selbst, dem für untragkräftig gehaltenen, suchen. Je mehr Gott in die Ferne gebannt wird, um so leichter meint der Mensch, den göttlicher Kraftströme vollen Raum zwischen Gott und sich mit Halb- und Viertelgöttern bevölkern zu dürfen.

Die erste Epoche eines innerjüdischen Kampfs gegen die biblischen »Anthropomorphismen« hat ihre Dokumente in den alten Übersetzungen, von der Septuaginta bis zu den Targumen. Daß eben in dieser Epoche das Christentum entsteht, ist also nach dem Gesagten kein Zufall. Philons Logos war die notwendige Entsprechung seines vergeistigen Gottes. Im Logosevangelium steht der dem Christentum durch die Versuchung, ihn umzukehren, zum Verhängnis gewordene Satz: Gott ist Geist. Und indem Paulus als erster Jude — unbegreiflich uns bis zum heutigen Tag! — den Gott der Bibel als den Gott der strengen, erbarmungslosen Gerechtigkeit sah, mußte er mit Notwendigkeit dazu kommen, die ja auch ihm erfahrungsmäßig unleugbare göttliche Liebe an den Mittler zu binden. Das Judentum hat sich dann aus den beiden Extremen des judengriechischen Geistgottes und des judenchristlichen Gottmenschen hineingerettet in die kühnen »Anthropomorphismen« der talmudischen Aggada, d. h. in die felsenfeste Gewißheit, daß alles, was wir von Gott erfahren, von ihm selber kommt. Dieser Gewißheit verdanken wir, nächst dem Gesetz und dem Lernen, unsre Fortexistenz als Juden.

Vollzogen sich die hellenistische Gottvergeistigung und die ihr antwortende christliche Gottvermenschlichung beide an der Grenzlinie von Israel und den Völkern, so geschieht Wort und Antwort in der zweiten Episode eines Kampfs gegen den »Anthropomorphismus« innerhalb Israels selbst. Die jüdische Religionsphilosophie des Mittelalters, auf den Plan gerufen durch die groteske Verirrung der Frühkabbala, Gottes »Gestalt« auszählen und ausmessen zu wollen, diesen innerjüdisch klassischen Fall eines echten, nämlich abbildenden, Anthropomorphismus (ohne Gänsefüßchen), gipfelt in dem, soweit im Judentum möglich, gelungenen Versuch des Maimonides, die »Unkörperlichkeit« Gottes dogmatisch zu kodifizieren. Die Antwort wird diesmal gegeben von der Hoch- und Spätkabbala, die, eben weil sie von der Religionsphilosophie den Begriff der vollkommen eigenschaftslosen, nur negativ zu bestimmenden Gottheit, kabbalistisch gesprochen: das En sof, das Absolute, übernahm, unter dieser obersten Instanz ein immer bunteres Gewimmel von himmlischen Unter- und Zwischeninstanzen entdeckte.

In der dritten Epoche eines Kampfs gegen den »Anthropomorphismus« steht das Judentum seit den Anfängen der Emanzipation. Der Kampf knüpfte diesmal an eben jene letzten Ausartungen der Kabbala an. Die Antwort läßt sich, da die Epoche noch Gegenwart ist, nicht mit historischer Sicherheit bestimmen. Vermuten möchte ich aus persönlicher Erfahrung, daß sie in den großen Täuflingen des neunzehnten und leider auch zwanzigsten Jahrhunderts gegeben wird.

Um zusammenzufassen, sei nun zum Schluß zu sagen versucht, wie jener oben angeführte einleitende Absatz des Enzyklopädieartikels lauten würde, wenn das neue Denken heute schon enzyklopädiefähig wäre:

»... Die biblischen »Anthropomorphismen« fallen nicht unter »diese Definition, sondern sie entstammen dem unverkümmerten »Wissen um die Art, wie Gott dem Menschen begegnet: so nämlich, »daß er in seine, des Geschöpfs, konkrete, d. h. augenblickliche leib»lich-seelische Wirklichkeit mit gleich konkret augenblicklichem leib»haft-seelenhaftem Begegnen eingeht. Sie fügen sich also nie unter»einander zu Abbild oder Beschreibung zusammen, sondern beziehen »sich, ihrem durchaus nur konkret-momentanen Charakter gemäß, »immer nur auf das geschöpfliche Gegenüber und nur auf diesen sei»nen augenblicklichen Augenblick. Die Voraussetzung, die sie machen, »ist keine andre als die doppelte, die die Bibel überhaupt macht: »nämlich daß Gott kann, was er will (also auch dem Geschöpf jeweils »in voller leiblicher und geistiger Wirklichkeit begegnen) und daß »das Geschöpf kann, was es soll (also auch die ihm jeweils sich zu»wendende Selbstverleiblichung oder Selbstvergeistigung Gottes voll »auffassen und erkennen). Für den Menschen, um es nun auch psy»chologisch zu sagen, sind sie die einzige Sicherung gegen den Rück»fall in Vielgötterei, die ja nichts andres ist als Verfestigung einer »echten augenblickshaften Offenbarung des wirklichen Gottes zu »einem dauerhaften und eben dadurch dem immer-neuen Offenba»rungswillen Gottes widerstehenden Gottesbild. Was sie aber für

»Gott selbst sein mögen, das deutet vielleicht am ehesten das Wort
»des Talmud an: daß Gott keinen seiner Boten jeweils mit mehr als
»einer Botschaft entsendet.

Aber würde das heut schon ein Mensch verstehen?

Hoffentlich wenigstens die Leser dieser Bemerkung.

Geist und Epochen der jüdischen Geschichte

(1919)

Als mich der Vorstand[1]) zu einem Vortrag aufforderte, war ich zunächst, ich gestehe es offen, in einer gewissen Verlegenheit hinsichtlich der Wahl des Gegenstands. Tradition, Aufgabe und Zusammensetzung des Vereins forderten ein jüdisches Thema. Leider fühlte ich mich auf diesem Gebiete nicht genug als Fachmann. Der Ausweg bot sich: ich konnte einen Gegenstand wählen, der gewissermaßen auf der Berührungslinie zwischen den innerjüdischen und den allgemeinen Problemen lag, ein Problem also mehr geschichtsphilosophischer als geschichtlicher Art: Geist und Epochen der jüdischen Geschichte. Geist und Epochen — die beiden scheinen zunächst nichts miteinander zu tun zu haben. Man kann vom Geist einer Geschichte, vom Geist einer Zeit, eines Volkes sprechen und ebenso von den Epochen seiner Geschichte — ein Zusammenhang scheint da nicht zu bestehen. Was nennt man denn Geist? Das Wort ist alt, seine Herkunft ist genau festzulegen; die Völker des klassischen Altertums, Griechen und Römer, kannten es in dem Sinne, in dem wir es heute gebrauchen, nicht. Was sie πνεῦμα spiritus, nannten, war unmittelbar nur der Windhauch, in Ableitung davon wohl auch der physische Lebenshauch des Menschen, sein Atem. Aber offenbar meinen wir, wenn wir vom Geist der Zeit, vom Geist eines Volkes sprechen, kein physisches Leben, sondern — nun eben ein geistiges, einen geistigen Zusammenhang, der über das seelische und leibliche Leben der einzelnen Menschen, ja selbst über ihre Lebenszeit hinausreicht und die einzelnen zu einer geistigen Gemeinschaft verbindet. In diesem Gebrauch aber hat das Wort Geist seinen Ursprung nicht in Athen noch Rom, sondern in unserer Mitte, im Begriff des Geists Gottes, des heiligen Geists, den Gott seinen Propheten gibt, des Geists, den er in seinem Volke wohnen läßt. Auch da bedeutet das Wort רוח ursprünglich den

---

[1]) Der Vorstand der Gesellschaft »Humanität« in Kassel.

Windhauch, den Hauch des Atems. Aber dieser göttliche Hauch wird, eben weil er *göttlicher* Hauch ist, von seiner sinnlich-allzusinnlichen Bedeutung losgelöst; es gibt viele Menschen, aber nur einen Gott, vielerlei menschlichen Geist, aber nur den einen göttlichen. So wird dieser göttliche Geist zu der Kraft, die menschliche Geister zu einen fähig ist: indem der Geist Gottes den Menschen, auf den er gelegt ist, mit Gott verbindet, verbindet er auch Mensch mit Menschen. Er wird nun, anstatt daß er bloß physischer Lebenshauch wäre, das »geistige Band«, das die Teile zu einer Gemeinschaft verbindet. In diesem Sinne ist dann das Wort durch die christliche Dogmatik aus seiner hebräischen Heimat in den Sprachschatz der Völker hineingegangen. Durch lange Jahrhunderte blieb es auf seine, wie man bezeichnend sagt, »geistliche« Bedeutung eingeschränkt, »geistlich« als Gegensatz zu »weltlich«. Aber die neuere Zeit, die Jahrhunderte der Renaissance und der Aufklärung, die hier wie so vielfach der Welt eine eigene Weihe und ein eigenes Recht zu geben suchten, rissen auch das Wort Geist aus seinen geistlichen Wurzeln los. Vom Geistlichen spaltete sich das Geistige. Und das Geistige wurde nun die Seele dessen, was einst als »nurweltlich« hatte gelten müssen. Auch die Welt hat nun ihren Geist und ihren eigenen Geist. Dieser Geist ist nicht mehr der Geist Gottes, oder jedenfalls er will es nicht mehr sein; ihm genügt, wenn er der Geist dieser Welt, ihrer Zeit, ihrer Völker und Menschen ist. Der Zusammenhang auch des so verweltlichten, säkularisierten Geistes mit dem weiland geistlichen Geist liegt ja auf der Hand. Auch dieser neue Geist ist eine zusammenfassende Kraft, die viele Geister eint; auch er weiß sich, genau so wie der alte Geist seit den Tagen der jüdischen Schrifterklärer von Alexandria, im innerlichen Gegensatz zum »Buchstab«. Er will nicht verwechselt werden mit den bloßen Tatsachen, er will etwas Vornehmeres sein, etwas Innerlicheres, nicht die Zeit etwa, ihre Daten, Ereignisse usw., sondern — der Geist der Zeiten. In diesem Sinne wird der Geist ein Lieblingswort des achtzehnten Jahrhunderts. Aber was man von dem berühmten Werk, das den Geist schon in seinem Titel nennt, dem Montesquieuschen »Geist der Gesetze« geistreich gesagt, das Buch hieße besser: der Geist über die Gesetze, das wurde gern überhaupt gegen diesen stolzen Begriff des Geistes eingewendet. Sie kennen alle Fausts Erwiderung an seinen Famulus, der es ein groß Ergetzen findet, sich in den Geist der Zeiten zu versetzen: »Was ihr den Geist der Zeiten heißt, das ist im Grund der Herren eigener Geist, in dem die Zeiten sich bespiegeln.«

Wie mag sich der Geist gegen diesen naheliegenden Vorwurf wehren? Wie mag er sich das Recht wahren, für mehr zu gelten als für einen solchen subjektiven Geist der einzelnen, des heutigen Beschauers? Wie mag er seinen Platz in der Welt selbst, in den Zeiten und Völkern, kurz seine Objektivität, gegen solches Mißtrauen wahren? Vielleicht am sichersten, indem er diesem Mißtrauen einen Schritt entgegenkommt. Gewiß: der Geist der Zeiten ist der Herren eigener Geist. Aber: was wüßten wir am Ende von den Zeiten der Vergangenheit ohne diesen eigenen Geist von heute? Sie wären uns wirklich ein Buch mit sieben Siegeln. Es steht ja nichts in der Vergangenheit in der Weise fest, wie man gern glauben möchte. Die Tatsachen? Selbst sie werden von der Woge des betrachtenden Geists bald hochgetragen, bald heruntergeschlungen. Über ganze Striche der Geschichte breitet sich Nacht, wenn sie aufhören, das Interesse der Gegenwart zu erregen, andre treten aus dem Dunkel ans Licht. So hat etwa der Italiener Ferrero in der Geschichte des alten Rom Tatsachen ans Licht gestellt, die offenbar erst ein an den Klassenkämpfen unsrer Jahrhundertwende aufgeschlossenes Auge überhaupt zu sehen vermochte. So hat der große Schweizer Burckhardt, selber ein Muster des Persönlichkeitsglaubens seiner und auch unserer Zeit, die Anfänge, ja die klassische Aera dieser Persönlichkeitsverehrung im Zeitalter der italienischen Renaissance entdeckt. Ich möchte die Beispiele nicht häufen: wer auch nur eines der großen Geschichtswerke liest, wird diesen Zusammenhang spüren zwischen dem eigenen Geist des Verfassers und — nicht dem Geist bloß, sondern auch den aus der unendlichen Fülle des Stoffes herausgehobenen und hellbeleuchteten Tatsachen.

Doch mitnichten dürfte man nun meinen, daß der Geist der Gegenwart sich einfach willkürlich den Tatsachen der Vergangenheit näherte und aus ihnen auswählte, was ihm behagt. Auch er ist abhängig und zwar von niemand anderm als von — sich selbst. Er kann nicht aus seiner eigenen Haut heraus. Und diese eigene Haut, dieses Selbst, von dem er, der scheinbar dem Vergangenen gegenüber Allmächtige, abhängig ist, dieses Selbst ist ihm nicht vom Himmel heruntergefallen: er hat es überkommen, geerbt von den gleichen Zeiten der Vergangenheit, deren Geist er zu erkennen sucht. Der Geist der Gegenwart ist selber wenn nicht Erzeugnis, so doch mindestens Nachfahr und Erbe jener Vergangenheit. Statt ihr zu gebieten, ist er also von ihr abhängig; er kann sein Werk der Auswahl an der Vergangenheit gar nicht anders vornehmen, als indem er sich in diese Vergangenheit einfügt. Nachdem er noch eben die Geschichte der Vergangenheit zu »machen« schien, macht er nun vielmehr sich selber zur Geschichte.

Um die Vergangenheit aus der Gegenwart zu betrachten, muß er die Gegenwart selber als geschichtliche Epoche sehen. Das aber bedeutet, daß in die Geschichte überhaupt eine Epochengliederung hineinkommt, denn es kann nun natürlich nicht einfach bei dem Gegensatz Vergangenheit und Gegenwart bleiben, sondern die Vergangenheit muß in sich gegliedert werden zu vielen vergangenen Gegenwarten; nur dadurch findet die gegenwärtige Gegenwart, in der der Herren eigener Geist lebt, ihresgleichen in der Vergangenheit; eine ungegliederte Vergangenheit würde ihr fremd und übergroß gegenüberstehen, sie könnte sich nicht in ihr zu Hause fühlen.

Der Geist der Geschichte schafft sich so seinen Leib in den Epochen der Geschichte. Es ist der Geist, der sich den Körper baut. An der Gliederung ihrer Epochen wird der Geist einer Geschichte sichtbar. Deutsche Geschichte wird sich einmal sehr anders ansehen, wenn wirklich Potsdam nur eine Episode gewesen sein sollte; anders als es etwa Treitschke sah, für den es die Höhe war, auf der die Straßen aus allen Tälern der Vergangenheit sich vereinigten. Der Begriff eines Mittelalters konnte erst gefaßt werden, als eine neue Zeit über ein ganzes »finsteres« Jahrtausend weg dem klassischen Altertum die Bruderhand hinstrecken zu können glaubte. Immer bezeichnet die Epochengliederung den Körper, in welchem sich der Geist aus seinem flüchtigen, ungreifbaren Wesen verleiblicht. Man kann wissenschaftlich vom Geist einer Geschichte nur reden, wenn man sich klar zu werden sucht über diese Gliederung ihres Leibs, die Epochen.

Wie ist es also mit den Epochen unserer jüdischen Geschichte, der wir uns nun nach dieser langen, doch wie ich hoffe nicht unnützen, vorbereitenden Hälfte unserer Darlegung zuwenden. Mit einer Deutlichkeit und Unbezweifelbarkeit wie selten scheint hier eine große Epochenscheide in der Vergangenheit festzustehen. Mindestens ist sie, vielleicht im Gegensatz zu allen anderen derartigen Hauptdaten anderer Volksgeschichten, nie in ihrer entscheidenden Bedeutung angezweifelt worden. Ich spreche natürlich, wie ich Ihnen nicht zu sagen brauche, von dem Ereignis des Jahres 70, der Einnahme Jerusalems durch die Römer. Vorher die Geschichte im eigenen Land, nachher die Zerstreuung im Exil und das Einleben in fremde Länder und Völker. Es scheint ein Gegensatz zwischen diesem Vorher und Nachher, der so tief geht, daß hier einmal die Epochenscheide ganz unabhängig von allen Ansichten über die Geschichte, ganz unabhängig vom »Geist« der Geschichte festzustehen scheint. Scheint. Denn daß es nicht so ist, lehrt uns zunächst schon ein Blick auf unsere eigene Gegenwart und die verschiedenen Ansichten über unsere Aufgabe und Zukunft, die uns hier begegnen. Die beiden Hauptrichtungen, die zionistische und die assimilatorische, kommen zwar überein darin, daß sie beide dem Jahr 70 die größte epochenscheidende Bedeutung beimessen. Aber sie unterscheiden sich scharf gegensätzlich wie überall so auch in der Bewertung der beiden Epochen, der im Lande und der im Exil. Der Zionismus verleugnet zwar nicht die Errungenschaften der Jahrhunderte des Exils, am wenigsten die des letztverflossenen Jahrhunderts, das die Tore des Judentums gegen die umgebende Kulturwelt weit öffnete; aber er läßt diese Errungenschaften doch nur insoweit gelten, als sie dazu dienen können, in der alten Heimat ein neues Heim für das Volk aufzubauen. Zur genau umgekehrten Synthese faßt die assimilatorische Richtung die beiden großen Epochen diesseits und jenseits 70 zusammen. Sie glaubt in unserer Zerstreuung den Willen des Schicksals oder der Vorsehung zu erkennen, der sich unsrer gerade hier zu seinen Zwecken bedient, und sie fordert deswegen in ihren edelsten Vertretern den ständigen Zustrom der großen geistig-religiösen Kräfte, die unsere Vorzeit im Lande Israel durchwirkten, in die Gegenwart. Während also der Zionismus die alte Zeit aus der neuen neu zu beleben hofft, will die Assimilation die neue Zeit aus dem Reichtum der alten speisen, Aber beide Richtungen sehen allerdings, trotz des verschiedenen Geistes, in dem sie sehen, jene Epochenscheide als eine wirkliche und wahrhafte Scheide an, wenn sie auch das, was diesseits und jenseits von ihr liegt, genau entgegengesetzt bewerten. Es heißt hinter diesen Gegensatz der Richtungen einen Blick tun, wenn wir nun jene von beiden Richtungen nicht in Zweifel gezogene scheidende und entscheidende Bedeutung jenes Schicksalsjahres näher ins Auge fassen.

Die alte Legende hat den Gegensatz der beiden Epochen wohl auch empfunden, und dennoch hat sie einen Blick über ihn hinweg zu tun vermocht. Gott selbst, so weiß sie zu erzählen, habe, nachdem er in der Offenbarung am Sinai zu seinem Volke herabgestiegen sei, unter ihm Wohnung genommen, und als das Volk aus seinem Lande vertrieben ward, da sei auch er, auch seine unter dem Volk wohnende Herrlichkeit, mit dem Volke in die Verbannung gewandert. Die Legende, die so das Vor und Nach jenes Schicksalsjahrs wohl auseinanderhält und doch unter einem höheren Gesichtspunkt, dem der Vereinigung Gottes mit seinem Volk, zusammenfaßt, diese Legende mag uns einen Fingerzeig geben, in welcher Richtung wohl eine Überwindung jenes Gegensatzes zu suchen wäre, doch mehr als einen Fingerzeig nicht. Klarer schon werden wir sehen, wenn wir einen Blick auf den Historiker unseres Volks werfen, auf Grätz, und zwar diesmal nicht auf den Inhalt, sondern auf die Entstehungsgeschichte seines Werks. Sie entsinnen sich vielleicht aus dem Vortrag, den vor einem Jahr an dieser Stelle mein Freund Prager hielt, daß Grätz sein großes Werk begonnen hat mit dem vierten Band. Das ist in der Geschichte der Geschichtsschreibung ein geradezu beispielloses Vorgehen. Wohl ist es vorgekommen, daß ein Historiker mit der Gegenwart begann, um sich von dort aus den Weg rückwärts zu bahnen. Sie werden nach dem, was ich einführend sagte, den Grund und die Berechtigung dieses Verfahrens wohl verstehen, wie Ihnen vielleicht nun auch die pädagogischerseits gelegentlich erhobene Forderung nach einer Geschichte in rückwärtiger Reihenfolge nun beachtenswert erscheinen wird. Aber das Verfahren Grätzens, das Anfangen irgendwo in der Mitte, um sich von da aus den Weg vorwärts wie rückwärts zu bahnen, fällt aus jedem Vergleich heraus. Es muß einen Grund haben, der nicht in dem allgemeinen Wesen aller Geschichtsschreibung liegt, sondern in dem besonderen seines besonderen Gegenstandes. Und diesen Grund erkennen wir nun, wenn wir zusehen, was denn nun der Inhalt dieses vierten und ersten Bandes ist.

Er enthält die Geschichte des talmudischen Zeitalters. Ob Grätz sich selber darüber ganz klar war, weshalb er hier begann? Ich weiß es nicht. Einerlei, das, was die Menschen tun, ist charakteristischer und in tieferen Notwendigkeiten der Seele wie der Dinge verwurzelt, als was sie denken oder gar was sie sagen. Wenn Grätz mit der Darstellung des talmudischen Zeitalters seine Arbeit begann, so hat er, sei es mit, sei es ohne Bewußtsein, nur Zeugnis abgelegt für die überragende Bedeutung dieses Zeitalters in unserer Geschichte. Die Legende, die den Talmud, die mündliche Tora, von Gott vor der schriftlichen gegeben sein läßt, deutet in ihrer Weise etwas Ähnliches an. Die ungeheure geschichtsbeherrschende Bedeutung des Talmud besteht eben darin, daß er, der selbst allergrößtenteils den ersten Jahrhunderten unseres Exils angehört, den Zusammenhang dieser Epoche mit der vorhergehenden im eigenen Lande sichert. Aus jener Epoche galt es zu retten, was zu retten war, und in diese Epoche hineinzuführen. Andrerseits galt es, mit den Gesichtspunkten dieser Epoche den Tatbestand jener Epoche zu beleuchten und so durch Überlieferung und Fortpflanzung einerseits, durch Betrachtung und Erkenntnis andrerseits die beiden Epochen wechselseitig miteinander zu verflechten. Der große Riß, den das Ereignis von 70 riß, wurde so durch eine Brücke, auf der es möglich war, hin und her zu gehen, überbrückt. Die äußerlich verräterische, innerlich im höchsten Sinn rettende Tat des R. Jochanan ben Sakkai, der aus dem belagerten Jerusalem zu dem Römerfeldherrn flüchtete und sich von ihm, während noch die Genossen den aussichtslosen Kampf der Verzweiflung kämpften, zum Lohn für seinen »Verrat« die Erlaubnis zur Gründung des Lehrhauses in Jabne erbat, diese seltsam schillernde Tat fand in dem Werk des Talmud ihre Auswirkung. Die Epochenscheide, die nach menschlichen Begriffen zum Ende des Volks hätte werden müssen, wurde zur Mitte, zum Bindeglied, ja in gewisser Weise zum Höhepunkt seiner Geschichte. Höhepunkt jedenfalls in dem Sinn, daß von hier aus allein sich die Aussicht über die ganze Ausdehnung dieser Geschichte nach vor- und rückwärts gewinnen läßt. Als solchen Punkt hatte Grätzens historischer Scharfblick sich diesen Punkt ausgesucht, gleichwie etwa der große deutsche Dichter auf seiner italienischen Reise gern den Turm einer Stadt bestieg, um sich von hier aus in unmittelbarer Anschauung seinen Plan zum Kennenlernen des Orts zu bilden. Dieser Höhepunkt der jüdischen Geschichte, das talmudische Zeitalter, hat also zu seinem Inhalt die Überwindung der scheidenden Kraft eben jener Epochenscheide, deren Bedeutung uns zuvor so einleuchtend und unleugbar erschien. Merkwürdig auch dies: im Mittelpunkt einer Volksgeschichte entdecken wir hier den Versuch, die scheinbar gar nicht zu leugnende Epochengliederung dieser Geschichte unwirksam zu machen; die Geschichte übt ihre Macht in den Völkern aus durch ihre Epochen, in den Epochen wandelt sich ein Volk; in seinen Epochen wandert es aus seiner Kindheit durch sein Mannesalter zum Greisenalter und Tod. Diese Macht der Geschichte über das Volksleben, sie selber ist es, die hier verleugnet wird; indem die Epochengliederung kraftlos wird, wird es auch die Geschichte; die Macht der Geschichte ist gebrochen, wo ihr das Mittel ihrer Machtausübung, eben die Epochen, aus den Händen gewunden wurde; und eben das tut der Talmud, der sich selbst an die Stelle setzt, die sonst das Jahr 70 in der Geschichte des Volks eingenommen hätte. Ein Volk — aber es ist frei von der Gewalt, der alle anderen Völker sonst unterstehen, der Gewalt der Zeit; als einziges unter den Völkern, unter den Völkern ein ewiges.

Richten wir jetzt den so geschärften Blick in diese Geschichte selbst, auf ihre beiden scheinbaren Epochen, sehen wir zu, ob sie uns auch nun noch so verschieden scheinen, wie man aus einer äußerlichen Anschauung der Dinge heraus meinen mußte. Beginnen wir mit der Urzeit; denn mag sie im Dunkel der Sage liegen, auch die Sage ist Geschichte, ihr lebendig redender Mund weiß oft Wahreres zu berichten als die dürftigen und stummen Überreste, die der gefühllose Spaten aus dem Sande gräbt. Es ist ein Lieblingsgedanke der Völker, sich eingesessen von Urzeit, sich erdgeboren, autochthon, zu denken. Auf den Boden, den man besitzt, wünscht man sich den unwiderleglichsten Besitztitel, das jus primi occupantis, zu geben: immer schon sei man hier gesessen, nie sei es anders gewesen. Ungern nur denken sich die Völker eingewandert, das Recht an ihren Boden scheint ihnen dann unsicher oder wenigstens anzweifelbar. Unsere Geschichte hebt im Heros und Erzvater unseres Stammes an mit dem göttlichen Befehl לך־לך mach dich auf aus dem Lande deiner Geburt in ein Land, das ich dir zeigen werde: Abraham ist zugewandert. Er geht in dies Land, aber nicht aus eigenem Trieb, sondern in göttlichem Auftrag: es gehört ihm auch nichts davon außer dem geringen Raum, den er zum Begräbnis der eigenen Familie braucht; das Land selbst wird ihm bloß für seine Nachkommen verheißen. Und die Nachkommen — wären nun sie wenigstens durch ununterbrochenen Erbgang im Besitz des Landes. Aber nein! Ihre Geschichte hebt nicht im Lande an, ihr Werden aus einer Familie und einem Stamm zur Einheit der Stämme, zum Volk, geschieht in einem Exil, in Ägypten. So greift der entscheidende Charakterzug der zweiten Epoche über die erste hinüber: ein Exil steht am Anfang dieser Geschichte überhaupt, ein Exil, an dessen Ende die Wanderung ins Land steht, die eine Rückwanderung ist, denn das Land gilt schon dieser ersten eben zum Volk gewordenen Generation als das Land der Ahnen, das verheißene Land. Dies, die göttliche Verheißung, ist der Besitztitel, unter dem das Volk nun sein Land besitzt; anders wieder als alle andern Völker darf es das Land nicht als sein eigenes empfinden, muß es vielmehr sich alljährlich wieder ins Gedächtnis zurückrufen, daß es sein Land nur aus göttlicher Verleihung, nur zu Lehen also, nicht zu unbestrittenem Eigentum besitzt: »ein Nomade war mein Vater«, so bekennt der Bauer, der das Opfer seiner Erstlinge darbringt, und »mein ist das Land« verkündet ihm die Stimme seines Gottes. Was andere Völker als Vollendung ihres Volkseins sich wünschen, die Selbständigkeit, deren Symbol die Souveränität des Königtums über dem Volk ist — diesem Volke wird solcher Wunsch, zu sein »wie alle Völker rings umher«, als Abfall angerechnet, als Abfall von der einzigen Herrschaft, die dieses Volk über sich wollen darf, der Herrschaft seines Gottes. Was anderen Völkern selbstverständliche Betätigung ihres Volkstums dünkt, das Mitmachen in den politischen Händeln der Welt, diesem Volk wollen es seine größten Politiker, denn das sind die Propheten, verwehren: אם לא תאמינו כי לא תאמנו wie der größte aller Übersetzer, Luther, das Unübersetzliche nachzubilden sucht: gläubet ihr nicht, so bleibet ihr nicht[1]); oder unser Michael Sachs: so ihr nicht trauet, ihr nicht dauert — das ist der politische, wohlgemerkt der politische Grundsatz dieser Männer, der Propheten. Und wenn sie mit solcher Politik notgedrungen zunächst nur eine Opposition bilden konnten gegen die Politik der andern, die sein wollten wie die Völker umher — so wurde das durch das Ereignis von 587, die Zerstörung Jerusalems durch Nebukadnezar, mit einemmal anders. Nun waren aus der bisherigen Opposition, aus denen, die ihre unberufenen »unnationalen« Ratschläge bisher mit Stockschlägen und in den Zisternen büßen mußten, die geworden, die Recht behalten hatten. Und von ihnen und in ihrem Sinn geschah nun der Aufbau, der Neuaufbau des Volks. Dies babylonische Exil, dies mittlere zwischen dem ägyptischen des Anfangs der Volksgeschichte und dem dritten, das nun achtzehneinhalb Jahrhunderte währt, wurde die wahre Pflanzschule des Judentums. Wenn der reine Monotheismus des Judentums vorher innerhalb des Volks, wie die biblischen Berichte selber zugeben, immer nur die Religion der Minderheit war, der die Mehrheit sich mit kur-

---

[1]) Buber-Rosenzweig verdeutschen später diese Stelle, Jes. 7, 9: »Doch vertraut ihr nicht, bleibt ihr nicht betreut«.

zen Unterbrechungen durch Abfall zu den volkstümlichen Diensten Baals und Astartes entzog, jetzt war er selbst wirkliche Volksreligion geworden. Der Traum einer politischen Selbständigkeit war mit diesem Exil schon ausgeträumt. Obwohl man wieder ins Land zurückgekehrt war, war fortan auch offiziell, wie zuvor schon tatsächlich, die herrschende Großmacht Asiens, nun die königlich persische, die eigentliche politische Herrin. Unter ihrem Schutze, politisch genommen also ein Protektoratsstaat, lebte nun der kleine Gottesstaat von Jerusalem. Wohl mochte sich zeitweise in dem Zusammenbruch der Schutzmacht und in den Schwankungen der Waage in den nächsten Jahrhunderten noch einmal und auch da nur unter dem Antrieb der verletzten religiösen Gefühle eine Art von Selbständigkeit aufrichten, ja selbst der stolze Name des Königtums in den Makkabäern noch einmal erneuern; aber es blieb ein bloßer Name, und die Selbständigkeit war ein äußerst prekäres Ding, ein Geschenk römischer Machthaber, die sich des kleinen Völkleins als eines Steins auf dem Brett ihrer vorderasiatischen Politik zu bedienen gedachten, ein Geschenk, das denn auch jeden Augenblick zurückgenommen werden konnte, ohne daß an Widerstand gedacht wurde. Das jüdische Volk ist aber *nun* wirklich etwas andres geworden als die Völker rings umher; das Heiligtum von Jerusalem war nun der Mittelpunkt eines »Reichs von Priestern«, das denn auch seine Grenzen längst nicht mehr an den Grenzen des Landes hatte. Seit Nebukadnezar gab es eine Diaspora, eine Zerstreuung über die Länder, an der auch die Rückführungen unter Kyros und Artaxerxes nichts änderten, die babylonischen Exilierten kehrten nie alle zurück; die Verhältnisse in Susa schildert uns, wohl nicht ungetreu, das Buch Esther; über die ägyptische Judenschaft des fünften Jahrhunderts haben uns die Papyri belehrt, die aus dem Sande von Elefantine in der jüngsten Zeit zu Tage gefördert wurden. Mit der Römerherrschaft breiteten sie sich dann um das ganze Gestade des Mittelmeers aus. So wenig diese Diasporagemeinden aufhörten, den Blick nach Jerusalem zu richten, so sehr begannen sie doch andrerseits sich im Lande, wo sie wohnten, einzuwohnen und einzugewöhnen. Für die Bedürfnisse der alexandrinischen Gemeinde, die doch die Tempelsteuer nach Jerusalem entrichtete, mußte die Bibel bereits ins Griechische übersetzt werden; ja die Übersetzung gewann dort geradezu die Heiligkeit eines Originals; in griechischer Sprache hat sich hier ein eigentümliches und stolzes jüdisches Geistesleben entwickelt, das zeitweise das im Stammland überglänzte; der Name Philo sagt genug. Aber selbst im Stammland war eine Trennung eingetreten, in der sich jene tiefere Trennung zwischen dem Volk und der lebendigen Geschichte anzeigte: das Hebräische hatte aufgehört, Volkssprache zu sein; an seine Stelle war seit dem babylonischen Exil das Aramäische getreten; das Hebräische war in seiner eigenen Heimat aus einer lebendigen, das Leben des Volkes mitlebenden Volkssprache, zur heiligen Sprache geworden. Heilig — beileibe nicht tot; eine tote Sprache ist es noch heute nicht und wird es nie sein; eine Sprache, in der lebendige Gefühle lebendiger Menschen ununterbrochen ihren Ausdruck suchten, ist nicht tot. Aber eine lebendige Sprache wie die Sprachen der Völker ist das Hebräische auch nicht; denn es fehlt ihr das oberste Merkmal des Lebendigen: sterben zu können. Diese Sprache, die gebunden ist an einen Gottesdienst, der ewig zu leben beansprucht, ist dadurch aus dem Leben der Zeit herausgehoben, sie hat das Danaergeschenk der Sterblichkeit verschmäht. Und wie die Sprache, so sind auch die anderen Mächte, in denen ein Volk sein Leben in der Zeit lebt, hier aus dem Fluß der Zeit herausgestellt: Sitte und Gesetz. In neuen und immer neuen Gesetzen sucht ein Volk sich seine Zukunft zu bestimmen; was es will, das macht es zum Gesetz. Und in das, was so Gesetz wurde, da lebt sich das Volk allmählich hinein. Das, was einst als Gesetz in Paragraphenform geboten werden mußte, wird mit der Zeit Sitte, der man folgt, ohne noch an Gesetze zu denken. Diese ständige Umformung von Gesetz in Sitte ist weiter nichts als das Zeichen dafür, daß das Volk in der Zeit lebt. Im neuen Gesetz wird die zögernd hergezogen kommende Zukunft gezwungen, Gegenwart zu werden, in der Sitte wird die Gegenwart zu dem ständig sich mehrenden Schatze der Vergangenheit hinzugetan. Die Umwandlung von Zukunft durch Gegenwart hindurch in Vergangenheit ist ja weiter nichts als das, was man den Strom der Zeit nennt, und in ihm schwimmt also ein Volk, solange es seine Gesetze erneuert und den Schatz seiner Sitten mehrt. Aber dieser Prozeß ist in dem jüdischen Gottesstaat zum Stillstand gekommen. Wie die Sprache, so sind auch Sitte und Gesetz »heilig« geworden; grundsätzlich ändern sie sich nicht mehr. Alle Neuerung gilt nur, wenn erwiesen werden kann, daß und wie sie schon auf dem Sinai mitoffenbart, also keine Neuerung ist. Auch dieser Umstand der Heraushebung von Volkssitte und Volksgesetz aus dem lebendigen und infolgedessen sterblichen Leben, das sie bei den anderen Völkern leben, in das ewige Leben einer heiligen Gesetzeslehre — auch dieser Umstand beherrschte das jüdische Leben schon in den Jahrhunderten vor der Zerstörung des zweiten Tempels.

So ist alles schon da: die Fremdherrschaft über das heilige Land, die Trennung der heiligen Sprache von der Volkssprache, die Diaspora mit einer weitgehenden Assimilation, ohne Aufhebung des religiösen und religionsnationalen Zusammenhangs, der Verzicht auf lebendig wachsende und verwelkende eigne Sitte und eignes Gesetz zugunsten eines göttlichen Gesetzes —, es ist alles da; und die Brandfackel, die der Soldat des Titus in das Heiligtum schleuderte, konnte die Wirkung nicht haben, auf die es abgesehen war. Denn schon im eigenen Land war das jüdische kein Volk wie andere Völker. Das dritte Exil konnte nicht das Ende des jüdischen Volkes werden, weil die jüdische Geschichte von Exil zu Exil geht von Anfang an und weil also der Geist des Exils, die Erdfremdheit, der Kampf des höheren Lebens gegen das Versinken in die Bedingtheiten des Bodens und der Zeit, von Anfang an in diese Geschichte hineingepflanzt ist.

So verliert das Jahr 70 die einschneidende Bedeutung. Es hätte sie nur gehabt, wenn mit dem Zentrum auch die Diaspora verschwunden wäre. Eben auf sie war die vom Standpunkt des zivilisierten Römers selber barbarische Tat gemünzt, daß man das Heiligtum noch nach Eroberung der Stadt einäscherte. Noch galten die Christengemeinden, die sich im Römerrreich im Schoße unserer Diaspora entwickelt hatten, für eine jüdische Sekte. Tacitus selber berichtet, dies sei des Titus Absicht bei jener demonstrativen Barbarei gewesen: würde die Wurzel ausgerissen, so werde der Baum leicht absterben.

Die Absicht des Römers blieb unerfüllt, sowohl an jenen wie an uns. Der Baum steht noch heut und die Wurzel erst recht. Jene Epochenscheide, die nach dem Willen des Römers mehr als eine bloße Scheide, ein Ende sein sollte, wurde weniger: noch nicht einmal eine Scheide. Der Geist des Judentums greift über sie hinweg, er ist älter als sie und jünger. Er duldet keine Epochen. Das heißt aber: er duldet keine Geschichte. Die Epochengliederung verblaßt. Die Zeit verliert ihre Macht. Wir altern nicht —, vielleicht weil wir nie jung waren, mag sein. Wir sind ewig. Alles, was der Jude tut, springt ihm gleich aus den Bedingungen der Zeit heraus ins Ewige. Mag sich der Zionismus noch so sehr bemühen, uns zu einem normalen Volk, einem Volk wie die Völker werden zu lassen — aber lesen Sie Herzls Judenstaat, überall schießt da über die bewußt nur auf Politik gestellten Gedankengänge ein politisch unverwendbarer Überschuß hinaus, eine fast naive Überzeugung, daß dieser Judenstaat doch ganz etwas andres werden müsse als sonst ein Staat, nicht bloß ein bißchen verschieden und ein bißchen ähnlich wie alle andern, sondern der Staat der sozialen Gerechtigkeit, der Musterstaat, der Idealstaat, denn — nun es ist eben doch nicht irgendein Staat, sondern der Judenstaat; und was hier schon bei Herzl fast wider Willen stark hervorbricht, jenes jüdische Überspringen aus der Zeit ins Ewige, das ist heute bei seinen Nachfolgern beinahe schon zur Theorie erstarrt; der Zionismus nahm zumal im Weltkrieg bei seinen besten Vertretern immer mehr messianische Züge an: Die Heimkehr der Juden in ihr Land wird wie in den alten Weissagungen der Propheten zum Zeichen und Anfang der Heimkehr der Menschheit in das verlorene Paradies. Und andrerseits mag sich die Assimilation noch so viel darauf zugute tun, daß sie nichts will, als die Jugend zu tüchtigen Staatsbürgern gleich allen andern zu machen, mag sie sich bemühen, sie äußerlich, in der Berufswahl, Gesinnung usw. nach Möglichkeit den andern anzugleichen und ihnen das Stigma der Besonderheit wegzuwischen, zuletzt genügt ihr doch der gute Staatsbürger nicht, und mit und ohne Willen hofft sie, es würde ihr bei ihrem Bemühen schließlich doch etwas mehr herausspringen, *viel* mehr: der ideale Mensch. Es ist weit mehr Utopismus in ihr, als sie selber oft wahrhaben will. Jene Angleichung, die sie erstrebt, soll ja nicht den Juden nur von seinen sogenannten Fehlern befreien, damit er statt ihrer die Fehler der andern annimmt — mag das auch oft genug das Ergebnis sein —, sondern sie träumt, daß der Jude, der sein wie sie meint Allzujüdisches abstreift, sich mit den anderen in reiner Menschlichkeit finden müsse. So treibt auch sie genau wie der Zionismus über ihr nächstes und allzunahes programmäßiges Ziel hinaus und greift, ohne es eigentlich zu wollen, über ihr enges Programm hinüber zu jenem Programm, das ihr im Blute liegt: das *Ewige* zu fordern, zu predigen, zu verheißen — mitten in der Zeit.

Der jüdische Geist bricht die Fessel der Epochen. Weil er selber ewig ist und Ewiges will, so leugnet er die Allmacht der Zeit. Er geht unberührt durch die Geschichte. Kein Wunder, daß die Geschichte und was in ihr lebt, ihm gram sind. Denn die Zeit will, daß alles, was lebt, ihr den Zoll der Zeitlichkeit erstatte. Hier aber wird ein Leben in die

Ewigkeit hineingelebt und die Zeit kann, ein unbefriedigter Gläubiger, sehen, wie sie ihre Schuld eintreiben mag. Der Jude erkennt ihre Forderung nicht an. Er hält der Zeit in seiner eigenen Ewigkeit ein Ewiges entgegen, über das sie keine Macht hat. Durch sein bloßes Dasein, das vom Bann der Epochen frei ist, predigt er, ein stummer Prediger, in alle Not und alles Elend der Geschichte, in alle Befangenheit des Völkerlebens, in alle Unvollkommenheit und Bedingtheit der Menschennatur und Menschenkultur hinein ein Wort, ein Wort, das wir wohl mit einem Goetheschen Wort wiedergeben dürfen, denn in Goethes Mund hat das Wort einen Klang, der erst in es hineingekommen ist aus der Sprache der Propheten; kein Grieche hat es so gebraucht, das Wort, das vor den Augen der Zeit den Vorhang aufzieht, hinter dem die Ewigkeit sich birgt, das Wort: Wir heißen euch — hoffen!

Die Bauleute

Über das Gesetz
(1923)

An Martin Buber.

»Und alle deine Kinder gelehrt vom Herrn und großer Friede deinen Kindern!« (Jes. 54₁₃) — lies nicht banajich: deine Kinder, sondern bonajich: deine Bauleute.

Verehrter Freund, ich staune, indem ich Ihre Reden über das Judentum lese, wie sie jetzt aus einem Jahrzehnt in ein Bändchen gesammelt vorliegen, in welchem Maße Sie wirklich der Vor- und Fürsprecher unsrer Generationen, der meinen sowohl wie der nach mir kommenden, gewesen sind. In der Hitze des Gefechts, in das die einzelnen Reden, als wir sie zuerst lasen, unsre Gedanken hineinrissen, konnten wir das wohl manchmal vergessen; nun da wir sie in Ruhe, und doch nicht gegenständlich betrachtend, sondern mit, ich möchte sagen, autobiographischer Erregung wieder durchlaufen, wird es uns erst klar, wie sehr es unsre Worte sind, die Sie als erster gesprochen haben.

Auch Sie selber sind — die Vorrede zeigt es — von Gefühlen autobiographischer Rückschau erfaßt worden, als Sie die acht Reden zusammenlasen. Nicht im Sinne einer nur historischen Rückschau — dazu dürfen weder Sie selber sich noch die Reden Ihnen schon reif sein. Sondern im Sinn einer Selbstprüfung der Vergangenheit an der Gegenwart und für die Zukunft. Sie wissen, wie nahe verbunden ich mich gerade dem Schreiber dieses Vorworts fühle. Als ich es vor Monaten zuerst las, hatte ich Ihre Versicherung, daß Ihr gegenwärtiges Wissen, von dem zurück Sie Ihren vergangenen Weg überschauten, Ihnen nur Klärung, nicht Bekehrung bedeute, auf Treu und Glauben genommen. Jetzt, nachdem ich, diese Worte im Sinn, die früheren Worte wieder las, verstehe ich, wie Sie das sagen dürfen, aber auch, wie nur Sie es sagen dürfen. Denn das Wort bleibt ja nicht des Sprechers Eigentum; an wen es gerichtet ist, wer es hört, wer es aufliest, sie alle gewinnen Miteigentum; die Schicksale, die das Wort bei jenen erfährt, sind genau so sehr oder gar noch mehr seine Schicksale, als was sein ursprünglicher Sprecher noch mit ihm erlebte. Und für die Hörer und Leser der Reden müssen die Worte der neuen Vorrede schon zu einer Bekehrung und nicht bloß zu einer Klärung werden. Für Sie selber war es nur Klärung, denn Sie sind derselbe geblieben; Ihren Worten aber ist es eine Bekehrung geworden, sie sind wirklich verwandelte.

Da Ihre Worte nun aus den Nebeln der Mittelbarkeit in die Klarheit der unmittelbaren Rede getreten sind, da Sie nicht mehr gezwungen sind, den Geist zu beschwören und das Unbedingte zu bedenken, wenn Sie den nennen wollen, der freilich Geist ist und Unbedingtes, aber doch nur sofern er »ist«, und der in Wahrheit genannt werden will, wie er angesprochen wird — denn »wie sein Name, so ist sein Ruhm« —, so sprechen Sie nun auch zu andern Hörern, auch wenn es dieselben sind, die Ihnen schon bisher lauschten. Denn eine andre Schicht in der Seele Ihrer Hörer muß mitschwingen, wenn Ihre erneuerten Worte vernommen werden sollen. Auch Ihr Hörer kann jetzt nur sein, wer mit Ihnen aus der Mittelbarkeit in die Unmittelbarkeit zu treten vermag. Neue Hörer bedeuten aber stets auch eine neue Forderung; so wird der Lehrer durch seine eigene Tat an den Schülern schließlich doch selber verwandelt; oder wenigstens, er muß bereit sein, wenn nicht sich selber, so doch sein Wort verwandeln zu lassen. Und grade die Provinz seiner Lehre muß solcher Verwandlung von außen gewärtig sein, die von der eigenen Verwandlung, durch welche die neuen Schüler herangezogen wurden, am wenigsten berührt ist. Denn die Verwandlung wird erst dann ganz wirklich, wenn sie den ganzen Bereich der Lehre ergriffen hat.

Sie wissen, um welchen Punkt es mir geht. Er wird in den acht Reden immer wieder berührt, bis die achte ihn breit in die Mitte der Betrachtung rückt. In den älteren Reden tritt das Problem des Gesetzes eigentlich nur auf um der sozusagen systematischen Vollständigkeit willen. In den beiden letzten spürt man, daß es, für Ihre Hörer mindestens, wenn auch nicht für Sie selbst, erhöhte Gegenwärtigkeit gewonnen hat. Zuletzt rückt es, mit dem Zwillingsproblem der Lehre zusammen, unter das aktualisierende Licht der Frage: was sollen wir tun? Aber während jenes Zwillingsproblem bis dahin eine sichtbare

Entwicklung erfahren hat, so daß die Antwort hier in dem Augenblick kommt, wo die Frage ganz reif ist, scheint die Frage des Gesetzes noch 1919 kaum anders gestellt zu werden als schon 1909. Diese Ungleichheit ist es, die mir den Mut gibt, Ihnen das alte Urteil noch einmal zur Revision vorzulegen. Mag Ihnen auch heut und hier nur eine theoretische Klärung möglich sein, so wäre auch die gut. Spreche doch auch ich selber in dieser Sache nicht aus der Erfahrung des Ziels, sondern nur aus der des Suchens und des Wegs.

Jene Entwicklung, die ich am Begriff der Lehre wahrzunehmen glaube, geschieht an dem, was Sie das unsichtbare Judentum nennen. Das scheint anfangs ein ganz fester Begriff, ein literarisch klar umgrenzter Bezirk, etwa der Prophetismus gegenüber dem Gesetz, die Chassidut gegenüber der Mitnagdut. In den späteren Reden — irre ich mich? — wird es ein immer verzweigteres Stromnetz, das, so möchte man schließlich glauben, das oberirdische in die Tiefe überall begleitet. Aber in der letzten Rede, unter dem Flammenblick jener aktualisierenden Frage, ist es noch anders geworden: dieselben Gewässer sind es nun, und nur auf die schöpfende Hand kommt es an, ob sie die tieferen Fluten erreiche. Denn so umschreiben Sie hier die Aufgabe unsres jüdischen Lernens, daß ihm nichts, schlechthin nichts Jüdisches mehr fremd sein darf. Da gelten nicht mehr jene Unterscheidungen eines »Wesentlichen« und »Unwesentlichen«, mit denen man uns das neunzehnte Jahrhundert lang hingezogen hat; eben im »Unwesentlichen« haben wir nun das auch in ihm verborgene Wesen zu erkennen, und das »Wesentliche« anzunehmen, wie es uns in der Wirklichkeit des jüdischen Lebens entgegentritt: gleicher Gestalt mit dem »Unwesentlichen«, ja oft erst von ihm die Gestalt leihend. Wenn so dem Anschein nach sich Wesenhaftes und Unwesentliches für dieses Lernen so vermischen, daß vor dem allgemeinen »dieses auch« alle inneren Unterschiede verschwinden, um deren Anerkennung der Liberalismus, und nicht erst er, sondern immer schon die moralischen und philosophischen Bewegungen auch früherer Jahrhunderte, gekämpft hatten, so weisen Sie nun auf ein neues Auswahlprinzip, durch das der unendliche Lernstoff, den Sie ausbreiten, wieder zur Lehre werden kann, ein Prinzip, das vertrauenswürdiger ist als alle, die man hat aufstellen wollen, denn es ist nicht selber ein Teil des Stoffes; es ist überhaupt kein Prinzip, sondern eine Kraft. Denn dies bedeutet es, wenn Sie von dem Lernenden verlangen, daß er im Lernen sich selber einsetzt, sich selber der Kette der Überlieferung als neues Glied anfügt und so, nicht mit seinem Willen, aber mit seinem Können, zum Wählenden wird. Was so aus dem in all seinen scheinbaren und vor allem in seinen wirklichen Widersprüchen aufgenommenen Wissen der Jahrhunderte in uns Lernende eingeht, das wird uns zur Lehre. Wir wissen nicht vorher, was jüdische Lehre ist oder nicht ist, und wenn es uns einer sagen will, so wenden wir uns unwillig und ungläubig ab; wir hören aus der zum Überdruß zitierten Geschichte von Hillel und dem Proselyten den lächelnden Spott des Weisen heraus und halten uns an sein letztes, nicht an sein erstes Wort: geh und lerne. So aber hört die Lehre auf, »Wißbares« in dem Sinne eines vorhandenen Etwas, eines »Stoffes« zu sein; der Stoff will freilich gewußt, gelernt sein, will es grundsätzlich sogar in weiterem Umfang, als es nicht bloß von den Vertretern des »Judentums auf einem Fuß«, sondern auch in weiterem, als es im klassischen Lernen alten Stils verlangt wurde; denn die »Bücher von draußen«, die jenseits des Gesichtskreises, und die »Weiberbücher«, die unter der Würde jenes klassischen Lernens lagen, treten nun auch und als Gleichberechtigte in den Kreis des zu umfassenden Stoffs. Aber all dies Wißbare und zu Wissende ist noch nicht das Wissen, all dies Lehrbare und zu Lernende noch nicht die Lehre. Lehre beginnt erst da, wo der Stoff aufhört, Stoff zu sein, und sich in Kraft verwandelt — in Kraft, die nun selber den Stoff, und sei es um das bescheidenste Wort, vermehrt und so aus jener behaupteten Unendlichkeit des Stoffes erst eine Wahrheit macht. Der Weg zur Lehre, wenigstens der Heerweg, der einzige, den man jedem Frager mit gutem Gewissen und mit der begründeten Aussicht, daß er ihn auch finden werde, weisen darf, führt über das »Wißbare«, aber die Lehre selber ist nicht wißbar, sie ist immer nur ein Zukünftiges, und die Frage dessen, der heute nach ihr fragt, ist vielleicht schon ein Teil der Antwort, die morgen einem andern gegeben wird, und sicher das Hauptwort der Antwort, die ihm selber, dem heute Fragenden, einmal wird. Nein, die Lehre ist kein Wißbares, sie ist nur mein und dein und unser Wissen.

Wenn Sie so die Lehre uns aus der prunkvollen Armut einiger Grundbegriffe, auf die sie das neunzehnte Jahrhundert — nicht es zuerst, aber es zuerst mit praktischem und folgenreichem Ernst — einschränken wollte, erlöst und uns dadurch von der schon nahen Gefahr befreit haben, daß wir unser geistiges Judesein abhängig glauben mußten von der Frage, ob wir Kantianer zu sein vermochten oder nicht, so ist es um so merkwürdiger, daß, wenn Sie unmittelbar nach jener befreienden Wegweisung zur neuen Lehre uns die andre Seite der Frage »Was sollen wir tun?« zu beantworten suchen, die Frage des Gesetzes, Sie dies Gesetz, und uns mit ihm, ganz in den Fesseln stecken lassen, die das neunzehnte Jahrhundert auch um es, so gut wie um die Lehre, geschlagen hat. Denn was Sie hier als legitime Vertretung des Gesetzes anerkennen, um sich mit ihr auseinanderzusetzen und um ihr nach geschehener und, wie nicht anders zu erwarten, fruchtlos verlaufender Auseinandersetzung den Rücken zu kehren und sich und uns Fragende auf die ehrfurchtsvolle, aber praktisch indifferente und persönlich abstinente Kenntnisnahme als einzige Aufgabe zu verweisen —, ist das denn das jüdische Gesetz, das Gesetz der Jahrtausende, das gelernte und gelebte, zerdachte und umsungene, all- und todestägliche, kleinliche und erhabene, nüchterne und sagenschwere, hauskerzen- und scheiterhaufenflammenumstrahlte Gesetz? Pflanzung die Akiba verzäunte und Acher einriß, Wiege der Spinoza entsprang, Leiter drauf der Baalschem aufstieg, das Gesetz, immer übersteigert, nie erreicht —, und doch stets fähig, zu jüdischem Leben zu werden und zu jüdischen Gesichtern? Ist das, wovon Sie sprechen — und sage ichs gleich: wahr sprechen —, nicht vielmehr nur das Gesetz der westlichen Orthodoxie des verflossenen Jahrhunderts?

Denn zwar auch hier sind die formelhaften Verengerungen nicht erst im neunzehnten Jahrhundert geschaffen; wie die Formeln, in die der Liberalismus der Reformer den jüdischen Geist zu bannen suchte, so können sich auch die Gründe, aus denen Hirschs »Jißroel-Mensch« das Gesetz halten soll, auf eine lange Ahnenreihe berufen; aber erst Hirsch und die ihm folgen haben auf die schmale Basis dieser Gründe ernstlich das jüdische Leben aufzubauen gesucht. Hat wohl je ein Jude früher, wenn er nicht gefragt wurde, gemeint, er hielte das Gesetz — und das Gesetz ihn — nur deswegen, weil es von Gott Israel unterm Sinai auferlegt sei? Gewiß, wenn man ihn fragte, so mochte vielleicht dieser Grund sich in seinem Bewußtsein nach vorne drängen, und die Gefragten von anlagewegen, die Philosophen, haben immer gern so geantwortet; und als von Mendelssohn ab unser ganzes Volk sich der Folter all dieser wahrhaft peinlichen Fragen unterzog und das Judesein jedes Einzelnen nun auf der Nadelspitze eines Warum tanzte, da mochte es an der Zeit sein, wenn ein Baumeister kam, der aus dem Gestein dieses Grundes eine Ringmauer zog, hinter der das von Fragen bedrängte Volk sich bergen konnte. Aber den fraglos Lebenden war dieser Rechtsgrund des Gesetzes nur einer neben andern gewesen und kaum der stärkste. Gewiß war die Tora, schriftliche wie mündliche, dem Mose am Sinai gegeben, aber war sie nicht vor der Welt geschaffen? mit Buchstaben finstern Feuers auf einen Grund von lichtem Feuer geschrieben? und war nicht um ihretwillen die Welt geschaffen? und hat nicht schon Adams Sohn Set das erste Lehrhaus gegründet, worin sie gelernt wurde? und haben die Väter ein halbes Jahrtausend vor dem Sinai sie nicht schon gehalten? und ward sie, als sie schließlich am Sinai gegeben wurde, nicht in allen Siebzig Sprachen der Welt gegeben? und umschloß sie nicht in ihren »613 Geboten«, dieser Zahl, die, im voraus aller Versuche, Unzählbares zu zählen, spottend, doch selber wieder nur der um die beiden aus dem Munde der Allmacht unmittelbar vernommenen Worte vermehrte Zahlwert des Worts Tora ist und die Summe aus den Tagen des Jahres und den Knochen des Menschenleibs —, umschloß sie nicht in dieser Zahl alles, was der Scharfsinn der Späteren, unseren Lehrer Mose selbst beschämend, in ihren Krönlein und Häklein noch entdeckte? ja auch was in Zukunft je und je ein eifriger Schüler in ihr finden wird? sie, die Gott selber täglich lernt? Und dieses Gesetz, diese Tora sollte Israel gehalten haben nur wegen der einen »Tatsache, die jede Täuschung ausschloß«, daß die Sechshunderttausend am Sinai die Stimme Gottes gehört hätten?! Gewiß: auch ihretwegen, aber nicht minder auch wegen all der zuvor genannten und wegen der andern, die den Alten aus jedem »Heute« der Tora spricht: daß auch die Seelen der Nachkommen mit jenen Sechshunderttausend am Sinai standen und vernahmen, was diese vernahmen. Dem ungefragten und fraglosen jüdischen Bewußtsein ist dies alles gleich sehr Tatsache wie jenes eine, und jenes eine um kein bißchen mehr als dies.

Nein, das Nur der Orthodoxie darf uns genau so wenig vom Gesetz zurückschrecken, wie uns das Nur des Liberalismus, nachdem Sie uns sehen gelehrt hatten, noch die Lehre verstellen konnte. Das Judentum umfaßt jene Nurs, aber nicht als Nurs. Das Gesetz kann genausowenig erledigt sein mit einem Ja oder Nein zu der pseudohistorischen Theorie seines Ursprungs oder der pseudojuristischen seiner Verpflichtungskraft, wie sie von Hirschs Orthodoxie als Grundriß ihres festen, aber engen und in all seinem Prunk unschönen Gebäudes aufgezeichnet wurden, wie die Lehre uns abgetan mit einem Ja oder Nein zu der pseudologischen Theorie der Gotteseinheit oder der pseudoethischen der Nächstenliebe, mit denen Geigers Liberalismus die Fassade des neuen Geschäfts- und Wohnhauses der emanzipierten Judenheit bemalte —, pseudohistorisch, pseudojuristisch, pseudologisch, pseudoethisch: denn ein Wunder ist keine Geschichte, ein Volk keine Rechtstatsache, Blutzeugentum kein Rechenexempel und Liebe nicht sozial. Sondern Gesetz und Lehre — zum einen wie zum andern führt uns der Weg nur, wenn wir wissen, daß wir noch an seinem Anfang stehn und jeden Schritt selber zu tun haben. Welches ist aber hier, beim Gesetz, der Weg?

Welches war er bei der Lehre? Ein Weg, der durch das ganze Gebiet des Wißbaren hindurchführte, wirklich hindurch, der sich nicht begnügte, nur einige erhöhte Aussichtspunkte zu berühren, ja der selbst dahin führte, wo frühere Zeiten es überhaupt nicht der Mühe wert gefunden hätten, Wege anzulegen — und der doch selbst dem, der ihn ganz durchlaufen hätte, nicht das Recht geben würde, zu sagen, nun sei er am Ziel; sondern immer dürfte auch ein solcher nur sagen: nun habe er den Weg durchmessen; aber das Ziel läge immer noch, auch für ihn, einen Schritt weiter, im Weglosen. Warum aber gleichwohl der Weg? führt er denn, führt irgendein Weg ins Weglose? Was hat der, der den Weg ging, voraus vor dem, der gleich den Sprung wagte, der ja auch ihm nicht erspart bleibt? Nur ein kleines, nicht wert so großer Anstrengung nach der Meinung der Menschen, und doch uns aller, der höchsten Mühe wert: nur dieser mühsame und ziellose Umweg durch das wißbare Judentum gibt uns die Gewißheit, daß der endliche Sprung aus dem, was mir wißbar, in das, was mir um jeden Preis zu wissen notwendig ist, der Sprung in die Lehre, zu *jüdischer* Lehre führt. Diese Not ist so für andre Völker gar nicht vorhanden. Der Mensch aus den Völkern, wenn er lehrt, lehrt in seinem Volke und in sein Volk, auch wenn er nicht gelernt hat; alles was er lehrt, wird seinem Volke zu eigen. Denn die Völker haben nur ein werdendes Gesicht, jedes das seine; keinem ist an der Wiege schon gesungen, wie es werden solle; keinem ist schon im Mutterschoß der Natur das Antlitz geprägt. So sind seine Großen erst Schöpfer und dann werden sie die Seinen. Unserm Volk aber, dem einzigen, das ursprünglich nicht aus dem Mutterschoß der nationengebärenden Natur hervorsprang, sondern — nie erhört! — herausgeführt wurde

»ein Volk aus dem Eingeweide eines Volks«, unserm Volke ward ein andres Los. Die Geburt selber ward hier zum großen Augenblick des Lebens, das bloße Dasein verband sich ihm schon mit seiner Bestimmung. Bevor es gebildet worden, war es, wie sein Profet, schon erkannt. Darum gehört ihm nur an, wer sich dieses bestimmenden Ursprungs besinnt; darum bricht aus ihm heraus, wer nicht mehr fähig oder willens ist, das neue Wort, das er spricht, »im Namen seines Sprechers« zu sagen und es so, und sich mit ihm, der goldenen Kette anzugliedern. Und darum ist diesem Volk das Lernen des Wißbaren die Bedingung, unter der allein die Lehre des Ungewußten ihm *seine* Lehre wird, und müssen seine Großen erst die Seinen sein, ehe sie schöpferisch werden.

Das alles gilt nun auch für das Tun und das Gesetz. Nur daß das Tubare, und auch das nicht mehr Tubare aber zu Tuende, nicht wie das Wissen gewußt werden kann, sondern nur getan. Aber von diesem schwerwiegenden Unterschiede einmal vorerst abgesehen, ist das Bild das gleiche. Wie dort durch alles Wißbare, so führt auch hier der Weg durch alles Tubare. Und der Kreis dieses Tubaren ist grundsätzlich ungeheuer erweitert gegen den Pflichtenkreis der Orthodoxie. Denn es gibt hier, wie es in der Lehre nicht mehr den starren Unterschied des Wesentlichen und Unwesentlichen, den der Liberalismus aufzustellen gesucht hatte, geben darf, nicht mehr den Unterschied von Verboten und Erlaubt, wie ihn, ebenfalls nicht ohne Vorgang und doch erst hier mit praktischer gestaltgebender Wirkung, die westeuopäische Orthodoxie des neunzehnten Jahrhunderts ausgebaut hat. Hier hatte die Grenzlinie Verboten-Erlaubt einen jüdischen Bezirk innerhalb des Lebens, das man führte, abgeteilt; was außerhalb dieser Linie lag, das Nichtjüdische, war, gesetzlich gesprochen, »erlaubt«; was innerhalb, war das Jüdische mit seinen Ge- oder Verboten. Grenzverschiebungen konnten, bei grundsätzlicher Wahrung der im inneren Bezirk geltenden Normen, vorgenommen werden nach der Methode des »Hetter«, des »Herauslernens« einer Erlaubnis aus dem Verbotenen selber —, an sich, wie auch jenes Zusammenfallen der Grenzlinie Verboten-Erlaubt mit der andern Jüdisch-Unjüdisch, in gewissem Sinn immer gültig gewesen und in der Tiefe begründet, dennoch aber erst von der Neuzeit zum umfassenden System ausgebildet. Nur subsidiär, nur wo der Bestand des jüdischen Lebens sonst in Frage gezogen wäre, nur da hatten vergangene Zeiten jene Grenze in solchem Sinn und die dann zu ihr als ihre notwendige Ergänzung gehörige Methode der Grenzverschiebung gekannt. Erst die Neuzeit machte, indem sie die Infragezíehung permanent machte, auch hier wie bei der Wesensfrage der Lehre die Antwort konstitutiv. Die Zukunft darf jene Grenze, jene Methode, überhaupt jene Unterscheidung, so aufgefaßt, nicht mehr kennen. So wenig wie in der Lehre von vornherein Unwesentliches, so wenig darf es für sie im Gesetz von vornherein »Erlaubtes« geben. Grade das, was die Orthodoxie grundsätzlich freigegeben hatte, grade das muß jüdisch geformt werden. In den Raum, der außerhalb jener Grenzlinie lag, tritt der Minhag, der Brauch, und der Taam, der Sinn, also ein Positives an Stelle des negativen »Erlaubt«. Wo lebendiges Judentum war, war das schon immer so; aber wenn man früher dieser Tatsache, wenigstens in Hinsicht des Minhag, offiziell kritisch oder mild-ironisch gegenübergestanden hatte, so wird sie in Zukunft vollen prinzipiellen Ernst gewinnen. Es darf grundsätzlich kein Bezirk des Lebens mehr preisgegeben werden. Um je ein Beispiel für die beiden Möglichkeiten zu sagen, die hier gemeint sind: wo jüdisch gegessen werden soll, da müssen die zahllosen nur mündlich von Mutter zu Tochter überlieferten Bräuche des Speisezettels ebenso unverletzlich sein wie die Trennung von Milch- und Fleischdingen; und wer am Sabbat einen Geschäftsbrief selber nicht aufmacht, darf ihn auch dann nicht lesen, wenn ein andrer ihn ihm öffnet. Überall muß dem Brauch und dem Sinn der gleiche Rang und die gleiche Unverbrüchlichkeit werden wie dem Gesetz.

Und dieses selbst, der innere Bezirk jener Abgrenzung —, auch es bleibt nicht unberührt davon, daß es nicht mehr gegen ein nur Erlaubtes sich abzugrenzen hat. Dem Erlaubten gegenüber war es ganz wesentlich Verbotenes gewesen; auch dem Gebot war irgendwie der negative Charakter aufgeprägt worden; der klassische Ausdruck für die Erfüllung der Pflicht, der etwa besagt: sich seiner Pflicht entledigen, bekam da eine verhängnisvolle Bedeutung, die er nicht haben konnte, solange das Heraustreten aus dem Bereich einer Pflicht nur das Eintreten in den Bereich einer andern bedeutete, die er aber sofort annehmen mußte, wenn rings um das abgegrenzte Reich der jüdischen Pflicht das Reich eines jüdisch ungeformten »Erlaubt« lag. Wie aber in der Lehre, wenn das »Unwesentliche« uns wesentlich wird, das Wesentliche selber etwas von der Farbigkeit des Unwesentlichen annimmt, so wird hier, nachdem der Brauch die Würde des

Gesetzes angenommen hat, das Gesetz teilhaftig der Positivität des Brauchs. Nicht mehr das Verbot, sondern das Gebot bestimmt seinen Charakter. Selbst das Verbotene wird, indem man es unterläßt, nun positiv. Man hält die Arbeitsverbote des Sabbats um des Ruhegebots willen, man empfindet in der Enthaltung von den verbotenen Speisen die Freude, mit dem Alltäglichen und Allmenschlichen des leiblichen Lebens noch Jude sein zu dürfen, das Unterlassen selber wird Tun.

Damit aber ist jene Grenzlinie durchbrochen; die beiden Welten, die des jüdischen Verbotenen und die des erlaubten Unjüdischen fließen ineinander. Es gilt nun kein Nebeneinander von jüdischem und unjüdischem Tun mehr; hier wie dort umzäunt uns überlieferte Form, dort wie hier umblüht uns gewachsene Freiheit. Das Reich des Tubaren ist ein eines geworden. In ihm sind nun beschlossen die Form, die, selbst wo sie versagt, von dem, der in sie eingeht, noch als eine Freiheit, ein Tundürfen empfunden wird; in ihm aber auch die Freiheit, die nun, selbst wo sie spielt, noch Form, ein Tunsollen, begründet. In diesem einen Reich des Tubaren liegt etwa die gesetzliche Ausschließung des Weibes aus der Gemeinde, doch nicht nach der Seite dessen empfunden, was dadurch versagt, sondern was dadurch geschaffen wird: das männliche, in bildhaftem Sinn kriegerisch-öffentliche Gesicht der Gemeinde — und liegt doch auch, und ebensosehr, der herrschende Rang im Haus, den ihr die Sitte gegeben hat und den der Mann in dem allsabbatlichen Eingangsgesang des biblischen Lieds von der Frauenkraft vor ihr bekennt und bekundet. Es liegt in diesem einen Reich das Verbot des Bildnisses, wieder nicht empfunden nach dem hin, was dadurch ausgerodet, sondern nach dem, was dadurch gepflanzt und gehegt wird: das Gefühl der Unvergleichbarkeit des Einzigen —, und nicht weniger doch auch das unendliche und unendlich verschiedenfarbige Gewand von Melodien, das der Lauf der Jahrhunderte um den Unsichtbaren und seinen Dienst gewoben hat. Es liegt darin der strenge Abschluß von den Völkern, den das Gesetz bis in die Einzelheiten des Alltagslebens erzwingt, auch er doch nicht empfunden nach der Seite des äußeren Abschlusses, sondern nach der des inneren Zusammenschlusses —, und liegt darin doch auch das Geschichtsgesetz der Assimilation, dem unter den Völkern keines aktiv und passiv so sehr unterstellt ist wie das messianische. Immer ist beides gleich verpflichtend, gleich kraftbindend und -entbindend. Immer ist das Tubare ein eines.

Aber wieder haben wir einzusehn, daß mit dieser vereinheitlichenden Ausweitung des jüdisch Tubaren noch nichts — wirklich getan ist. Alles Tubare und zu Tuende ist noch nicht Tat, alles Gebietbare und zu Gebietende noch nicht Gebot. Gebot aber, Gebot, das sich unmittelbar, im Augenblick, wo es vernommen wird, in Tat umsetzt, muß das Gesetz wieder werden. Es muß die Heutigkeit wiederkriegen, die alle großen jüdischen Zeiten als die einzige Bewährung seiner Ewigkeit empfunden haben. Es muß gleich der Lehre, erst da anzufangen sich bewußt werden, wo sein Inhalt aufhört, Inhalt zu sein, und sich in Kraft, unsre Kraft, verwandelt. In Kraft, die nun selber den Stoff wieder mehrt — um sich selber. Denn mag einer »alles« Tubare tun wollen, so wird er mit diesem gewollten Tun das Gesetz mitnichten erfüllen, es nicht so erfüllen, daß es ihm zum Gebot wird; zum Gebot, das er erfüllen muß, weil er es nicht unerfüllt lassen kann — wie es einst Akibas berühmtes Gleichnis von den Fischen ausgesprochen hat. Es kommt also letzthin nicht auf unsern Willen dabei an, sondern auch hier, auf unser Können. Auch hier geschieht das Entscheidende erst in der Auswahl, die aus der Fülle des Tubaren willenlos das Können vornimmt. Diese Wahl kann, eben weil sie nicht dem Willen aufgelegt ist, sondern dem Können, nicht anders als ganz individuell sein; denn zwar an den Willen kann sich ein allgemeines Gesetz fordernd wenden, aber das Können trägt sein eigenes Gesetz in sich; es gibt nur mein, dein, sein und auf ihnen aufgebaut nicht aller, sondern unser Können. Ob also viel oder wenig getan wird, ja ob überhaupt etwas getan wird, ist unerheblich gegenüber der einen unumgehbaren Forderung, daß nur aus der Kraft getan wird. Wie das Wissen alles Wißbaren noch keine Weisheit ist, so das Tun alles Tubaren noch keine Tat. Die Tat entspringt — ein Sprung auch hier! — erst an der Grenze des bloß Tubaren, da wo die Stimme des Gebots augenblickshaft den Funken von »Ich muß« zu »Ich kann« überspringen läßt. Aus solchen Geboten und nur aus solchen erbaut sich das Gesetz.

Wieder also wird uns selber das Werden des Gesetzes auf die Seele, in die Hände gelegt. So wenig wie bei der Lehre darf einer uns kommen und uns im voraus sagen wollen, was alles dazu gehöre und was nicht. Wir dürfen es nicht vorherwissen wollen, selbst wenn wir es könnten. Wir dürfen mit keinem Willen und mit keinem Wissen der unwissentlich-unwillentlichen Wahl unsres Könnens vorgreifen. Was wir vorher wissen dürfen, ist das Reich des Tubaren; was wir vorher wünschen dürfen, ist: daß unsre Tat in diesem Reich ihren Platz finde; ob sie ihn hier finde, steht schon nicht mehr bei uns, wenigstens soweit wir Wissen und Willen sind. Da wir es sind, soweit wir es sind, geben wir unserm Wissen, unserm Willen diese Richtung, diese Sphäre. Wir haben keine andre Gewähr, daß die wirkliche Tat, wenn sie entspringt, jüdisch sein wird, jüdisch, einerlei ob sie dann in jenem Reich des schon Tubaren Platz finden wird oder nur jenseits der Grenzen dieses Reichs. Ist dies letzte der Fall, so werden sich die Grenzen durch sie hinausrücken. Aber einerlei ob innerhalb oder außerhalb der alten Grenze, in jedem Fall ist es ein neues, ist es unser heutiges Gesetz, was so gesetzt wird, und doch gerade dadurch wieder — *das* Gesetz. Denn eben dies war es ja, was wir an dem Gesetz, wie seine neuen Hüter es uns entgegenhielten, vermißten und vermissen durften: daß das alte nicht auch zugleich ein neues war. Eben dieser Mangel an Heutigkeit war anerkannt, wenn durch jene Grenzlinie, von der ich sprach, das Leben von heute zum »Erlaubten« geworden war. Damit war dem Gesetz selber die Heutigkeit abgesprochen. Vergessen war die in ihrer Paradoxie schon den alten Erklärern übergewaltige Kühnheit, die den Mose des Deuteronomiums zu dem Geschlecht, das nicht am Sinai gestanden hatte, sprechen lassen konnte: Nicht mit unsern Vätern schloß Gott diesen Bund, sondern mit uns, uns, diesen, hier, heut, uns allen, den Lebenden. Dieser Kühnheit müssen wir standhalten. Uns ist jene innere Grenzlinie verwischt, und eine äußere muß es wohl geben — denn sicher erweitert nicht jede Tat, die im Gesetz, das wir kennen, keinen Platz findet, seine Grenzen, so wenig wie jede unsrer Erkenntnisse Lehre wird; aber wir können nicht wissen, ob es nicht doch geschehen wird: wir kennen die Grenze nicht und wissen nicht, wie weit die Pflöcke des Zelts der Tora hinausgerückt werden können und welche unsrer Taten bestimmt ist, sie hinauszurücken. Daß sie hinausgerückt werden, und durch uns, darf uns für sicher gelten; denn wie dürfte auf die Dauer etwas draußen bleiben; da würde ja die Grenze das, was sie nicht werden darf: starr und bekannt, wie jene innere zwischen Verboten und Erlaubt, die uns überflutet wurde; ja unversehens wäre sie wieder eine solche innere Grenze geworden und unserm Tun sein edelstes Erbe genommen: daß wir nur Söhne zu sein brauchen, um Bauleute zu werden.

Aber stellt uns nicht dies Wort des Talmud, das jeden Lehrvortrag beschließt, erst vor die schwerste Frage? grade uns! Sind wir denn noch Söhne, können wir es wieder werden? Liegt hier nicht der bedenklichste Unterschied zwischen Lehre und Gesetz, daß uns zwar die Rückkehr zu jener erlaubt ist, denn es ist bloß eine Rückkehr des Bewußtseins, bloß Selbstbesinnung, aber die Rückkehr zu diesem nicht, denn sie kann nicht im Bewußtsein allein geschehn, sondern nur im Tun selber, und das Tun verträgt keine Rückwendung, es kann nur vorwärts gehen; sieht es rückwärts, so wird es nicht wie das Wissen dadurch vertieft, sondern zur, höflich gesprochen, romantischen Schwärmerei und, unhöflich gesprochen, zur Lüge. Und zur gefährlichsten aller Lügen, zur getanen. Die gesagte Lüge kann leicht wieder gutgemacht werden; sie wird zurückgenommen; aber die Tat läßt sich nicht zurücknehmen. Ich möchte dieser Frage nichts von ihrem Ernst abziehen, sie stand hinter allem, was ich zuvor gesagt habe. Aber ich meine: wenn man sie noch ernster stellt, wenn man nämlich nicht bloß da, wo sie die Gefahr sieht, nichts abzieht, sondern auch da, wo sie keine Gefahr sieht, etwas zulegt, so ist sie schon beantwortet. Ich glaube nämlich nicht an die Ungefährlichkeit einer Rückkehr im Bewußtsein. Eine geistige Seuche, wie es jede Romantik ist, wird nicht damit aus der Welt geschafft, daß man ihren Herd zerstört. Die gesagte Lüge läßt sich in ihren Folgen ebensowenig widerrufen wie die getane. Und der Weg des Gedankens ist genausowenig ein Krebsgang wie der Weg der Tat. Auch der Gedanke setzt einen Fuß vor den andern. Es ist im Leben des Geistes ein ganz besonderer Fall, wenn er gefahrlos rückwärts sehen darf oder wenn es ihm sogar heilsam ist, es zu tun. Selbstbesinnung kann zum geistigen Selbstmord werden. Wann tritt dieser Fall ein, wann der andre? Das Leben des Geistes ist so sehr ein wirklicher einsinnig gerichteter Lebens*lauf*, daß er wie jeder einsinnige Ablauf beständig Totes abscheidet; nur um diesen Preis wird ihm die Erneuerung gewährt; jedes Geborenwerden kostet ein Sterben. Diese toten Körper werden nun unter Umständen noch lange im Strom mitgetragen; es ist ein Zufall, wenn sie einmal ans Ufer geschwemmt werden. Da nun der Strom des Geistes nicht in all seinen Teilen die gleiche Geschwindigkeit hat, sondern immer Wellen vorauseilen, während andre nur langsam folgen, so ist es um der Gesundheit, nämlich um des Zusammenhangs des Ganzen willen gut, wenn von Zeit zu Zeit die Vorausgeeilten anhalten und, den Blick rückwärts gewandt, die Zurückgebliebenen erwarten. Nichts andres ist, was man Selbstbesinnung nennt, beim Einzelnen wie bei geistigen Ganzen. Und die Gefahr dieses Blicks rückwärts ist nun, daß man das nur noch mitgeschleppte Tote nicht unterscheidet von dem nur langsamer und deshalb noch quellnäher strömenden Lebendigen und auf jenes wartet, als wäre es dieses. Die Folge ist dann, daß von den toten, doch für lebendig gehaltenen Körpern der Strom sich staut und sein Wasser versumpft. Es ist also für den Geist — und zwar ganz gleich für den schauenden wie für den tätigen — lebenswichtig, ob er die Instinktsicherheit hat, bei solchen Rückgriffen Totes und Lebendiges auseinanderzukennen. Die künstliche Erneuerung veralteter politischer Institutionen ist nicht gefährlicher als die eines toten Glaubens. Beispiel des einen sind die ständischen Sommernachtsträume Friedrich Wilhelms IV. im Gegensatz etwa zu der Wiederbelebung des in Englands Recht noch lebendig erhaltenen Gedankens der Geschworenengerichte im Europa des vorigen Jahrhunderts; Beispiel für das andere wären etwa die wotanischen Bemühungen in deutsch-völkischen Kreisen, im Gegensatz wieder zu der Besinnung auf den alten Volksglauben in der Form, die er schon im Kampf mit dem fremden Weltglauben annahm, wie sie in der Wiederentdeckung der Sage einer-, des Märchens andrerseits der deutschen Bildung des neunzehnten Jahrhunderts geschehen ist.

Die Gefahr ist also die gleiche und nicht geringer für das Wissen als für das Tun. Aber auch die Möglichkeit ist die gleiche. Sie liegt in dem, was ich eben als Instinkt für Totes und Lebendiges bezeichnete. Dieser Instinkt kann irren, aber seine Irrtümer sind für die Völker nur selten lebensgefährlich, weil auch die Rückwendung selbst nur seltene Male in der Geschichte den Völkern zur Lebensnotwendigkeit wird. Das ist für unser Volk anders. Ihm ist das Leben nicht der einsinnige Ablauf wie jenen. Unsre Geschichtslosigkeit oder, positiv gesagt, unsre Ewigkeit macht uns alle Augenblicke unsrer Geschichte gleichzeitig. Die Rückwendung, das Aufholen des Zurückgebliebenen wird hier zur ständigen, nicht wie für Völker nur zur historisch-zeitweiligen Lebensnotwendigkeit. Aber freilich zur *Lebens*notwendigkeit — wir müssen in unsrer Ewigkeit *leben* können. Deshalb genügt uns gegen die Gefahr jener Rückwendung nicht der Schutz, der Völker, für die jene Notwendigkeit und Gefahr nur etwas Gelegentliches bedeuten, wohl genügen darf: der Schutz des Instinkts muß für uns mit stärkeren Sicherheiten umgeben sein. Diese Sicherheiten liegen in dem, was ich zuvor immer wieder als Letztentscheidendes angerufen habe: in unserm Können. Die Einsetzung dieser Berufungsinstanz könnte höchste Frivolität sein, wenn sie nicht höchster Ernst wäre. Im höchsten Ernst hat der Midrasch Israels freies Annehmen des Gotteswortes »unterm« Sinai in ein gezwungenes, *gott*gezwungenes umgedeutet: Er stülpte den Berg über sie wie ein Faß, bis sie annahmen. Wir mögen das unsre tun, um Hindernisse, die fortzurücken in unsrer Macht steht, zu beseitigen; wir dürfen unser Können freimachen und sollen es. Aber die letzte Wahl ist unserm Willen entzogen und unserm Können vertraut.

Freilich, sowie das Können kann, kann es nicht mehr anders; es wird Nichtanderskönnen, Müssen. Kein wählend-prüfender Instinkt ist so bei uns damit betraut, die Gefahren der Rückwendung abzuwehren, sondern unser ganzes Sein. Denn das heißt ja schließlich die Berufung ans Können. Wie unser ganzes Sein, und in jedem Augenblick, vor die Aufgabe der Heimkehr gestellt ist, nicht wie bei den Völkern nur einzelne Schichten und Provinzen des Seins und nur in gewissen historischen Augenblicken, so muß auch das Aufnehmen der Aufgabe durch unser ganzes Sein geschehen. Die Entscheidung, die aus dem Können geschieht, kann nicht irren, weil sie ja gar nicht zu wählen, nur zu gehorchen hat. Eben darum kann auch keiner den andern zur Rede stellen, obwohl jeder den andern lehren kann und muß; denn was einer kann, weiß er nur selber; die Stimme des eignen Seins, der er zu gehorchen hat, wird nur von seinem eignen Ohr vernommen. Auch weiß keiner, ob nicht im Nichtkönnen des andern mehr Bauarbeit an der Lehre und am Gesetz geschieht als im eignen Können. Nur daß uns allen die Möglichkeit, zu können, gegeben ist, das wissen wir. Denn was den Völkern eine seltne und schwere Aufgabe ist, jene Rückwendung im vorwärtsdrängenden Strom des Lebens — denn sie fühlen sich gemeinhin nur als Zeit- und Raumgenossen und höchstens an Fest- oder an Schicksalstagen der Volksgemeinschaft als die Kette der Geschlechter —, das ist uns das Grundgefühl des gemeinsamen — und auch des einsamen — Lebens: das Gefühl, Kinder der Väter zu sein und Ahnen der Enkel. Darum dürfen wir erwarten, uns irgendwie und irgendwann in jedem Wort und in jeder Tat der Väter wiederzufinden, und hoffen, daß unser Wort und unsre Tat für die Enkel nicht ungesprochen und nicht ungetan sein wird. Denn wir sind, die Schrift schreibt es, »Kinder« und sind, die Überlieferung liest es, »Bauleute«.

Ich habe gesagt, was ich sagen wollte. Habe ich es Ihnen gesagt? Insofern ich an Ihre Rede anknüpfte, und insofern mir diese Rede den Antrieb gab, Dinge heute auszusprechen, die ich früher nur nach und aus der vollen Erfahrung eines Lebens auszusprechen dachte und die auszusprechen ich jetzt nicht mehr erwartete — insofern gewiß. Und daß grade Sie, der Sie den einen Weg zur Tora uns neu erschlossen haben, nicht sehen können sollten, was uns heute auch auf dem andern treibt, das mochte ich nicht glauben. Mehr als Ihnen sichtbar machen, was in uns vorgeht, durfte ich nicht wollen, durfte es gerade nach dem, was ich meine, nicht. So darf ich wohl guter Hoffnung sein, daß meine Worte von Ihnen, dem sie zugesprochen sind, mit offenem Auge — denn an Ihr Auge mehr als an Ihr Ohr sind sie gerichtet — aufgenommen werden. Schwerer drückt mich etwas andres. Ich sprach nicht für mich allein — das wäre vermessen gewesen und auch dem Inhalt dessen, was ich zu sagen hatte, zuwider. Aber ich könnte die »Wir«, aus deren Mund ich sprach, nicht mit Namen bezeichnen. Nicht wenige, die ich kenne, gehören dazu, mehr wohl noch, die ich nicht kenne. Aber wohl keiner von ihnen würde mit allem mitgehen, was ich hier gesagt habe. Dennoch ist es auch für diese mitgesagt. Es eröffnet ein Gespräch, das, hoffentlich mehr mit Taten und Lebensläufen geführt als mit Worten, unter denen, die ich in meinem »Wir« zusammenzuschließen mich unterfing, nicht mehr zur Ruhe kommen soll. Dann mögen meine Worte, die es eröffneten und nur eröffnen konnten, ruhig in den Worten der andern verschallen. Das erste Wort ist nur gesprochen um des letzten willen. Und dies mein verfrühtes »Wir« soll einst schweigen im letzten.

Göttlich und menschlich

(Ende November 1924)

Lieber Martin Goldner,
lieber Nachum Glatzer,
lieber Hans Epstein,
liebes Fräulein Fürth,

Nachums Wort, nur die Erwählung des Volkes selber sei von Gott und alles Einzelne im Gesetz sei nur von Menschen, hat mich betroffen[1]). Ungefähr so hätte, und habe es vor mir selber, ich auch formuliert; aber wenn man von einem andern seine eigene Meinung hört, wird sie einem plötzlich problematisch. Kann man wirklich eine so starre Grenze zeichnen zwischen dem was göttlich und dem was menschlich ist? wobei es ja ohnehin klar ist, daß zu Auserwähltheit auch ein Gesetz, das Gesetz im ganzen gehört, durch das sich die göttliche Wahl in menschliches Wählen, die Passivität des Berufen- und Ausgeschiedenseins in die Aktivität der scheidenden und dadurch entscheidenden Tat umsetzt; und nur daß oder wie weit sich dieses Gesetz überhaupt, dieses Gesetz der Erwählung mit dem überlieferten jüdischen Gesetz decke, nur das ist uns zweifelhaft. Und zweifelhaft doch wohl mit jenem echten Zweifel, der ebenso bereit ist, sich zum Ja belehren zu lassen wie zum Nein.

Wie ich darüber nachdachte, fiel mir eine andre Grenze ein; die zwischen dem, was von Gott aussprechbar und erfahrbar ist. Aussprechbar, objektiv formulierbar ist da bekanntlich (nicht be*kant*lich) höchstens das Allerallgemeinste, nämlich daß er »ist«, erfahrbar aber ist sehr viel, unendlich viel. Jenes Aussprechbare, etwa gar Beweisbare, verhält sich zu dem andern wie die leere Mitteilung, daß zwei Leute verheiratet sind, oder gar der vorweisbare Trauschein, zu der allstündlichen Wirklichkeit der Ehe. Davon ist keinem Dritten Mitteilung zu machen, sie geht niemanden etwas an, und dennoch ist sie das Eigentliche, und jenes Objektive bekommt erst durch dieses ganz Pri-

[1]) F. R. antwortet hier auf einen Bericht über eine Lehrhaus-Aussprache.

vate, Unmittelbare überhaupt Inhalt. So daß schließlich selbst jene allgemeinste Tatsache der Ehe erst da wirklich wird, wo sie aus der objektiven Aussprechbarkeit heraus und in das Geheimnis der Fest- und Erinnerungstage des Privatlebens hinein tritt. Genau so ist das, was der Mensch von Gott erfährt, zwar schlechthin unmittelbar, und wer davon erzählt, macht sich lächerlich; die Scham muß auch diese Zweieinsamkeit umhüllen; und dennoch weiß jeder, daß dies Unaussprechliche keine Selbsttäuschung ist (für die es freilich der Dritte halten darf — wer den Psychologen vors Messer läuft, hat es sich selbst zuzuschreiben, warum schwätzt er?), sondern die eigene Erfahrung in ihrer Unaussprechlichkeit ist erst, auch hier, die Erfüllung und Verwirklichung der aussprechbaren Wahrheit. Man muß sie nur — machen.

Und nun meine ich, ebenso wie bei dieser Fülle der Erfahrungen, von denen doch immer nur die gilt, die gerade gemacht wird, und nur dem gilt, von dem sie gemacht wird, ebenso liegt die Sache auch für das Einzelne im Gesetz. Auch hier ist die Grenze der gottmenschlichen Beziehung nicht starr festgelegt; was festliegt, ist auch hier nur die Grenze zwischen Aussprechbarem und Unaussprechbarem. Aussprechbar, theologisch formulierbar, so daß auch ein Christ ihn als »Glaubensinhalt« verstehen kann, ist jener Zusammenhang Erwählung-Gesetz; kein einzelnes Gebot, keine einzelne Mizwo ist einem Außenstehenden, mag er noch so guten Willens und Verständnisses sein, als »religiöse« Forderung begreiflich zu machen. Während uns jener allgemeinste theologische Zusammenhang selbst doch erst da und dann lebendig wird, wo wir ihn selber als einzelnes Gebot erfüllen dürfen und er aus der Objektivität einer theologischen Wahrheit in das Du des Lobspruchs tritt: wenn der zur Tora Aufgerufene den vorherigen und nachherigen Dank für das Gesetz mit dem Dank für die »nationale« Erwählung aus allen Völkern und die »religiöse« zu ewigem Leben in eins schmilzt.

Die religiöse Unbegreiflichkeit des einzelnen Gebots ist auch hier keine Unbegreiflichkeit schlechthin. So wie der Schüler James' jede »religiöse Erfahrung« religionspsychologisch zu kategorisieren versteht und der Schüler Freuds sie in die Elemente der alten ewigneuen Geschichte auflöst, so kann der Schüler Wellhausens jedes Gebot zu seinem menschlichen, volksgeschichtlichen Ursprung hin verfolgen, der Schüler Webers es aus der eigentümlichen Struktur dieses Volks ableiten. Wie die psychologische Analyse in der Selbsttäuschung die Auflösung aller Rätsel findet, so die historische Soziologie im Massenwahn. Wie dort nur der übermenschliche Zusammenhang, so darf hier nur der innervölkische wirklich sein; ein Selbstgespräch des Volkes, kein Gebot eines Gebieters ist das Gesetz. Wir wissen es anders, nicht immer und nicht in allem, aber immer wieder und wieder. Denn wir wissen es nur, wenn wir — tun.

Was wissen wir im Tun? Gewiß nicht, daß all jene historisch-soziologischen Erklärungen falsch seien; aber sie werden zu Äußerlichkeiten und Nachträglichkeiten gegenüber der im Tun, im rechten Tun erfahrenen Wirklichkeit des Gebotes. Und ebensowenig, ja noch weniger, ist da Raum für die entgegengesetzte Weisheit, bei der wir uns wohl in schwachen und leeren Stunden gern beruhigen möchten: daß jene innervölkischen Erklärungen wahr seien, und daß die verpflichtende Kraft des Gesetzes darauf beruhe, daß sie allein die Einheit des Volks im Raum und über die Zeit gewährleistet; auch solche kleinmütige Klugheit liegt hinter und unter dem Augenblick des Tuns. Sondern in diesem Augenblick wissen wir gar nichts andres als eben diesen Augenblick, ihn aber in der ganzen gott-menschlichen Wirklichkeit des Gebots, aus der wir sagen dürfen: Gelobt seist Du.

Nur so, nur in dieser Unmittelbarkeit, ist Gott im einzelnen Gebot — nicht aus-, sondern nur anzusprechen. Wer ihn aussprechen möchte, dem wird der Unaussprechliche zum Unauffindbaren. Die Stimme des Gebieters vernimmt man nur im Gebot. Es ist unmöglich, bloß vom geschriebenen Wort her, mag es auch noch so gut sich zu den eigenen Gedanken fügen, so an die Vollendung der Schöpfung zu glauben, wie man daran glaubt, wenn man den Sabbat halten und mit dem »Und es waren vollendet« einweihen darf. Nicht so als ob das Tun das Vernehmen zur unausweichlichen Folge hätte. Aber man vernimmt anders, wenn man im Tun vernimmt. Alle Tage im Jahr mag mir Bileams redende Eselin ein Märchen sein; am Sabbat Balak, wenn sie aus der ausgehobenen Tora zu mir spricht, nicht. Was denn? Das kann ich heute nicht sagen; wenn ich es heute, nach-denkend, versuchen würde, so käme auch nur eine derart nachträgliche Weisheit heraus wie die, daß es ein Märchen sei. An jenem Tage aber, zu dieser Stunde ist es — nun, jedenfalls kein Märchen. Sondern das was mir, wenn ich das Gebot der Stunde, nämlich die Ohren aufzumachen, zu erfüllen imstande bin, gesagt ist.

Das Aussprechbare steht am Anfang unsres Wegs. Das ist das Besondere unsrer Situation; wir sollen sie nicht verleugnen, aber wir müssen uns über sie klar sein. Die des heimischgebliebenen Juden ist eine andre. Herr Rosenheim, Carrys Vater, sagte zu einem jungen Mann, der ihm eingestand, er glaube nichts mehr, liebe aber jede einzelne Mizwo: Du kannst sie unbedenklich alle halten, nur zur Tora laß dich so lange nicht aufrufen. Uns ist grade diese Mizwo, die aus dem Aussprechbaren ins Unaussprechliche führt, die unsrer Liebe zugänglichste, und unter den andern sind uns viele fremd. Grade zum Ganzen hat uns unser Weg wieder geführt, aber das Einzelne suchen wir.

Nicht also zwischen Göttlich und Menschlich geht, meine ich, die Scheidung zwischen dem Ganzen und dem Einzelnen hier, sondern zwischen einem, dessen Herkunft wir erkennen in aussprechbarer, mitteilbarer, formulierbarer Erkenntnis, und einem andern, dessen Herkunft wir nicht minder erkennen, aber nur in unaussprechbarer, unmitteilbarer und unmittelbarer Erkenntnis und was nur so in dieser Art von Erkenntnis glaubhaft erkannt werden kann. Ich würde nicht wagen, irgendein Gebot deswegen, weil mir noch nicht erlaubt ist, in rechter Weise darüber zu sprechen: Gelobt seist *Du,* für menschlich zu erklären. So wenig wie ich mir die Göttlichkeit des Ganzen, die mir mit Ihnen gewiß ist, anders vorstellen kann als im Sinne jener gewaltigen Nobelschen Fünfminutenpredigt über die Gotteserscheinung vor Abrahams Zelt: Und es erschien *Gott* dem Abraham — und er hub seine Augen auf — und siehe da: drei *Menschen.*

Es grüßt Sie alle Vier Ihr alter, über das junge Leben im Lehrhaus sehr froher Franz Rosenzweig.

Neues Denken

(Aufsätze aus den Jahren 1914—1925)

Atheistische Theologie

(1914)

Die folgenden Blätter sollen eine noch junge, doch wie es scheint wirkungsstarke Richtung im modernen Judentum schildern und Bedenken gegen sie erwecken. Als Mittel dazu diene der Vergleich. Ob es am Platze ist, muß die Ausführung beweisen.

Seit einigen Jahren vollendet sich in der protestantischen Religionswissenschaft ein auch für den außenstehenden Zuschauer merkwürdiges Schauspiel: der Ausgang der Leben-Jesu-Theologie. Schon ehe Drews mit unzureichenden Mitteln ihr den Todesstoß zu versetzen suchte, war sie innerlich am Ende gewesen; die Kämpfe um die Geschichtlichkeit Jesu haben das bloß weithin sichtbar gemacht; die eigentliche Arbeit war schon vorher geschehen.

Die Wurzeln dieses Teils der liberalen Theologie, der im neunzehnten Jahrhundert mehr und mehr zum Mittelpunkt des deutschen Neuprotestantismus geworden war, gehen zurück bis ins achtzehnte Jahrhundert. Nicht zwar in jenen bekannten Versuchen des Wolfenbüttler Fragmentisten und in verwandten unbedeutenderen Früherscheinungen der Leben-Jesu-Forschung dürfen die Anfänge der Leben-Jesu-Theologie gesucht werden; diese Produkte der Aufklärung sind ein Stück primitiv-kritischer Geschichtswissenschaft, nicht aufbauend-systematischer Theologie. Die Vorbedingungen einer solchen lagen im achtzehnten Jahrhundert vielmehr in den Ansätzen Lessings, Herders, Kants und vieler kleinerer um sie herum, das menschliche Leben Jesu als das Leben des großen Lehrers und das Christentum als die Lehre dieses Lehrers darzustellen. Darstellen hieß herstellen. Gelang es, in der »Lehre Jesu« die geistigen Kräfte aufzuzeigen, die fähig waren, noch der Gegenwart lebendigen Inhalt zu geben, so war als möglich erwiesen, Christentum jenseits des Dogmas von Christus zu haben. An die Stelle der »Religion an Jesum« trat, um mit Lessing zu reden, die »Religion Jesu«. Die Aufklärung konnte — wohlgemerkt, wenn es möglich war — ihren Frieden mit der stärksten Geistesmacht der

Vergangenheit schließen; das wahre Christentum, eben das Christen
tum Jesu, lehrte nichts andres, als sie selber; nur die Kirche, die da
Christentum Jesu durch den Christus des Christentums verdeckt hatte
war zu beseitigen: das Christentum selber blieb in Kraft, ja trat ers
jetzt wieder in seiner reinen Urgestalt ans Licht. Statt den Gottmen
schen zu glauben, galt es sich von dem Lehrer belehren zu lassen.

Es erwies sich als unmöglich. Eben die Einsicht der Romantik, daß
nicht Lehre, und lehrte sie die Wahrheit selber, die Welt zu beherr
schen berufen sei, sondern nur lebendig wirkende »Individualität«
ließ die Auffassung Jesu als des Lehrers veraltet erscheinen, noch eh
sie recht hatte ausgebildet werden können. Ein »Lehrer« konnte nu
nach der neuen Vorstellung der nicht gewesen sein, mit dessen Er
scheinen »die Zeit erfüllet« sein sollte. Schleiermacher fand das lö
sende Wort, daß »das Hervortreten einer Offenbarung in einer Ein
zelperson in der menschlichen Natur vorbereitet und als die höchst
Entwicklung ihrer geistigen Kraft« anzusehen sei. Nicht »Lehrer
also, sondern »Persönlichkeit« war das menschliche Wesen Jesu, wor
aus das Christentum entsprang, heute wie dereinst vor 1800 Jahren
»Persönlichkeit« — das war kein einmal vorlängst Gewesenes, kei
totes Gegenständliches; die Zeitgenossen Goethes hatten sehen gelernt
daß einem Menschenleben, alles Geleistete ungerechnet, ein Sein inne
wohnt, das sich der tötenden Macht der Geschichte entzog. Nach die
sem Gedanken, so schien es, konnte man nun das Dasein Jesu fassen
mußte man es fassen, wenn man dem Dogma auszuweichen einma
entschlossen war.

Straußens großartiges noch aus Hegelschem Geiste genährtes Unter
nehmen, die Entstehung des Christentums zu begreifen rein aus de
übermächtigen Notwendigkeiten der Geschichte und ihrer ewige
Wahrheit, scheiterte schließlich nicht an der Entrüstung der Zions
wächter, sondern an dem Widerspruch jener romantischen Richtung
der die Persönlichkeit als die starke geschichtliche Kraft galt. Kei
andrer als Strauß selber erkannte das im Grunde an, als er ein Men
schenalter nach dem ersten sein zweites »Leben Jesu« ausgehn ließ
worin die Erklärung des Christentums aus dem Wesen des Mytho
zurücktrat hinter dem Versuch, den Menschen Jesus als individuel
len Charakter zu umreißen.

Damals war diese Tendenz schon auf der ganzen Linie im Siegen
Strauß selber war bekanntlich in sie hineingerissen durch das Auf

sehen, das Renans aus den Ingredienzien der deutschen Geschichtsanschauung und -forschung zusammengebrautes Effektstück erregte. Seitdem blieb auf Jahrzehnte das Leben Jesu das Steckenpferd der liberalen Theologie. Die Zuversicht, mit der man das Ergebnis kritischer Geschichtswissenschaft in dem Allerheiligsten des Glaubens aufstellen zu können meinte, ist nicht zu verstehen, wenn man sich nicht jene allen gemeinsame Voraussetzung vom unendlichen Werte der Persönlichkeit gegenwärtig hält. Der Mensch, der aus der vorurteilslosen Betrachtung der Quellen unter allen tendenziös-dogmatischen Übermalungen sichtbar zu machen war, mußte eine ewige Kraft sein, denn — »keine Zeit und keine Macht zerstückelt geprägte Form, die lebend sich entwickelt«. Das Leben Goethes war die heimliche Voraussetzung dieses Leben Jesu, wie es die deutsch-liberale Theologie zum Glaubensbrennpunkt zu machen hoffte. Zeitstimmung und Einzelforschung waren im Bunde.

Die Zeit wie die Forschung tragen in sich selbst die Heilmittel gegen ihre Krankheiten. Das Gefühl, daß kein Mensch den andern versteht, daß Fremdheit gesetzt ist zwischen den nächsten so gut wie zwischen den fernsten und die Persönlichkeit in die Mauern ihrer eigenen Individualität eingeschlossen bleibt, begann zu rebellieren gegen jene Voraussetzung, nach der das Leben eines andern in seiner vollen menschlichen Einzigkeit erfaßt schlechthin allgemeingültig sein und ein Mensch als bloßer Mensch, ja gerade als solcher, der Menschheit das werden sollte, was ihr der Gottmensch des Dogmas hatte sein können. Die Forschung andrerseits fand sich bei zunehmender Selbstkritik öfter und öfter auf Wegen, die von jenem ursprünglich ins Auge gefaßten Ziel weitab führten: sie glaubte in dem menschlichen Bilde Jesu Züge zu entdecken, die ihn bei aller persönlichen Eigenart doch so tief in den geistigen Boden seiner Zeit und seines Volkes verwurzelt erwiesen, daß es immer schwerer erschien, diese »Fremdheit« des auf wissenschaftlichem Wege gewonnenen Wesensbildes noch mit dem aneignenden Gefühl zu überwinden. Schon wurden die auf der theologischen Rechten nie verstummten Bedenken auch auf der Linken, im eigenen Lager der Leben-Jesu-Theologie, laut. Der bloße Mensch vertrug das helle Licht des Glaubensbrennpunkts, in das man ihn hineinzustellen versucht hatte, nicht. War es möglich, ja vielleicht notwendig, ganz auf ihn zu verzichten, und, nachdem man mit der einen Hälfte des dogmatischen Paradoxons wahrer Mensch und wahrer Gott Schiffbruch erlitten hatte, nun auf die zweite zu rekurrieren? mußte an Stelle der historischen die philosophische Theologie, an Stelle der Leben-Jesu-die Christusidee treten? Oder gilt es wieder den Mut zum ganzen Paradoxon zu gewinnen? und wird es möglich sein, den Begriff der historisch-überhistorischen Offenbarung ins Zentrum der Wissenschaft zu rücken? Vor dieser Entscheidung steht im gegenwärtigen Augenblick das wissenschaftliche Bewußtsein des Protestantismus, von hier werden die Kämpfe der nächsten Zukunft entspringen.

Das jüdische Denken, von je in lebendiger Beziehung zur christlichen Wissenschaft, bisweilen, so in der Scholastik, der beeinflussende, bisweilen, so im neunzehnten Jahrhundert, der beeinflußte Teil, hat zu der geschilderten Bewegung keine unmittelbare Parallele aufzuweisen. Das Problem der Persönlichkeit konnte nach dem Wesen unsrer Dogmatik für uns nicht die zentrale Bedeutung gewinnen, die es für die christliche Dogmatik naturgemäß besaß. Nur in der allgemeinen geistigen Richtung hat unsre Wissenschaft hier die Geschichte der christlichen (und das heißt im neunzehnten Jahrhundert wesentlich: der deutschen) Theologie miterlebt. Nach den großen religionsphilosophischen Systemversuchen der ersten Jahrhunderthälfte, in denen zwar nicht in den philosophischen Leitgedanken, wohl aber in charakteristischen Eigentümlichkeiten der Methode die Überlieferung unsrer klassischen Religionsphilosophie wieder erneuert wurde, kam auch bei uns, gleich wie in der christlichen Theologie, eine Epoche der Flucht zur geschichtlichen Einzelforschung; mehr apologetische als selbständig systematische Leitgedanken haben hier jahrzehntelang das Gesamtbild dieser Forscherarbeit bestimmt. Cohens Ansätze zu einer streng rationalistischen Umdeutung des Offenbarungsbegriffs waren dann das bedeutendste Zeugnis des »Wiedererwachens der Philosophie« auch in unsrer Mitte. Und die letzten Jahre haben nun auch den Empfänger der Offenbarung im Judentum wieder zum Merkziel systematischer Betrachtung gemacht: das auserwählte Volk.

Jene älteren religionsphilosophischen Versuche des neunzehnten Jahrhunderts hatten diesen schwierigen Begriff unbedenklich zu machen gesucht; es war zu Erweichungen ähnlicher Art gekommen, wie sie in der klassischen deutschen Philosophie mit der Christusgestalt vorgenommen waren. So wie diese zum Gedanken des idealen Menschen entleert worden war, so wurde unter uns der Volksgedanke zur idealen Menschheitsgemeinde umgedeutet — und in beiden Fällen das harte

Merkmal des wirklich in die Geschichte getretenen und von aller anderen Wirklichkeit unterschiedenen Göttlichen verwischt. Es ist unschwer zu erraten, warum nicht auch in unsrer Mitte schon damals eine systematische Herausarbeitung des Volksbegriffs als tragenden Sockels des Judentums angestrebt wurde. Denn zwar konnte jene Vermenschlichung des bisher für göttlich Gehaltenen, wodurch sich die Aufgabe eines menschlichen Leben Jesu dem christlichen Theologen jener Zeit empfahl, auch als das verlockende Ergebnis einer s. v. v. Volksjudentums-Theologie erscheinen; aber während die Gleichung von Gottmensch und idealem Menschen ein menschliches Einzelleben Jesu als ihre natürliche Ergänzung auslösen konnte, wäre aus der entsprechenden jüdischen Gleichung von Gottesvolk und idealer Menschheitsgemeinde damals keine theologisch brauchbare Veranschaulichung des jüdischen Volks hervorgewachsen: während der Mensch Jesus auf Grund jener Gleichung eine ungeahnte Wucht wirklichen Daseins zu gewinnen versprach, wäre das Judenvolk durch die entsprechende Gleichung theologisch geradezu verflüchtigt, es wäre zum zufälligen Träger eines an sein Dasein nicht gebundenen Gedankens geworden. Der Grund liegt auf der Hand und ist schon ausgesprochen. Dem »kantischen« Begriff des Idealmenschen trat der »goethesche« des Individualitätsideals freundlich zur Seite; der Begriff der idealen Menschheit hingegen schien damals jedem Verflochtensein mit einer einzelnen Volksindividualität zu widerstreiten. Die merkwürdigen Versuche in dieser Richtung, die um die Wende des achtzehnten zum neunzehnten Jahrhundert in dem Deutschland Fichtes und Hegels entsprangen, trachteten grundsätzlich Volk und Menschheit nur so zu vereinigen, daß das Volk aus seinem Schoße die Ideen zu gebären habe, ohne welche die Menschheit »vergehen« würde; Hegels Lehre vom Sterben der weltgeschichtlichen Völker nach Erfüllung dieser ihrer Menschheitsaufgabe lag in der natürlichen Konsequenz eines solchen Volksbegriffs. Mit dieser Ansicht über die Beziehung von Volkstum und Menschheit konnte eine jüdische Wissenschaft, der das Judentum als eine ewig beständige Größe galt, nichts anfangen. Sie hätte einer Theorie bedurft, die ihr ermöglichte, das reine Dasein eines Volks, nicht erst seine Leistung, als ewige Menschheitsnotwendigkeit zu verstehen; und ein solches Analogon zur romantischen Persönlichkeitsidee war für den Gedanken des Volkstums noch nicht entwickelt.

Die neuesten Jahrzehnte schufen hier eine Wandlung. Nicht ohne

Berührung mit jenem älteren Volkstumsbegriff des deutschen Idealismus, aber doch wesentlich neu, bildete sich eine Vorstellung von Volk, die ihm den Rang einer Daseinsewigkeit einräumte. Wer es vermag, durch die pseudonaturalistischen Umhüllungen des Rassebegriffs, denen dieser seine breite Popularität verdankt, hindurchzuschauen, der erkennt hier das Bestreben, den Volksbegriff so umzubilden, daß das Volk unabhängig von sachlichen Leistungen einfach aus seinem Dasein das Recht dazusein schöpft. Eben der naturalistisch-ungeistige Zug des neuen Begriffs hat ihm die Kraft, dies zu vollbringen, gegeben. Unbekümmert und ohne Bewußtsein wie ein Naturerzeugnis lebt nun das Volk sein Leben; die Frage nach dem Sinn dieses Daseins scheint ihre Berechtigung verloren zu haben. Sie scheint es nur; in Wahrheit bleibt sie so berechtigt wie sie war; ja nur um ihretwillen geschah jene scheinbare Entgeistigung des Volks zur Rasse, des »nationalen« zum »völkischen« Gedanken. Das Volk, das nun für das Auge des Philosophen nicht mehr um übervölkischer Zwecke willen lebt oder stirbt, hat in seinem eigenen Charakter, im Rauschen seines »Blutes« sein Daseinsrecht; und wo nun der Wille zur geschichtsphilosophischen Verankerung dieses Rechts hervorbricht, da heißt es nicht mehr wie vor hundert Jahren von einem Volk, daß in ihm die welterneuernde »Idee« ausgetragen wird, wonach es dann, entleerte Schale, liegen bleiben mag, sondern nun wird das so gefaßt, daß an seinem »Wesen« die Welt genesen wird. Damit aber erhält das »Wesen«, der beständige Charakter des Volks eine ungeheure Wichtigkeit, und es wird nun auf Grund dieses Begriffs von »völkischem Wesen« für das historische Volk eine ähnliche Auswertung seines realen Daseins möglich, wie sie für den historischen Menschen durch den Begriff der »Persönlichkeit« aufging. Auch auf jüdischer Seite konnte es jetzt zu einer atheistischen Theologie kommen.

Dies sehen wir nun in unsrer Mitte. Statt — in der Ewigkeit des philosophischen Gedankens oder in der Zeitlichkeit des geschichtlichen Prozesses — das Menschliche unter der Gewalt des Göttlichen zu zeigen, versucht man, umgekehrt das Göttliche als die Selbstprojektion des Menschlichen an den Himmel des Mythos zu verstehen. Das Volk ist hier die menschliche Wirklichkeit, die sich schon als solche einem positivistisch gewissenhaften Geschlecht zum Glaubensinhalt empfiehlt. So hatte die Leben-Jesu-Theologie dem harten Dogma ausweichen zu können geglaubt, wenn sie mit aller Gewalt auf Jesus den Menschen und nur auf den Menschen wies. Daß die Fähigkeit einer solchen bloß menschlichen Realität, lebendig geglaubt und nicht tot gewußt zu werden, etwas sehr Zweifelhaftes ist, wurde zunächst so wenig bedacht wie auf der christlichen Seite; die Befriedigung, einen »metaphysikfreien«, schlechtweg diesseitigen, Glaubensgegenstand gefunden zu haben, ließ Zweifel nicht groß werden. Daß ferner ein lebendiges Volk, bei dem jede Aussage über das »Wesen« sofort an der »Wirklichkeit« überprüft werden kann und muß, solch undogmatischer Dogmatisierung noch ganz andre Schwierigkeiten entgegensetzt, als das Leben eines vor 1900 Jahren von der Erde verschwundenen Einzelnen, wurde zwar wohl empfunden; aber es führte nur zu um so kühneren Konstruktionen des Verhältnisses, das zwischen Glauben und Geglaubtem bestand: der Gedanke, durch den in Straußens Kritik des überlieferten Glaubensbildes die rationalistische Vermenschlichung der Christusgestalt zum Jesus der Leben-Jesu-Theologie geschah, wurde in der Judenvolks-Theologie zum Hebel der rationalistischen Vergötterung des Volks: im Begriff des »Mythos« hatte Strauß die Gottheit Christi zum Erzeugnis des Urgemeindegeistes gemacht, in der Erzeugung des »Mythos« bewährt sich unseren Neuesten die Ewigkeit des jüdischen Volkes.

Der Mythos ist in beiden Fällen das Übermenschliche als Ausgeburt des Menschlichen gefaßt. Daß der Christusmythos bei Strauß nicht aus der Gestalt Jesu eigentlich entstand, sondern an sie ankristallisierte, während der Mythos des Gottesbundes aus dem Judenvolk selber hervorwuchs, ist wohl ein bedeutsamer Unterschied, der eben auf jene schon angezogene Verschiedenheit des dauernden Volks und des gestorbenen Einzelnen zurückführt; dennoch ist in beiden Fällen das Wesentliche dies, daß des Menschen gläubiges Verhalten zum Glaubensinhalt erklärbar, und zwar »rein menschlich« erklärbar wird. Eben dies leistet hier wie dort die Einführung des heidnischen Begriffes vom Verhältnis zwischen Geglaubtem und Glaubendem, Gott und Mensch, in die Wissenschaft der offenbarten Religionen. Nicht umsonst sollte man diesen welthistorischen Gegensatz von »Mythologie und Offenbarung« erkannt haben; es ist der höchste Triumph einer offenbarungsfeindlichen Theologie, ihn ganz zugunsten seines ersten Gliedes aufzuheben, die Offenbarung als Mythologie zu erweisen. Indem nun ferner, ebenfalls in beiden Fällen, der alte Glaube dadurch, daß man ihn erklärt, als veraltet gesetzt wird, wird doch gleichzeitig der neue Glaube, das Positive der Leben-Jesu- wie der Judenvolks-Theologie, eben auf diesen verworfenen Stein des alten aufgebaut und zwar von eben den Bauleuten, die den Stein verworfen haben. Dazu bedurfte der Begriff des Mythos jener inneren Wucht, die ihm, wieder seit der deutsch-romantischen Bewegung, innewohnt. Wo sich Mythos bildet, da schlägt das Herz der Geschichte. Was so als Mythos erkannt wird, hört zwar auf, im gleichgültigen Sinne wahr zu sein; aber die historische Wirklichkeit, an die sich die Kristalle des Mythos ansetzten, hat eben dadurch ihre Kraft erwiesen, Wirklichkeit für den Glauben zu sein. Ist sie zu solcher Bedeutung schon von andrer Seite her prädestiniert, ist sie also z. B. Persönlichkeit oder, neuerdings, Volkheit, so steht ihrer Vergöttlichung nichts mehr im Wege: der Mythos ist das aus ihr selber aufstrahlende Licht — es bedarf keiner Herrlichkeit keines Herrn, daß ihr Angesicht leuchte.

Das ist der letzte Sinn der ganzen Bewegung. Die Unterschiedenheit von Gott und Mensch, dieser furchtbare Anstoß für alles neue und alte Heidentum, scheint beseitigt; der beleidigende Gedanke der Offenbarung, dies Hereinstürzen höheren Inhalts in unwürdiges Gefäß, ist zum Schweigen gebracht. Dennoch bleibt etwas davon zurück und muß etwas bleiben; denn in Wahrheit ist da, wo einmal der Gedanke der Offenbarung sich einer Geschichtswirklichkeit angeheftet hat, diese Wirklichkeit so sehr davon gefärbt, daß es ganz unmöglich ist, sie gleich einfach zu umschreiben wie andre von diesem schweren Gedanken unbelastete Wirklichkeiten. Hier nun hilft sich die atheistische Theologie mit einem eigentümlichen Schema, durch das sie das Hereinbrechen des tätigen Göttlichen über das ruhende Menschliche umbildet zu einer wunderbar unvermittelten oder nur durch ihre eigene Spannung vermittelten Gegensätzlichkeit im Menschlichen selbst. Statt der Menschwerdung behauptete man so das Menschsein Gottes, statt seines Niedersteigens zum Berge der Gesetzgebung die Autonomie des Sittengesetzes, überhaupt statt der Offenbarungsgeschichte bestehendes menschliches Wesen, worin Geschichte mehr abrollte, als daß es selber Geschichte erlitt. Die doch nicht zu leugnende, wenn auch dem Menschlichen immanente Zweiheit galt es nun als »Charakter« oder »Wesen« des betreffenden Menschlichen zu verstehen. Für das Leben Jesu gab es da die Aufspaltung zwischen »Zeitlichem« und »Überzeitlichem« oder zwischen »Jüdischem« und »Überjüdischem« in seinem Charakter und die Aufgabe, das böse Faktum seines Hervorgehens aus oder wenigstens Auftretens unter den Juden nach dem Prinzip der größten Spannung als notwendig zu begreifen; und galt es endlich, auch wieder scheinbar rein aufnehmend, ein absolut unerklärlich einzigartiges Berufungsselbstbewußtsein in ihm zu unterscheiden von dem menschlich begreifbaren Restbestand seines Bewußtseins. So wurde entsprechend unter uns der Begriff der »Polarität« des jüdischen Charakters geschaffen. Die Polarität ist mehr noch als die in den Menschen selber verlegte Spannung zwischen der Forderung des Gesetzes und dem Triebe des Herzens, mehr auch als der Zwist zwischen dem begeisterten Augenblick und der Routine des Alltags oder zwischen »mythischem« und »rationalistischem« Judentum; sie bedeutet hier die Spannung zwischen der Erwähltheit des berufenen Volks und diesem Volk selber. Nur die letzte Spannung besitzt jene Einzigartigkeit, die der jüdischen »Polarität« überhaupt beigemessen wird; nur sie steigert Gegensätze, wie sie im Wesen jedes Volks und überhaupt jedes Lebendigen aufzuspüren sind, zum Unausmeßbaren einer metaphysischen Spannung; nur aus dieser höchsten Entzweiung kann der ewige Daseins-Sinn unserer Volkheit hervorgehen: der sich ständig erneuernde Trieb, unbedingteste Zweiheit zur unbedingtesten Einheit zu versöhnen.

Den Willen zur Einheit, diesen jüdischsten aller Begriffe, sehen wir von unsern neuen Theologen als die Krönung ihres jüdischen Volksbildes aufgestellt. Der Absicht nach entfernen sie sich freilich grade hier am bewußtesten von der Tradition. Denn während das überlieferte Judentum die Aufgabe der Einheit dem Juden setzt auf Grund der offenbarten Einheit Gottes und die Anerkennung des zukünftigen Gottesreichs vorangehen läßt dem Aufsichnehmen der gottgebotenen Lebensführung, gilt nun diese Wechselbeziehung zwischen dem Menschen und seinem Gott als ein historischer Unterfall der dem jüdischen Volkscharakter in aller Zeit innewohnenden Sehnsucht nach Einheit des Lebens. Das Aufsichnehmen des Himmelreichs ist da nicht Voraussetzung, sondern nur eine geschichtlich etwa verwirklichte doch nicht notwendige Folge dessen, was allein not ist: der Annahme des einen Lebensgesetzes. Indem dann freilich diese Einheit des Lebens mit ihrem nunmehr letzten und sich selbst genügenden Träger, dem jüdischen Volk, nur als seine Sehnsucht, nicht als sein erfülltes Wesen, zusammengedacht wird, erhält sie wieder die Bedeutung eines über diesen ihren Träger Hinausliegenden; es wird nicht versucht, diesen Sehnsuchtscharakter der Einheit selber etwa als ein Glied der »Polarität« des jüdischen Wesens zu fassen, und es kann nicht versucht werden, da jene Polarität in ihrer höchsten Steigerung eben grade der eigentliche Gegenstand für jenes Einigungsverlangen ist; nur durch die Absolutheit der Polarität wird das Einigungsgebot für uns zu einem absoluten. So rückt der Einheitsgedanke, obwohl er als Inhalt des Volksgeistes angesehen wird, dennoch durch seine besondere Bestimmung, ewige Sehnsucht zu sein, wieder in einen übervölkischen und damit hier, wo das Volk ein religiös Letztes bezeichnen soll, überirdischen Zusammenhang; obwohl der Absicht nach Kernstück des »Wesens«, wird er faktisch Lehre; was vom Volk ausgesagt wird, ist als solches zugleich Aufgabe für den einzelnen; was im Glaubensgegenstand da ist, nämlich als Forderung, ist für den Gläubigen erst zu erfüllen. Der Glaubensgegenstand verliert so seine schlechthinnige Innermenschlichkeit, er tritt dem einzelnen wiederum gegenüber; der bloß menschliche Inhalt des Glaubens wird, abgesehen von seiner Ganzheit, an einem bestimmten Punkt wieder »dogmatisch« maßgebend. Es ist das gleiche, wenn in der Leben-Jesu-Theologie aus dem Ganzen der Persönlichkeit wieder ein einzelner Punkt, etwa ihr nach neustprotestantischer Anschauung ja das Christentum vom Judentum scheidender »Gottvaterglaube« als der Inhalt ihrer Sendung herausgegriffen wird und so die »Persönlichkeit« des Geglaubten wieder die Züge des »Lehrers« annimmt, des Lehrers nun freilich in dem neuen Sinn, daß er das, was Kern seiner Persönlichkeit ist, nun auch »lehrt«. So wird beim jüdischen Volk das, was der Kern seines Wesens ist, nun zugleich für den einzelnen doch Gesetz. Das Menschliche ist hier wie dort durchbrochen, das Übermenschliche droht durch die Bresche in den Bezirk der atheistischen Theologie einzudringen.

Ein solches Eindringen des bekämpften Prinzips wäre unmöglich, besäße nicht die ganze atheistische Theologie auch gegenüber der von ihr befeindeten, ja gerade innerhalb dieser ihr gutes Recht. Die Entwicklung der Leben-Jesu-Theologie hat das auf christlicher Seite in der Gegenwart schon bewiesen. An sich war das Herausarbeiten der menschlichen Persönlichkeit des Gottmenschen auch vom dogmatischen Standpunkt aus zulässig; einer rein rationalistischen »Christusidee«-Theologie gegenübergestellt wird auch die protestantische Rechte auf die Idee der Leben-Jesu-Theologie in gewissem Sinne wieder zurückgreifen müssen. So ließe es sich auch von der Volksjudentumstheologie

Punkt für Punkt aufzeigen, wie sie in der Tradition wurzelt und wie eben deswegen die zukünftige Entwicklung unserer Theologie keinesfalls an ihr vorbei ablaufen kann. Beim Einheitsgedanken liegt es auf der Hand. Ihn aus dem Dogmatischen ins Ethische zu tragen, ist unter uns altüblich. Bachjas volkstümlich gewordenes Buch von den »Herzenspflichten« ist von ihm erfüllt; wie tief er von der mystischen Bewegung gleichzeitig und später erfaßt wurde, darauf sind wir neuerdings wieder hingewiesen. Das Einleitungsgebet zur täglichen Lesung des Einheitsbekenntnisses, älter als mittelalterliche Scholastik und Mystik und beide überdauernd lebendig geblieben bis heute, ruht auf dem wechselweisen Zusammenhang der »Einigung« des Gottesbegriffs durch den Menschen und des Menschenherzens durch Gott. Freilich, es ist da ein wechselweiser Zusammenhang gemeint, und die theoretischkühle, nicht etwa im mystischen Paradox erschwungene, Isolierung des Menschlich-Sittlichen aus dem Göttlich-Wahren wäre von jenen Alten nicht begriffen worden. — Wie ferner der Polaritätsbegriff im Grunde nur den Kampf zwischen übermenschlicher Offenbarung und menschlicher Unbereitschaft ins Innermenschliche übersetzt, der im Widerspruch zu allem sonstigen Verhältnis zwischen menschlichem Urheber und geistigem Erzeugnis das Gebiet der religiösen Erscheinungen, und nur dieser, kennzeichnet, davon wurde schon gehandelt. Auch hier gibt die Vergangenheit Zeugnis. Das Bewußtsein, was die Namensvertauschung Jaakob-Israel bedeute, ist unter uns nicht erloschen. Daß die Verheißung, zu sein wie der Staub der Erde, gefolgt wird von der andern, gleichsinnigen und doch so anders klingenden: zu sein wie die Sterne des Himmels, darauf legt schon alte Exegese den Finger; wenn sie steigen, das eine, wenn sie fallen, das andre, so erklärt sie. Aber wiederum: sie weiß, was Steigen und Fallen heißt, und daß es keinen Sinn hat, von Steigen und Fallen zu reden, wo nicht ein absolutes Höhenmaß außerhalb dessen, was steigt und fällt, feststeht. Mit dem Schema des Mythos ist es das gleiche; in dieser Theorie der Ausgeburt des Göttlichen aus dem Menschlichen wurzelt die neue Theologie bewußt in der alten Mystik. Aber es ist kein Zufall, daß jenes berühmte Kernwort des Meisters der Kabbala: »Gott spricht: wenn ihr mich nicht bezeugt, so bin ich nicht« eben als ein Wort Gottes ausgesprochen und in das geschriebene Wort Gottes durch exegetischen Kunstgriff hineingefunden wird; Gott selber macht sich, nicht menschlicher Vorwitz ihn, von der Bezeugung des Menschen abhängig, er »verkauft sich« nach einem tiefsinnigen Gleichniswort dem Menschen — wer aber »verkaufen« konnte, der hat auch auf den Kaufpreis Anspruch. ... Die bewußte Anknüpfung, welche die neue Theologie hier bei der Mystik sucht, könnte sie weiter mit ebensoviel Recht oder Unrecht beim »Rationalismus« suchen. Daß das Gotteslicht die Menschenseele ist und nur die Strahlen jenes Lichts sichtbar sind, deren die Seele zur Erhellung ihres irdischen Wegs bedarf, dieser Grundgedanke unserer Philosophie war und ist atheistischer Ausmünzung ebenso fähig wie seine mystischen Parallelen.

Das letzthinnige Zusammentreffen von mystischer und rationalistischer Vermenschlichung (denn mehr als ein letzthinniges ist es denn doch nicht) leiht dem Versuch entschlossener Verdiesseitigung des Judentums seinen Schein von Berechtigung. Daß Gott und Mensch untrennbar zusammengedacht werden müssen, diese Gewißheit steht am Eingang jeder Erkenntnis unsres Glaubens, auch einer, die Gott im Menschen aufgehen läßt. Aber die nicht auszufüllende Kluft zwischen dem Menschen, wie ihn Mystik und Rationalismus beide denken, und dem Menschen, wie er Empfänger der Offenbarung und, als solcher, Gegenstand des Glaubens ist, diese unausfüllbare Kluft, wie sie trotz aller gegenwartsgemäßen Verflechtungsmöglichkeiten der Begriffe Volkheit und Menschheit, in unserm Fall zwischen dem Menschen und dem Juden, besteht, müßte den irre machen, der es versuchen möchte, das Ganze der religiösen Welt durch die Hälfte ihres Grundbegriffpaars zu decken. Wäre diese Hälfte, der Mensch, in sich einfach und ohne inneren Widerspruch, so könnte der Denker, so gut wie dann auch der handelnde Mensch, den Gott entbehren. Wie er nun aber den Menschen unter dem Fluche der Geschichtlichkeit vorfindet, in sich geteilt zwischen erstem Empfänger und letztem Erfüller des Worts, zwischen dem Volk, das am Sinai steht, und der messianischen Menschheit, da wird er den Gott, dem durch seine geschichtliche Tat die Geschichtlichkeit der Geschichte untertan wird, nicht ausschalten können. Eben um das jüdische Volk als das Herzstück des Glaubens zu verstehen, muß er den Gott denken, der zwischen Volk und Menschheit die Brücke schlägt. Seine Theologie mag wissenschaftlich sein wie sie will und kann: um den Gedanken der Offenbarung kommt sie nicht herum.

»Urzelle« des Stern der Erlösung

Brief an Rudolf Ehrenberg vom 18. XI. 1917

L. R.,

. . . .

Ich habe inzwischen, jetzt schon vor einem Monat, etwas Wichtiges gewonnen, wenigstens schien es mir zuerst so, jetzt bin ich wieder zweifelhaft geworden, weil das übliche Kennzeichen solcher Entdekkungen, die kaninchenhafte Anwendungsfruchtbarkeit, diesmal ausgeblieben ist, aber das hat vielleicht äußere Gründe. Also nämlich: meinen philosophischen Archimedespunkt, den lang gesuchten. Du entsinnst dich vielleicht noch: auf unsrer Harztour 1914, wir traten grade aus einem Tannenwald heraus, am ersten Tag, und sprachen davon, ob und wie man rein philosophisch oder auch nur überhaupt an irgendwelchen aufzeigbaren Kriterien die Offenbarung von aller eigenmenschlichen Erkenntnis abgrenzen könnte. Ich wußte weiter nichts als das Merkmal des »Ungerne«, des »Ecce deus fortior me qui veniens dominabitur mihi«, die Tatsache, daß »der Profet, ein gehetztes Wild, kämpft gegen das mählich steigende Bild«. Voraussetzung also, daß der Mensch von sich aus nur »seinen Trieben« folgt und die Stimme Gottes ihn stets in eine grade entgegengesetzte Richtung ruft. Sicher nicht direkt falsch, aber viel zu armselig und überdies eigentlich überzeugend ... nur für Menschen, die an den rein philosophischen Kriterien schon wieder kein rechtes Interesse mehr haben. Ich fühlte das Ungenügende auch gleich damals, aber alles Nachdenken über den als Zentralbegriff gemeinten und gewollten Begriff der Offenbarung (es war nicht meine Schuld, daß ein programmatisches Bekenntnis zu diesem Begriff damals ungedruckt blieb, in dem Aufsatz »Atheistische Theologie«[1]), den ich dir übrigens eben da im Harz vorlas), also alles Nachdenken brachte immer nur geschichtsphilosophische, nie rein begriffliche Ergebnisse.

---

[1]) s. S. 165.

Nun erwarte dir aber nichts Neues. Im Gegenteil. Neu ist vielleicht nichts daran als mein Gefühl, jetzt einen durchsichtigen Zusammenhang von Gedanken zu haben, wo vorher lauter Aperçus sich eins vor das andre schoben. Also nur das »Systematische« (in Weizsäckers Sinne). Und selbst das — nun, ich werde sehen.

Also, ich sage: die philosophierende Vernunft steht auf ihren eigenen Füßen, sie ist sich selbst genug. Alle Dinge sind in ihr begriffen und am Ende begreift sie sich selber (der einzige erkenntnistheoretische Akt, gegen den sich nichts sagen läßt, weil er der einzige ist, der nicht nach der Form A = B, die die Form des Wirklichkeitserkennens und der Wirklichkeit ist, geschieht, sondern nach der Form des *logischen* Erkennens A = A). Nachdem sie also alles in sich aufgenommen und ihre Alleinexistenz proklamiert hat, entdeckt plötzlich der Mensch, daß er, der doch längst philosophisch verdaute, noch da ist. Und zwar nicht als Mensch mit seinem Palmenzweige — den hat der Walfisch längst verschlungen und er kann sich nun die Zeit damit vertreiben, im Bauche des Walfischs Psalmen zu singen — sondern als »Ich, der ich doch Staub und Asche bin«. Ich ganz gemeines Privatsubjekt, Ich Vor- und Zuname, Ich Staub und Asche, Ich bin noch da. Der Mensch schlechtweg, der »noch da ist«, von dem ich vorhin anfing, ist *wirklich* der Anfang.

Dieser Mensch sagt: Ich. Nur insofern und weil der Mensch nicht bloß B sondern auch B = B ist, kann er *Ich* sagen, und unter allen Bs ist er das *einzige,* das es sagen kann; von allen anderen Bs kann man wohl per analogiam behaupten, daß sie es sagen können, aber eben nur per analogiam; unmittelbar sind sie keine Ichs, sondern Er-Sie-Es, und auch der Mensch selbst, insofern er als B aufgefaßt wird, ist bloß ein Er-Sie-Es. Alle Beziehung findet statt nur zwischen dritten Personen; das System ist die Welt in der Form der dritten Person; und nicht bloß das theoretische System, sondern sowie der Mensch sich selbst Gegenstand wird, sowie er etwas mit sich oder aus sich *machen* will, *tritt er in die dritte Person,* hört er auf, Ich (Vor- und Zuname) zu sein, wird er »der Mensch« (mit seinem Palmenzweige). Dem Menschen als B ist in diesem theoretisch-praktischen System der dritten Personen auch Gott nur dritte Person, nur A. Obwohl er von ihm grenzbegrifflich *weiß,* daß er wesentlich A = A ist, gilt doch für seine Beziehung zu ihm (A = B) nur das A. Von diesem Menschen schreibt Spinoza — und unterschreibt Goethe —, daß wer Gott liebt nicht verlangen darf, daß Gott ihn wiederliebe. Wie denn auch?! in seines Busens Reine wogt ein Streben sich einem Höhern Reinern Unbekannten aus Dankbarkeit freiwillig hinzugeben — es ist eine Liebe in der dritten Person, das Er gibt sich dem Es hin, kein Du wird laut, und also ist vom Ich keine Rede, und nur das Ich kann Liebe »verlangen«; und in dieser Welt der dritten Person ist Gott das einzige Es, auf das wenigstens grenzbegrifflich der Schein der Ichheit herabglänzt (A = A), wie es jene sonderbaren Komparative »höher«, »reiner«, ausdrücken: nur ein Abglanz, nur ein Unbekanntes wird verehrt, das Ich, das *hinter* jenem Es steckt (A = A neben dem A der Normalgleichung A = B). Alle Liebe hier ist Hingabe, eine Hingabe, deren Gleichnis *jede* Hingabe jeder Art sein kann; »solcher« seligen Höhe fühlt er sich auch teilhaft, wenn er vor »ihr« steht, und wer »Wissenschaft und Kunst« besitzt, der hat »*auch*« Religion. Weil A = A ist, deshalb kann A = B die herrschende Weltformel sein: alle Bs untereinander bezogen, Hingabe überall, jedes kann dem andern die Stelle des A (die linke Seite der Gleichung) einnehmen, sowohl »sie« wie »Kunst und Wissenschaft«, und auch der Mensch selber kann sich auf die linke Seite der Gleichung setzen und sich zum A für andre Weltdinge machen; unter dem Schutze von A = A ist *jede*s A = B möglich und berechtigt; und nur eines kann dieses ewig gegenständliche B *nicht:* verlangen, daß Gott es wiederliebt. Denn dazu müßte es sich zum Ich machen können, dem A = A, nicht bloß dem A, sich gleichsetzen.

Das aber tut der Mensch, der nicht in das versächlichende Gestrüpp der Beziehungen hineingeraten ist, der Mensch außerhalb des theoretisch-praktischen Systems, der Mensch als Ich. Er darf und muß verlangen, daß Gott ihn wiederliebe. Ja er muß verlangen, daß sogar Gott ihn zuerst liebe. Denn sein Ich ist stumpf und stumm und wartet auf das erlösende Wort aus dem Mund Gottes »Adam, wo bist *Du?*«, um dem ersten lauten nach ihm fragenden Du das erste halblaute zaghafte Ich der Scham zu erwidern. In Ich und Du und wieder Ich bewegt sich dieses Verhältnis wie jenes im unbestimmten Er Sie Es der allseitigen Hingabe. Im Ich der Offenbarung und im Du der Gewissensfrage oder des Gebots und erwidernd in Adams Ich der Scham oder in Abrahams der Bereitschaft, und rückwärts wieder im Ich der Reue und im Du des Gebets und im Ich der Erlösung. Zwischen dem einen B, das keinem andern B gleich ist (dem B, das nicht B_1, B_2, B_3 usw. ist), sondern nur es selbst und nur sich selbst gleich — B = B —, und zwischen A = A gibt es nur eine eingleisige Verbindung, kein Netz, kein System von Beziehungen, wirklicher und möglicher, wo jeder Knotenpunkt B und jeder A werden kann, ja genauer: wo jedes Knotenpunkt werden *kann* und keines werden *muß;* das ist die Welt ohne bestimmten Mittelpunkt, die Welt des Rechts und Links, des Vorn und Hinten, wo alles in jedem Augenblick rechts und links, vorn und hinten werden kann und ein kleines Warteinweilchen die Zukunft zur Vergangenheit umfärbt; die Welt, deren erhabner Geist den Menschen die Brüder in Wald und Strauch, in Busch und Wasser kennen lehrt und ihn doch eben hierin und hiermit unmittelbar verbunden empfinden läßt, daß dem Menschen nichts Vollkommnes ward. Statt dieser leicht und billig gefundenen Brüder überall, zu denen er in »Beziehung« steht, hat der Mensch in der »Verbindung« zunächst nur *sich* als Seinesgleichen; das Wort von der Nächstenliebe, dort eine wohltemperierte Selbstverständlichkeit, wird hier eine Posaunenstimme; denn es wird nicht dem Menschen gesagt, in dessen Busens Reine ein Streben nach freiwilliger *Hingabe* wogt, sondern dem tauben, in seiner eignen Ichheit vergrabenen Ich, diesem Ich, von dem nichts vorausgesetzt werden kann als dies, daß es *sich selbst* liebt. Aber darum, *nachdem* erst einmal dies Wort das taube Ohr erschlossen hat, erkennt nun der Mensch im Nächsten auch wirklich den, der ihm gleich ist, erkennt ihn nicht bloß als B_2, B_3 usw. als Mitbewohner der gleichen Welt, Mit-Glied der großen Gleichung A = B, von dem er doch nur weiß, was er *sieht* — denn er erkennt ihn nur als Es, nur als seinen Bruder in Wald und Hain, in Fels und Wasser; sondern ich erkenne, daß er *kein Er Sie Es ist, sondern ein Ich,* ein Ich wie ich, kein Mitbewohner des gleichen richtungs- und mittelpunktslosen Raums, keine Reisebekanntschaft auf der anfangs- und endelosen Reise durch die Zeit, sondern mein Bruder, der consors meines Schicksals, der, dem es genau so »geht« wie mir, der auch nur das eine Geleise vor sich sieht wie ich; mein Bruder nicht in der Welt, nicht in Wald und Hain, Busch und Wasser, sondern im Herrn. Alle Bs sind verbrüdert, denn alle sind untereinander vertauschbar, jedes B kann dem andern zum A werden. Vom B = B führt zu andern B = Bs noch nicht einmal die Gedankenbrücke; die Brücke, das =zeichen, ist ja im B = B geschlagen, sie führt nicht aus ihm heraus. Nur daß vom Einen A = A das Wort an B = B ergangen ist, nur das führt B = B über sich selbst hinaus, und nur in diesem ihm geschehenen *Ereignis* kann es ein andres B = B denken, dem das gleiche geschehen ist, einen Nächsten, der ist wie Du. Nicht aus seinem eignen *Wesen* und seines Busens Reine entdeckt es den andern, sondern aus dem ihm geschehenen *Geschehnis* und seines Herzens Taubheit.

»Wesen« ist der Begriff, unter dem sich die Welt der Gegenstände, die Welt des A = B ordnet — Wesen, das Allgemeine, das alles einzelne unter sich befaßt, weil es allem einzelnen »vorangeht«. Weil er den Menschen überhaupt, »alle« Menschen, oder weil er die Welt überhaupt, alle Dinge, sich verbrüdert weiß, *deshalb* »liebt« der Stoiker, »liebt« der Spinozist den Nächsten. Gegen solche Liebe, die aus dem Wesen, dem Allgemeinen, entspringt, steht die andre, die aus dem Geschehnis, also aus dem Allerbesondersten was es gibt, aufsteigt. Dies Besondere geht schrittweis von einem Besonderen zum nächsten Besonderen, von einem Nächsten zum nächsten Nächsten und versagt sich die Liebe zum Fernsten, ehe sie Nächstenliebe sein kann. So ist der Ordnungsbegriff dieser Welt nicht das Allgemeine, weder die Arche noch das Telos, weder die natürliche noch die geschichtliche Einheit, sondern das einzelne, das Ereignis, *nicht Anfang oder Ende, sondern Mitte* der Welt. Sowohl vom Anfang wie vom Ende aus ist die Welt »unendlich«, vom Anfang aus unendlich im Raum, dem Ende zu unendlich in der Zeit. Nur von der Mitte aus entsteht in der unbegrenzten Welt ein begrenztes Zuhause, ein Stück Boden zwischen vier Zeltpflöcken, die weiter und weiter hinaus gesteckt werden können. Erst von hier aus gesehen werden auch Anfang und Ende aus Grenzbegriffen der Unendlichkeit zu Eckpfeilern unsres Weltbesitzes, der »Anfang« zur Schöpfung, das »Ende« zur Erlösung.

Die Offenbarung also ist fähig, *Mittel*punkt zu sein, fester, unverrückbarer Mittelpunkt. Und warum? Weil sie dem *Punkt* geschieht, dem starren tauben unverschiebbaren Punkt, dem trotzigen Ich, das »ich nun einmal bin«. Meine »Freiheit«, und zwar nicht meine Freiheit, wie sie die Philosophen umlügen, indem sie ihr das rote Blut der Willkür abzapfen und es in das Gefäß der »Sinnlichkeit«, des »Triebs«, der »Motive« laufen lassen und nur den blutlosen Rückstand des Gehorsams gegen das Gesetz als Freiheit kennen wollen. Sondern die ganze Freiheit, meine volle dumpfe verantwortungslose Willkür, mein ganzes »so bin ich nun einmal«, ohne das jene Philosophenfreiheit lahm von Geburt an ist. Denn was hilft aller Gehorsam gegen das Ideal, alle Annahme allgemeingültiger Maximen, alle Hegelsche Göttlichkeit, wenn der Mensch, dem alle diese schönen Dinge zugemutet werden, nicht bei Kräften ist? Ja mehr: wenn er nicht so sehr bei Kräften ist, daß er in dieser seiner sündhaften Natürlichkeit sich aller dieser Ideale, die seinen Dienst verlangen, Herr weiß und in all seiner Punkthaftigkeit erst den Mut findet, den Schlußpunkt hinter jeden Satz des Systems der Sittlichkeit zu setzen. Wie aber gewinnt er solche Kraft und solchen Mut?

Die »Ideale«, »Imperative«, »Ideen« et hoc genus omne sprechen zum Menschen: gib dich mir hin! aus »Dankbarkeit«, »freiwillig«, auf daß du »werdest, der du bist«, deine »Bestimmung« erfüllst — aber jedenfalls: gib dich mir hin! Voraussetzung also, daß der Mensch sein Eigenes aufgibt. Dagegen sagt die Offenbarung: Tue meinen Willen! wirke mein Werk! Voraussetzung also, daß dem Menschen das Eigene Gottes, Gottes Willen, Gottes Werk anvertraut wird, auf daß er es tue. Welche Paradoxie das, vom Standpunkt der Welt aus gesehen! Das Höchste, statt unsre Hingabe zu verlangen, gibt sich uns selber hin, statt uns zu seiner Höhe zu erheben, steigt es zu uns nieder; und wiederum, statt uns unser Selbst zum Lohn zu versprechen (»werde, der du bist«), verheißt es uns Entselbstung, Gottesnähe als Seligkeit. Der Mensch also, dem Gott sich anvertraut, zu dem Er, der erhaben und demütig in einem ist, sich herniederläßt — der Mensch empfängt, indem er Gott in sich Raum macht, alles, was sich Gotte hingegeben hat, auch sich selbst, den Menschen. Alle Hingabe in der Welt mündet an Gott als die Idee der Ideen, und Gott, indem er sich nun in der Offenbarung seinerseits dem Menschen schenkt, bringt ihm als Mitgift alle weltliche Hingabe. So wird der Mensch durch die Offenbarung seiner eignen Hingabe an die Ideale mächtig. Der Ideale sind viele. Eins verstellt dem andern das Licht. Das Gesetz der Vertauschbarkeit aller Gegenstände in der A = B-Welt gilt auch für sie; der Mensch, zwischen sie gestellt, weiß mit Bestimmtheit nur, daß er sich hingeben soll, nicht welchem von ihnen. Es herrscht die Tragik des Konflikts der Pflichten. Gottes Gebot ist ein Befehl, eindeutig an diesen Menschen und in diese Lage dieses Menschen hineingerufen; Rückfrage oder seitliches Ausweichen auf einen andern Strang des Systems ist unmöglich; denn hier besteht kein System von Linien, es gibt nur die eine zweigleisige Strecke; höchstens Luzifers Trotz oder Jonas' Flucht wären möglich. Es gibt eben ein *Reich* der Ideale (das nur systematisier*bar*, also nicht einheits*fähig* ist), aber nur ein *Wort* Gottes (das sich zur Mannigfaltigkeit des Reichs erst *entwickelt)*. Deshalb gilt in der Welt der Offenbarung kein »Konflikt«. Die Legende beginnt, wo die Tragödie *aufhört* — mit dem fünften Akt.

So ist dem Frommen kein »Gesetz« gegeben, denn er steht unter einem »Befehl«. Einem Befehl, der ihm Vollmacht gibt über die ganze Welt und ihre Ideale. Aber freilich einem Befehl. Seiner Willkür ist Schweigen auferlegt. Nicht grundsätzlich: der »Riesenkampf der Pflicht«, der Zwist zwischen »Ideal und Leben« usw. gehört nicht hierher; solche grundsätzlichen Unterschiede sind vielmehr die Eigentümlichkeit der systematisierbaren Welt, der Welt des A = B, einerlei ob wir diese Welt mit Hegel eindimensional in *Gegensätzen* oder nach unserm heutigen Streben vieldimensional in *Beziehungen* entwickeln. Nicht ein solcher irgendwie allgemeinbegrifflich verstehbarer Kampf ist dem Frommen befohlen. Sondern wie der Befehl selber als Befehl ganz person- und augenblicksverbunden bleibt, so tritt nun auch seine Ausführung in der Welt nicht in einen allgemeinen Gegensatz, sondern in den besonderen: nicht etwa »die« Pflicht bekämpft »die« Liebe, sondern *diese* Pflicht und *diese* Liebe schiebt jede andre Pflicht oder jede andre Liebe beiseite. Die Offenbarung schiebt sich als ein Keil in die Welt; das Dies kämpft gegen das Dies. Deshalb ist der Widerstand des Profeten gegen seine Sendung, sein Kampf gegen das mählich steigende Bild unverwechselbar mit sittlichen Kämpfen. Es streitet da nicht das Höhere gegen das Geringere, sondern *das Geheißene gegen alles andre, was bloß möglich wäre,* unbeschadet dessen, daß zu diesem Möglichen auch das »Hohe« gehört; es fehlt jede Vergleichbarkeit, jede Einordenbarkeit in das System des Höheren und Niederen. Die Sendung löst den Profeten so gut vom »Ideal« wie vom »Leben« und treibt ihn in die *begriffslose* Welt, in eine Welt, in der A = B seine Geltung verloren hat und alles ihm als B = B erscheint. Seine »Natur«, die gegen den göttlichen Auftrag rebelliert, ist durchaus nicht die »Natur« in irgendeinem Gegensatz zu etwas Besserem, sondern es ist sein ganzer Mensch, der »bessere« und der »schlechtere« in einem unterschiedslosen Gemeng; es ist seine Ganzheit, sein heimlicher Wille zum *System,* der sich gegen den Einbruch des befehlenden Worts zur Wehr setzt; das »System« in ihm, das heimliche »Leben Goethes«, kämpft um seine Selbsterhaltung B = A gegen B = B.

Das Letztausgeführte zeigt, daß es zwischen Offenbarung und Welt Beziehungen gibt, nicht bloß im Denken — das würde sich schon aus den »Formeln« ergeben, sondern auch in Wirklichkeit. Und zwar ist das Verhältnis von B = B zu A = B ein aggressives, auf Umwandlung gerichtetes, das von A = B zu B = B hingegen nur ein theoretisch-skeptisches (ungläubiges), das sich mit bloßer Umdeutung, mit Erklärung von B = B als »eigentlich« A = B zufrieden gibt. So ist es auch in jedem Augenblick zufrieden, während B = B erst am »Ende« zufrieden sein kann; erst am Ende wird die »Einheit« des »Systems« durch die »Gemeinschaft« »Aller« ersetzt, alle Gewalt und Ordnung (A = B) durch Selbstheit und Unmittelbarkeit (B = B); deshalb wird am »Ende« auch für die Offenbarung das vom Pantheismus in jedem Augenblick leicht und billig mit Gefühl gelöste Problem der »Brüder in Wald und Hain, in Fels und Wasser« aktuell und seine Lösung, die eben um der wirklich durchgeführten Allheit notwendig ist, per miraculum verheißen. Der Unglaube hat zu seinem Rechtsgrund das Bewußtsein, daß B = A nur die »Vergeistigung«, die »Wahrheit« von B = B ist; er meint, B = B in seinem Begriff der ὕλη zu besitzen — ein Irrtum; denn jeder ὕλη -Begriff *ist* schon eine »Vergeistigung« gegenüber der gänzlich begriffs-, gänzlich einheitslosen Vorhandenheit B = B, *ist* also schon A = B; immerhin, er *darf* diesen Irrtum irren; in der Hauptsache darin, daß sein B = A wirklich irgendwie B = B »meint« (der Mensch mit seinem Palmenzweige *irgendwie* mit dem Ich Vor- und Zuname eins ist), hat er recht. Und eben dies »irgendwie eins«, das von vornherein durch die Gleichheit der Buchstaben in den Formeln ausgedrückt war, schafft auch dem Glauben die Möglichkeit, Berge zu versetzen oder einfacher: dem Frommen die Möglichkeit, seines Glaubens zu *leben*. Wäre die Welt nicht A = B, sondern A = C, so wäre eine solche Möglichkeit nicht einzusehen. Nur weil der Fromme und das Leben beide eines Blutes sind, nur weil dem Glauben bloß zugemutet wird, die Welt in *ihr eigenes* Chaos (gewissermaßen rück-) zu verwandeln, nur darum ist die Arbeit der Offenbarung an der Welt möglich. Im Augenblick aber, wo B = B mit dieser Arbeit am Ende ist, wo also *alles* B = A zu B = B geworden ist, hat B = B eben dadurch, daß es »Alles« geworden ist, sein eigentümlichstes Wesen verloren, in sich vergrabenes unerschlossenes Etwas zu sein. Es gibt kein Sein mehr Gott gegenüber: Gott ist Eins und Alles.

. . .

Nun habe ich das Ganze nach dem fröhlichen Gegacker gestern unmittelbar nach gelegtem Ei heute nochmal durchgelesen. Es gehört ein großes Quantum guter Wille dazu, es zu verstehen. Denn die Terminologie ist auf den ersten Seiten noch ganz labil; das würde ich jetzt vom Ende her schon verbessern können, aber das hieße neu schreiben, und dazu ist es mir unter anderem hier zu kalt. Du mußt eben mit dem Labilen mitzugleiten suchen. B = B bedeutet erst von einem gewissen Punkt an ausschließlich den Menschen; während des verhältnismäßig sehr umständlichen Aufmarschs bedeutet es noch, auch, die translogische Wirklichkeit, die transpersonale Gottheit. Aber ich meine, das müßtest du im Lesen merken, wie ich es ja auch erst im Schreiben gemerkt habe. Die Fruchtbarkeit des Ganzen ist mir trotz der vielen Fehler und Nochunklarheiten auch heute eigentlich gewiß. Aber da komme ich schon wieder ins Gackern, und das war nur gestern entschuldbar.

Noch etwas: von Einflüssen muß ich außer den genannten noch einen anführen: Christoph Schrempf (kennst du ihn eigentlich?) mit seiner frühen, wohl Erstlings-Arbeit über Kant und Christus, worin er den Gegensatz von Autonomie und Heteronomie durch den von Gesetz und Befehl korrigiert.

. . . Aber nun wirklich Schluß. Dein F.

Das neue Denken

Einige nachträgliche Bemerkungen zum »Stern der Erlösung«

(1925)

Ich habe seinerzeit den »Stern der Erlösung« ohne Vorwort hinausgehen lassen. Mich schreckten die Spuren der üblichen Philosophenvorworte mit ihrem Gegacker nach gelegtem Ei und ihren unhöflichen Schmähungen des Lesers, der doch noch gar nichts begangen — noch nicht einmal das Buch gelesen haben konnte. Selbst der ruhige Kant ist dieser Gefahr nicht entgangen, geschweige denn seine lauten Nachfolger bis herunter zu Schopenhauer. Die folgenden Seiten sollen nicht etwa den damals glücklich vermiedenen Fehler nachholen, wie sie denn auch niemals in den künftigen Ausgaben des Buches an seiner Spitze oder an seinem Schluß wieder abgedruckt werden sollen. Sie sind die Antwort auf den Widerhall, den das Buch in den vier Jahren, die seit seinem Erscheinen verstrichen, geweckt hat. Nicht auf die Ablehnung; das wäre nicht meine Sache. Sondern grade auf die Annahme, die es gefunden hat. Wo einem die Tür gar nicht aufgetan ward, hat man nichts verloren; aber wo man freundlich und mit Ehren aufgenommen ist, da darf man wohl, ja muß man wohl anständigerweise, nachdem man eine Weile lang unter einer konventionellen Einführung und demgemäß in den Formen konventioneller Höflichkeit Gastfreundschaft genossen hat, eines Tages zur gelegenen Stunde das eigene Gesicht demaskieren und so den kritischen Augenblick berufen, wo aus der konventionellen Beziehung die persönliche wird oder — nicht wird. Mit vollem Bewußtsein, daß man mit diesem eines Tages einmal notwendigen Wahrheitsakt natürlich die bislang unbefangen genossenen Annehmlichkeiten der gesellschaftlichen Beziehung aufs Spiel setzt.

Wirklich verdankt ja das Buch die Aufnahme, die es bisher gefunden, wenn ich von dem kleinen Kreis derer absehe, die es ebensogut oder besser hätten schreiben können wie ich, durchweg einer solchen

»gesellschaftlichen Verwechslung«: es ist gekauft und — bedenklicher — auch gelesen worden als ein »jüdisches Buch«. Es gilt ungelesen und, was wie gesagt schlimmer ist, auch gelesen für das Buch des Teils der jüdischen Jugend, der sich auf verschiedenen Wegen zum alten Gesetz zurückzufinden trachtet. Das kann mir persönlich ja wohl recht sein. Was die Pharisäer des Talmud und die Heiligen der Kirche gewußt haben: daß der Verstand des Menschen nur so weit reicht wie sein Tun, das gilt offenbar, zur Ehre der Menschheit, auch vom Verstandenwerden. Aber dem Buch entstehen aus jenem Vorurteil bei den Lesern eine Anzahl — unnötiger — Schwierigkeiten und bei den Käufern eine — sehr nötige — Enttäuschung. Die folgenden Blätter möchten versuchen, jene Schwierigkeiten den Lesern etwas zu erleichtern und andrerseits diese Enttäuschung der Käufer etwas zu beschwichtigen, die ein schönes jüdisches Buch zu erwerben glaubten und nachher, wie einer der frühesten Kritiker, entdecken mußten, daß es durchaus »nicht für den Tagesgebrauch eines jeden Mitgliedes einer jeden Familie bestimmt ist«. Ich kann den »Stern der Erlösung« nicht zutreffender beschreiben, als dies in prägnanter Kürze jener Kritiker getan hat: er ist wirklich nicht für den Tagesgebrauch eines jeden Mitgliedes einer jeden Familie bestimmt. Er ist überhaupt kein »jüdisches Buch«, wenigstens nicht das, was sich die Käufer, die mir so böse waren, unter einem jüdischen Buch vorstellen; er behandelt zwar das Judentum, aber nicht ausführlicher als das Christentum, und kaum ausführlicher als den Islam. Er macht auch nicht etwa den Anspruch, eine Religionsphilosophie zu sein — wie könnte er das, wo das Wort Religion überhaupt nicht darin vorkommt! Sondern er ist bloß ein System der Philosophie.

Und nun allerdings einer Philosophie, die dem Leser, sowohl dem fachmännischen als dem laienhaften, auch als solche das vollste Recht zum Mißfallen gibt, einer Philosophie nämlich, die nicht etwa eine bloße »kopernikanische Wendung« des Denkens herbeiführen möchte, nach der, wer sie vollzogen hat, freilich alle Dinge verkehrt herum sieht, aber doch nur die gleichen Dinge, die er auch schon zuvor sah, sondern seine, des Denkens, vollkommene Erneuerung. Ich würde das nicht sagen, wenn ich es nur von meinem Buch sagen müßte und nicht von dem Denken, das ich mir nicht einrede erfunden zu haben noch auch es in der Gegenwart als einziger zu lehren. Vielmehr hat der gesunde Menschenverstand immer so gedacht und von zeitgenössischen

Denkern immerhin mehr als sich der Überweg-Heintze heute träumen läßt. Und für das Buch ist das eben Gesagte ja keine Empfehlung, sondern eher das Gegenteil. Denn Neues will weder der Fachmann noch der Laie. Jener ist froh, wenn er so weiter machen kann, wie er es gelernt hat — sonst wäre er ja kein Fachmann; und dieser, wenn er sich mal »für Philosophie interessiert«, will auch nicht eine neue und revolutionäre vorgesetzt bekommen, sondern die »richtige«, die »Philosophie der Gegenwart« — sonst wäre er ja kein Laie. Und da das lesende Publikum sich aus diesen beiden Menschengruppen zusammensetzt, darf ich, was ich gesagt habe, gesagt haben ohne die Befürchtung, mein eigenes Buch empfohlen zu haben.

Ein System der Philosophie besteht nach geheiligtem Brauche aus einer Logik, einer Ethik, einer Ästhetik und einer Religionsphilosophie. Der »Stern der Erlösung« bricht trotz seiner Dreibändigkeit — der Zusammendruck in einen Band geschah nur wegen der damaligen Verlagsschwierigkeiten und wird laut Zusage des Herrn Verlegers von der zweiten Auflage ab wieder der ursprünglichen Dreibändigkeit weichen — mit diesem Brauch. Er enthält zwar außer der vierten dieser Ingredienzien eines ordentlichen Systempunschs die übrigen alle: die Logik vornehmlich im zweiten Buch des ersten, im ersten des zweiten und im dritten des dritten Bandes; die Ethik im dritten Buch des ersten, im zweiten und dritten des zweiten und im ersten des dritten Bandes; die Ästhetik in allen Büchern des ersten und zweiten und im zweiten Buch des dritten Bandes. Aber wie schon aus dieser kuriosen Verteilung hervorgeht, ist das systematische Prinzip dieser Philosophie ein andres. Eben auf dieses Prinzip sucht auch der Titel mit seiner Zusammenfassung des astronomischen Gleichnisses der drei Bandüberschriften — Elemente, Bahn, Gestalt — hinzudeuten. Und eben den Übergang von der gewohnten zu der neuen Fragestellung vollziehen die schnell berüchtigt gewordenen Formulierungen des ersten Bandes, dem und denen ich mich jetzt zuwende.

Die ersten Seiten philosophischer Bücher stehen in einem besonderen Respekt beim Leser. Er glaubt, sie seien die Grundlage für alles weitere. Infolgedessen meint er auch, es genüge, sie zu widerlegen, um das Ganze widerlegt zu haben. Daher das ungeheure Interesse für Kants Lehre von Raum und Zeit in der Gestalt, wie er sie zu Anfang der Kritik entwickelt hat; daher die komischen Versuche, Hegel vom ersten Dreischlag seiner Logik aus zu »widerlegen« und Spinoza von seinen Definitionen her. Und daher die Hilflosigkeit des general reader vor philosophischen Büchern. Er denkt, sie müßten doch »besonders logisch« sein, und versteht darunter die Abhängigkeit des jeweils folgenden Satzes vom jeweils vorhergehenden; so daß also, wenn der berühmte eine Stein herausgezogen wird, »das Ganze zusammenstürzt«. In Wahrheit ist das nirgends weniger der Fall als in philosophischen Büchern. Hier folgt ein Satz nicht aus seinem Vorgänger, sondern viel eher aus seinem Nachfolger. Wer einen Satz oder Absatz nicht verstanden hat, dem hilft es wenig, wenn er in dem gewissenhaften Glauben, nichts unverstanden zurücklassen zu dürfen, ihn etwa wieder und wieder liest oder gar noch mal von vorn anfängt. Philosophische Bücher versagen sich solcher methodischen ancien régime-Strategie, die keine Festung unerobert im Rücken lassen zu dürfen meint; sie wollen napoleonisch erobert werden, in kühnem Vorstoß auf die feindliche Hauptmacht, nach deren Besiegung die kleinen Grenzfestungen schon von selber fallen werden. Wer also etwas nicht versteht, darf die Aufklärung am sichersten erwarten, wenn er mutig weiterliest. Der Grund für diese dem Anfänger und, wie die vorhin angeführten Fälle zeigen, auch manchem Nichtanfänger schwer eingehende Regel steckt darin, daß Denken und Schreiben nicht eins sind. Im Denken schlägt wirklich ein Schlag tausend Verbindungen; im Schreiben müssen diese tausend fein säuberlich auf die Schnur von tausenden Zeilen gereiht werden. Wie Schopenhauer gesagt hat, daß sein ganzes Buch nur einen einzigen Gedanken mitteilen wolle, den er aber nicht kürzer mitteilen könne als in dem ganzen Buch. Wenn ein philosophisches Buch also überhaupt das Lesen lohnt, dann sicher nur, wenn man den Anfang entweder nicht oder allermindestens falsch versteht. Denn sonst wird der Gedanke, den es mitteilt, schwerlich das Nach-denken lohnen, da man ihn, wenn man gleich bei Beginn seiner Auseinandersetzung weiß, »worauf das hinaussoll«, eben offenbar schon kennt. Das alles gilt nur für Bücher; nur die können ja so ohne alle Rücksicht auf die verfließende Zeit geschrieben und gelesen werden. Sprechen und Hören steht unter andern Gesetzen. Natürlich nur wirkliches Sprechen und Hören, nicht das, welches sich selber »Vorlesung« schimpft und bei dem der Hörer vergessen muß, daß er einen Mund hat, und also am besten schreibende Hand wird. Aber für Bücher gilt es allerdings.

Wo denn nun jene Hauptschlacht des Verständnisses geschlagen wird, wo also das Ganze mit einem Blick überschaubar wird, das läßt sich nicht vorher sagen; im allgemeinen wohl schon vor der letzten Seite, aber schwerlich vor der Mitte des Buchs; und sicher kaum bei zwei Lesern ganz am gleichen Punkt. Wenigstens wenn es Selbstleser sind und nicht Leser, die vor lauter Gelehrtheit schon vor dem ersten Wort wissen, was in einem Buch steht, und vor lauter Dummheit auch nach dem letzten noch nicht. Bei älteren Büchern verteilen sich die letzterwähnten Lesertugenden meist auf zwei Menschenarten, etwa Professoren und Studenten, bei neueren stehen sie gern in Personalunion.

Damit wären wir wieder beim »Stern der Erlösung«. Für seinen ersten Band gilt alles eben über die vernünftige Art, die Anfänge philosophischer Bücher zu lesen, Gesagte. Vor allem also: Rasch! Nicht aufhalten! Das Wichtige kommt erst! Und das Schwierige, etwa der Begriff des Nichts, der »Nichtse«, der hier nur ein methodischer Hilfsbegriff zu sein scheint, enthüllt seine inhaltliche Bedeutung erst in dem kurzen Schlußabschnitt des Bandes und seinen letzten Sinn sogar erst im Schlußbuch des Ganzen. Was hier steht, ist noch nichts andres als eine zugleich Adabsurdumführung und Rettung der alten Philosophie. Vielleicht mache ich dem Leser am deutlichsten, was der erste Band will, wenn ich dieses anscheinende Paradoxon zu erklären versuche.

Alle Philosophie frug nach dem »Wesen«. Es ist diese Frage, mit der sie sich vom unphilosophischen Denken des gesunden Menschenverstands scheidet. Der nämlich fragt nicht, was ein Ding »eigentlich« sei. Es genügt ihm, zu wissen, daß ein Stuhl ein Stuhl ist; er fragt nicht, ob er etwa eigentlich ganz etwas andres wäre. Eben dies fragt Philosophie, wenn sie nach dem Wesen fragt. Die Welt darf beileibe nicht Welt sein, Gott beileibe nicht Gott, der Mensch beileibe kein Mensch, sondern alle müssen »eigentlich« etwas ganz andres sein. Wären sie nichts andres, sondern wirklich nur, was sie sind, so wäre ja — behüte und bewahre! — am Ende die Philosophie überflüssig! Wenigstens eine Philosophie, die durchaus etwas »ganz anderes« herauskriegen möchte.

Das hat nun allerdings alle frühere Philosophie, soweit mein Universitätswissen von ihr reicht, gewollt; und wenn ich der genauen und opfervollen allvierteljährlichen Durchsicht der Kantstudien trauen darf, fliegen die Raben noch immer um den Berg (und finden bedauerlicherweise noch immer junge Finken, die, der eigenen schönen Schnäbel ungeachtet, sich, und leider erfolgreich, bemühen zu krächzen wie sie). Noch immer werden unermüdet die Möglichkeiten der »Zurückführung« eines jeweils einen auf sein jeweils andres durchpermutiert, die im großen gesehen die drei Epochen der europäischen Philosophie charakterisieren — die kosmologische Antike, das theologische Mittelalter, die anthropologische Neuzeit. Insbesondere natürlich der Lieblingsgedanke der Neuzeit, die Zurückführung auf »das« Ich. Diese Zurückführung oder »Begründung« der Welt- und Gotteserfahrungen auf das Ich, das diese Erfahrungen macht, ist dem wissenschaftlichen Denken noch heut so selbstverständlich, daß jemand, der an dieses Dogma nicht glaubt, sondern seine Welterfahrungen lieber auf — die Welt und seine Gotteserfahrungen lieber auf — Gott zurückführt, einfach nicht ernst genommen wird. Diese Philosophie hält das Zurückführen überhaupt für etwas so Selbstverständliches, daß, wenn sie sich die Mühe macht, einen solchen Ketzer zu verbrennen, sie ihn nur wegen einer verbotenen Art Zurückführung belangt und ihn als »krassen Materialisten«, der gesagt habe: alles ist Welt, oder als »mystischen Ekstatiker«, der gesagt habe: alles ist Gott, röstet. Daß jemand überhaupt nicht sagen wollte: alles »ist« . . ., das geht ihr nicht in den Kopf. Aber in dieser Was ist?-Frage, gestellt auf »Alles«, steckt schon der ganze Irrtum der Antworten. Ein Ist-Satz muß immer, wenn er die Mühe des Aussprechens lohnen soll, nach dem »ist« etwas Neues bringen, was vorher noch nicht stand. Fragt man also derlei Istfragen auf Gott und Welt, so darf man sich nicht wundern, daß das Ich herauskommt — was bleibt denn andres übrig! alles andre, Welt und Gott, ist ja schon vor dem »ist« vergeben. Und ebenso wenn der Pantheist und sein Associé, der Mystiker, entdekken, daß Welt und Mensch göttlichen »Wesens« seien, oder die andre Firma, Materialist und Atheist, daß der Mensch nur Ausgeburt und Gott nur Spiegelbild der »Natur« ist.

In Wahrheit sind aber diese drei letzten und ersten Gegenstände allen Philosophierens Zwiebeln, die man schälen kann, soviel man will — man kommt immer wieder nur auf Zwiebelblätter und nicht auf etwas »ganz andres«. Nur das Denken gerät notwendig durch die verandernde Kraft des Wörtchens »ist« auf jene Irrwege. Die Erfahrung entdeckt im Menschen, so tief sie eindringen mag, immer wieder nur Menschliches, in der Welt nur Weltliches, in Gott nur Göttliches.

Und nur in Gott Göttliches, nur in der Welt Weltliches, nur im Menschen Menschliches. Finis philosophiae? Wäre es, dann um so schlimmer für die Philosophie! Aber ich glaube nicht, daß es so schlimm kommt. Vielmehr kann an diesem Punkt, wo die Philosophie mit ihrem Denken allerdings an ihrem Ende wäre, die erfahrende Philosophie beginnen.

Jedenfalls ist das die Pointe meines ersten Bandes. Er will weiter nichts lehren, als daß keiner dieser drei großen Grundbegriffe des philosophischen Denkens auf den andern zurückgeführt werden kann. Um diese Lehre eindrücklich zu machen, wird sie in positiver Form gegeben: Es wird also nicht gezeigt, daß keiner auf die beiden andern zurückgeführt werden kann, sondern umgekehrt, daß jeder nur auf sich selbst zurückzuführen ist. Jeder ist selbst »Wesen«, jeder selbst Substanz mit dem ganzen metaphysischen Schwergewicht dieses Ausdrucks. Wenn Spinoza zu Beginn seines Werkes den Substanzbegriff der Scholastik an die großen Idealisten von 1800 weitergibt — in diesem Punkt der bedeutende Vermittler zwischen zwei Epochen des europäischen Denkens, grade weil er ihn nicht theologisch verstand wie die verstrichene Epoche und nicht anthropologisch wie die kommende, sondern kosmologisch-naturalistisch und ihn dadurch formalisierte und also verwandelbar machte —, so definiert er Substanz bekanntlich (hier darf dies unverschämte Schreiberwort einmal stehen, ohne daß der Leser erröten muß, denn die ersten Sätze philosophischer Bücher pflegt er ja zu kennen) als das, was in sich ist und durch sich begriffen wird. Ich könnte die Absicht der schwierigen konstruktiven Partien der drei Bücher des ersten Bandes vielleicht nicht besser erklären, als wenn ich sage, daß hier für jeden der drei möglichen Träger des »Wesens«-Begriffs gezeigt wird, wie er in seiner besonderen Weise diese Definition erfüllt. Was bei mir »ja« heißt, entspricht dem »in se esse«, was bei mir »nein«, dem »per se percipi« der spinozistischen Definition. Natürlich nicht so, daß es nun etwa das gleiche wäre; ich gebe in diesem ganzen Aufsatz dem Leser des Buchs ja nur Fingerzeige; will er wissen, was drin steht, so muß er es schon lesen; das kann ich ihm nicht ersparen.

Aber jedenfalls glaube ich, mit dem eben Gesagten die Tendenz des ersten Bandes, so gut man das als Autor kann — d. h. also sicher weniger gut als ein gescheiter Leser —, bezeichnet zu haben. Auf die Frage nach dem Wesen gibt es nur tautologische Antworten. Gott ist nur göttlich, der Mensch nur menschlich, die Welt nur weltlich; man kann so tiefe Schächte in sie vortreiben, wie man will, man findet immer nur wieder sie selber. Und das gilt für alle drei gleichmäßig. Der Gottesbegriff hat nicht etwa eine Sonderstellung. Als Gottes*begriff* ist er nicht unerschwinglicher als der Mensch- und Weltbegriff. Umgekehrt: das Wesen des Menschen und das Wesen der Welt — das Wesen! — ist nicht erreichbarer als das Wesen — das Wesen! — Gottes. Wir wissen von allen gleich viel, gleich wenig. Nämlich alles und nichts. Wir wissen aufs genaueste, wissen es mit dem anschaulichen Wissen der Erfahrung, was Gott, was der Mensch, was die Welt für sich genommen »ist«; wüßten wir das nicht, wie könnten wir davon reden und vor allem wie könnten wir die beiden jeweils einen auf das jeweils andre »zurückführen« oder die beiden jeweils andern Zurückführungsmöglichkeiten bestreiten! Und wir wissen ganz und gar nicht, mit dem hintertückischen, »verandernden« Wissen des Denkens, was Gott, was die Welt, was der Mensch noch andres ist; wüßten wir das, wie könnte sich gegen solches Wissen jenes anschauliche noch derart halten, daß es uns immer wieder diese Frage, diese Zurückführungsversuche ablockt? Gespenster verschwinden, wenn der Hahn der Erkenntnis kräht; diese Gespenster verschwinden nie. Daß wir glauben, diese Wesenheiten seien uns die eine näher, die andern entfernter, liegt, wie der damit zusammenhängende Mißbrauch der unsinnigen Worte immanent und transzendent, an einer Verwechslung der Wesenheiten mit den Wirklichkeiten Gott, Welt, Mensch. Zwischen denen bestehen allerdings Nähen und Fernen, Annäherungen und Entfernungen; die aber nicht zu seinshaften Eigenschaften erstarren, daß Gott also z. B. transzendent »wäre«. Nein, sondern als Wesenheiten sind sich Gott, Welt, Mensch untereinander ganz gleichmäßig transzendent und von den Wirklichkeiten läßt sich nicht sagen, was sie »sind«, sondern nur — aber das gehört noch nicht hierher.

Was aber wissen wir denn nun von ihnen außer und zwischen jenem Alles und Nichts? Immerhin doch auch Etwas, nämlich eben das, was wir mit den Worten göttlich, menschlich, weltlich meinen. Wir meinen ja damit etwas ganz Bestimmtes, untereinander Unverwechselbares. Was denn? Wo finden wir die drei Wesenheiten so zugleich unwirklich und anschaulich, wie diese drei Eigenschaftsworte sie in ihrer Isoliertheit voneinander abheben? Hier wird ein zweites Motiv sichtbar, das sich mit dem ersten, dem logisch-metaphysischen verschlingt und das in dieser Verflechtung mit ihm zusammen den Aufbau des ersten Bandes beherrscht.

Wo also gibt es solche wesenhaften und doch der Wahrheit oder der Lebendigkeit oder der Wirklichkeit ermangelnden Gestalten? Einen Gott, der nicht der wahre und nicht wirklich ist, eine Welt, die nicht die lebendige und nicht wahr ist, Menschen, die nicht die wirklichen und nicht lebendig sind? Die voneinander, von den beiden jeweils andern, nichts wissen, nichts wollen? Schatten also, die mit unsrer Wirklichkeit, unsrer Wahrheit, unsrem Leben nicht in dem gleichen Raum wohnen und die doch in alles, was in unserm Raum geschieht, hineingeistern? Die Antwort kann sich der Leser geben, wenn er seine Spenglerkenntnis zu Rate zieht. Spenglers apollinische Kultur begreift genau die Götter, Welten, Menschen, die hier gemeint sind. Spenglers Begriff des Euklidischen bezeichnet genau die wesenhafte Getrenntheit, die »Transzendenz« zueinander, die hier bezeichnet wurde. Nur daß Spengler, wie stets, richtig Gesehenes falsch deutet. Der mythische Olymp, der plastische Kosmos, der tragische Heros sind nicht damit abgetan, daß sie gewesen sind; sie sind ja gar nicht im strengen Sinne des Wortes »gewesen«; der wirkliche Grieche ist, wenn er betete, ja doch nicht etwa von Zeus oder Apollon erhört worden, sondern natürlich von Gott; und er hat auch nicht etwa im Kosmos gelebt, sondern in der geschaffenen Welt, deren Sonne, unsre Sonne, auch Homer leuchtete; und er war kein attischer Tragödienheld, sondern ein armer Mensch wie wir. Trotzdem aber diese drei Gestalten nie wirklich waren, sind sie doch die Voraussetzung aller unsrer Wirklichkeit. Gott ist so lebendig wie die Götter des Mythos, die geschaffene Welt ist so sehr die wirkliche und so wenig bloße »Erscheinung«, wie die plastisch geschlossenenen Endlichkeiten, in denen der Grieche zu leben glaubte oder als politisches Geschöpf zu leben wünschte und die er als Künstler um sich herum erschuf; der Mensch, zu dem Gott spricht, ist so sehr der wahre Mensch und ganz und gar kein Gehäuse von Idealen, wie der Held der Tragödie in seinem starren Trotz. Die geistigen Gestalten, die in der Weltgeschichte nur hier, nur in Spenglers »apollinischer Kultur«, isoliert waren und dadurch sichtbar wurden, sind in allem Leben als seine geheimen unsichtbaren Voraussetzungen mit enthalten, einerlei ob dieses Leben älter oder jünger ist, einerlei ob es selber historische Gestalt geworden ist oder historisch unsichtbares Leben geblieben. Das ist die Klassizität des klassischen Altertums — und der

Grund, weshalb der erste Band des Sterns, indem er die elementaren Inhalte der Erfahrung gereinigt von den Mischungen, die das Denken an ihnen vornehmen möchte, herauszustellen sucht, eben hierin eine Philosophie des Heidentums werden muß. Das er nun selber wieder, gemäß der konstruktiven Ableitung der drei »Substanzen«, aus geschichtlichen Gestalten aufbaut, wobei es den Lieblingen der Moderne, den »Geistesreligionen des fernen Ostens«, schlecht ergeht.

Das Heidentum ist also durchaus kein bloßer religionsphilosophischer Kinderschreck für Erwachsene, als welchen es die Orthodoxie früherer Jahrhunderte und komischerweise neuerdings wieder Max Brods bekanntes Buch verwendet. Sondern es ist — nicht mehr und nicht weniger als die Wahrheit. Die Wahrheit freilich in elementarer, unsichtbarer, un-offenbarer Form. So daß es also überall, wo es nicht elementar, sondern das Ganze, nicht unsichtbar, sondern Gestalt, nicht geheim, sondern Offenbarung sein will, zur Lüge wird. Aber als Element und Geheimnis im Ganzen und Sichtbaren und Offenbaren ist es immerwährend. So immerwährend wie die großen Gegenstände, die »Substanzen« des Denkens, in der wirklichen, ungegenständlichen und unsubstantiellen, Erfahrung.

Denn die Erfahrung weiß ja nichts von Gegenständen; sie erinnert sich, sie erlebt, sie hofft und fürchtet. Allenfalls den Inhalt der Erinnerung könnte man als Gegenstand verstehen; das wäre dann eben ein Verstehen, und nicht der Inhalt selbst. Denn der wird ja nicht erinnert als mein Gegenstand; es ist nichts als ein Vorurteil der letzten drei Jahrhunderte, daß in allem Wissen das »Ich« mit dabei wäre; also daß ich keinen Baum sehen könnte, ohne daß »ich« ihn sähe. In Wahrheit ist mein Ich nur dabei, wenn es — dabei ist; wenn also z. B. ich betonen muß, daß ich den Baum sehe, weil ein andrer ihn nicht sieht; dann ist in meinem Wissen allerdings der Baum in Verbindung mit mir; aber immer sonst weiß ich nur von dem Baum und von nichts anderm; und die philosophieübliche Behauptung der Allgegenwart des Ich in allem Wissen verzerrt den Inhalt dieses Wissens.

Die Erfahrung erfährt also nicht die Dinge, die beim Denken über die Erfahrung allerdings als letzte Tatsächlichkeiten sichtbar werden; aber was sie erfährt, erfährt sie an diesen Tatsächlichkeiten. Und deshalb ist es für eine reinliche und vollständige Darstellung der Erfahrung so wichtig, zuvor jene Tatsächlichkeiten rein herausgestellt zu haben und dem Hange des Denkens zu ihrer Verwechslung entgegengetreten zu sein. Sie sind das Personenverzeichnis, der Theaterzettel, der ja auch nicht ein Teil des Dramas selber ist und den man doch gut tut vorher zu lesen. Oder anders gesagt: das Eswareinmal, mit welchem alle Märchen anfangen, aber eben nur anfangen, und das im Laufe des Märchens und im Flusse seiner Erzählung nicht noch einmal vorkommen kann. Das ist sogar das genauere Gleichnis. Denn wenn der erste Band die alte Frage der Philosophie: was ist? beantwortet hatte und nachdem er es so getan hatte, daß dem Einheitstriebe des philosophischen Denkens das Bishierherundnichtweiter der Erfahrung zugerufen war, kann nun im zweiten die erfahrene Wirklichkeit selber dargestellt werden. Nicht mit den Mitteln der alten Philosophie, die ja nicht über die, meist falsch, aber höchstenfalls richtig beantwortete Frage nach dem »Seienden« hinausreichen — und das Wirkliche »ist« nicht. So wird die Methode des zweiten Bandes eine andre sein müssen, eben die unsres letzten Gleichnisses: eine Methode des Erzählens. Eine erzählende Philosophie hat Schelling in der Vorrede seines genialen Fragments »Die Weltalter« geweissagt. Der zweite Band versucht sie zu geben.

Was heißt denn erzählen? Wer erzählt, will nicht sagen, wie es »eigentlich« gewesen, sondern wie es wirklich zugegangen ist. Auch wenn der große deutsche Historiker in seiner bekannten Definition seines wissenschaftlichen Wollens jenes und nicht dieses Wort gebraucht, meint er es doch so. Der Erzähler will nie zeigen, daß es eigentlich ganz anders war — es ist gradezu Kennzeichen des schlechten, begriffsversessenen oder sensationslüsternen Historikers, darauf auszugehen —, sondern er will zeigen, wie das und das, was als Begriff und Name in aller Mund ist, etwa der Dreißigjährige Krieg oder die Reformation, eigentlich geschehen ist. Auch ihm löst sich da etwas bloß Wesenhaftes, ein Name, ein Begriff, auf, aber nicht in ein andres ebenso nur Wesenhaftes, sondern in seine eigene Wirklichkeit, genauer seine eigene Verwirklichung. Ist-Sätze wird er überhaupt kaum bilden, selbst War-Sätze wie gesagt höchstens zu Anfang; Substantive, als Substanzworte, gehen in seine Erzählung zwar ein, aber das Interesse liegt nicht auf ihnen, sondern auf dem Verbum, dem Zeit-wort.

Die Zeit nämlich wird ihm ganz wirklich. Nicht in ihr geschieht, was geschieht, sondern sie, sie selber geschieht. Die Reihenfolge der drei Bücher des ersten Bandes war ganz zufällig; jede der vier andern Möglichkeiten wäre genau so möglich gewesen. Wesen will nichts von

Zeit wissen. Jetzt im Mittelbande wird die Reihenfolge nicht bloß wichtig, sondern sie ist das eigentlich Wichtige, was mitgeteilt werden soll. Sie ist schon selber das neue Denken, von dem ich zu Anfang sprach. Wenn etwa das alte sich das Problem stellte, ob Gott transzendent oder immanent sei, so versucht das neue zu sagen, wie und wann er aus dem fernen zum nahen Gott wird und wieder aus dem nahen zum fernen. Oder wenn die alte Philosophie die Alternative Determinismus-Indeterminismus aufstellt, so folgt die neue etwa dem Weg der Tat aus der Bedingtheit des Charakters und dem zerrenden Gestrüpp der Motive durch den einen leuchtenden Gnadenaugenblick der Wahl zu einem Müssen, das jenseits aller Freiheit ist, und überwindet so die Schwankungen jener Alternative, die den Menschen entweder ein aufgeschminktes Stück Welt oder einen verkappten Gott »sein« zu lassen genötigt ist. Die neue Philosophie tut da nichts andres, als daß sie die »Methode« des gesunden Menschenverstandes zur Methode des wissenschaftlichen Denkens macht. Worin unterscheidet sich denn der gesunde Menschenverstand vom kranken, der sich, genau wie die alte Philosophie, die Philosophie des »philosophischen Staunens« — Staunen heißt Stillestehn —, in eine Sache verbeißt und sie nicht eher loslassen möchte, bis er sie ganz »hat«? Er kann warten, weiterleben, er hat keine »fixe Idee«, er weiß: kommt Zeit, kommt Rat. Dieses Geheimnis ist die ganze Weisheit der neuen Philosophie. Sie lehrt, mit Goethe zu sprechen, das »Verstehen zur rechten Zeit« —

Warum ist Wahrheit fern und weit,
Birgt sich hinab in tiefste Gründe?

Niemand versteht zur rechten Zeit!
Wenn man zur rechten Zeit verstünde:
So wäre Wahrheit nah und breit,
Und wäre lieblich und gelinde.

Das neue Denken weiß genau wie das uralte des gesunden Menschenverstands, daß es nicht unabhängig von der Zeit erkennen kann —, was doch der höchste Ruhmestitel war, den sich die Philosophie bisher beilegte. So wenig wie man ein Gespräch auch von hinten beginnen könnte oder einen Krieg mit dem Friedensschluß (was allerdings die Pazifisten gern möchten) oder das Leben mit dem Tode, sondern man muß wohl oder übel tätig und leidend abwarten lernen, bis es soweit ist, und darf keinen Augenblick überspringen, so ist auch das Erkennen in jedem Augenblick gebunden eben an diesen Augenblick und kann seine Vergangenheit nicht unvergangen, seine Zukunft nicht unzukünftig machen. Das gilt von alltäglichen Dingen, und für die gibt es jeder zu. Jeder weiß, daß für einen behandelnden Arzt etwa die Behandlung Gegenwart, die Erkrankung Vergangenheit und die Feststellung des Todes Zukunft ist und daß es keinen Sinn hat, wenn er aus dem Tic des zeitlosen Erkennens heraus etwa versuchen wollte, in der Diagnose Wissen und Erfahrung, in der Therapie Kühnheit und Eigensinn, in der Prognose Furcht und Hoffnung auszuschalten. So auch glaubt niemand, der einen Kauf abschließt, im Ernst, die Ware vorher, im Stadium der Kauflust, so sehen zu können, wie er sie nachher, im Stadium der Reue, sieht. Das gilt aber genau so auch im Letzten und Höchsten, das man allgemein nur zeitlos erkennen zu können meint. Was Gott getan hat, was er tut, was er tun wird, was der Welt geschehen ist, was ihr geschehen wird, was dem Menschen geschieht, was er tun wird — das alles kann nicht von seiner Zeitlichkeit losgelöst werden, also daß man etwa das kommende Reich Gottes erkennen könnte, wie man die geschaffene Schöpfung erkennen kann oder die Schöpfung so ansehen dürfte, wie man das Reich der Zukunft ansehen darf; genau so wenig wie der Mensch sich den Blitzstrahl der immer nur gegenwärtigen Erfahrung zur Vergangenheit verkohlen lassen darf und ebensowenig ihn von der Zukunft erwarten, denn er ist immer nur gegenwärtig und auf ihn warten ist das sicherste Mittel, ihn am Einschlagen zu verhindern; und genau so wie die menschliche Tat nur, solange sie noch bevorsteht, Tat ist und wenn getan nur noch ein bloßes, von allem andern ununterschiedenes Geschehen.

So unverwechselbar sind die Zeiten der Wirklichkeit. Wie jedes einzelne Geschehen seine Gegenwart, seine Vergangenheit, seine Zukunft hat, ohne die es nicht oder nur verzerrt erkannt wird, so auch die Wirklichkeit im Ganzen. Auch sie hat ihre Vergangenheit und Zukunft, und zwar eine immerwährende Vergangenheit und eine ewige Zukunft. Gott, Welt, Mensch erkennen heißt erkennen, was sie in diesen Zeiten der Wirklichkeit tun oder was ihnen geschieht. Aneinander tun und voneinander geschieht. Die Trennung ihres »Seins« wird hier vorausgesetzt, denn wären sie nicht getrennt, so könnten sie einander nichts tun; wäre der andre mit mir »im tiefsten Grunde« derselbe, wie es

Schopenhauer will, so könnte ich ihn grade nicht lieben, ich liebte ja dann nur mich; wäre Gott »in mir« oder »nur mein höheres Ich«, welches Friseurgehilfendogma neben dem andern, daß er das herrliche All ist, beim Eintritt in manche Jugendbünde unterschrieben werden muß, so wäre das nicht bloß eine unnütze sprachliche Verunklärung eines sonst klaren Verhältnisses, sondern vor allem hätte dieser Gott mir schwerlich etwas zu sagen, denn was mein höheres Ich mir zu sagen hat, weiß ich auch so; und wäre ein Mensch »gotthaft«, wie es ein begeisterter deutscher Professor unter dem Eindruck von Rabindranath Tagores Mantel verkündet hat, so wäre diesem Menschen der Weg zu Gott versperrt, der jedem menschhaften Menschen offen steht. So wichtig ist die vorausgesetzte Trennung des »Seins«, von der doch nun weiterhin gar nicht mehr gesprochen wird. Denn in der Wirklichkeit, die wir einzig erfahren, wird sie überbrückt und alles, was wir erfahren, sind Erfahrungen solcher Brückenschläge. Gott selber, wenn wir ihn begreifen wollen, verbirgt sich, der Mensch, unser Selbst, verschließt sich, die Welt wird zum sichtbaren Rätsel. Nur in ihren Beziehungen, nur in Schöpfung, Offenbarung, Erlösung, tun sie sich auf.

Und nun wird dies große Weltgedicht in drei Zeiten nacherzählt. Erzählt doch eigentlich nur im ersten, dem Buch der Vergangenheit. In der Gegenwart weicht die Erzählung der unmittelbaren Wechselrede, denn vor Gegenwärtigen, seien es Menschen oder Gott, läßt sich nicht in der dritten Person sprechen, sie können nur gehört und angesprochen werden. Und im Buch der Zukunft herrscht die Sprache des Chors, denn das Zukünftige erfaßt auch der Einzelne nur wo und wenn er Wir sagen kann.

So entspringt der Zeitlichkeit des neuen Denkens seine neue Methode. In allen drei Büchern zwar, doch aber am sichtbarsten im Herzbuch dieses Bandes und so des Ganzen, im zweiten, dem Buch der gegenwärtigen Offenbarung. An die Stelle der Methode des Denkens, wie sie alle frühere Philosophie ausgebildet hat, tritt die Methode des Sprechens. Das Denken ist zeitlos, will es sein; es will mit einem Schlag tausend Verbindungen schlagen; das Letzte, das Ziel ist ihm das Erste. Sprechen ist zeitgebunden, zeitgenährt; es kann und will diesen seinen Nährboden nicht verlassen; es weiß nicht im voraus, wo es herauskommen wird; es läßt sich seine Stichworte vom andern geben. Es lebt überhaupt vom Leben des anderen, mag der nun der Hörer der Erzählung sein oder der Antwortende des Zwiegesprächs oder der Mitsprecher des Chors; während Denken immer einsam ist, mag es auch gemeinsam zwischen mehreren »Symphilosophierenden« geschehen: auch dann macht der andre mir nur die Einwände, die ich mir eigentlich selbst machen müßte —, worauf ja die Langweiligkeit der meisten philosophischen Dialoge, auch des überwiegenden Teils der platonischen, beruht. Im wirklichen Gespräch geschieht eben etwas; ich weiß nicht vorher, was mir der andre sagen wird, weil ich nämlich auch noch nicht einmal weiß, was ich selber sagen werde; ja vielleicht noch nicht einmal, daß ich überhaupt etwas sagen werde; es könnte ja sein, daß der andre anfängt, ja es wird sogar im echten Gespräch meist so sein; wie man sich bei einem vergleichenden Blick in die Evangelien und die sokratischen Dialoge leicht überzeugen kann; Sokrates bringt meist das Gespräch erst in Gang, in den Gang einer philosophischen Diskussion nämlich. Der Denker weiß ja eben seine Gedanken im voraus; daß er sie »ausspricht«, ist nur eine Konzession an die Mangelhaftigkeit unsrer, wie er es nennt, Verständigungsmittel; die nicht darin besteht, daß wir Sprache, sondern darin, daß wir Zeit brauchen. Zeit brauchen heißt: nichts vorwegnehmen können, alles abwarten müssen, mit dem Eigenen vom andern abhängig sein.Das alles ist dem denkenden Denker völlig undenkbar, während es dem Sprachdenker einzig entspricht. Sprachdenker — denn natürlich ist auch das neue, das sprechende Denken ein Denken, so gut wie das alte, das denkende Denken nicht ohne inneres Sprechen geschah; der Unterschied zwischen altem und neuem, logischem und grammatischem Denken liegt nicht in laut und leise, sondern im Bedürfen des andern und, was dasselbe ist, im Ernstnehmen der Zeit: denken heißt hier für niemanden denken und zu niemandem sprechen (wobei man für niemanden, wenn einem das lieblicher klingt, auch alle, die berühmte »Allgemeinheit«, setzen kann), sprechen aber heißt zu jemandem sprechen und für jemanden denken; und dieser Jemand ist immer ein ganz bestimmter Jemand und hat nicht bloß Ohren wie die Allgemeinheit, sondern auch einen Mund.

In dieser Methode konzentriert sich das, was von dem Buch an Erneuerung des Denkens ausgehen kann. Sie ist zuerst entdeckt von Feuerbach, dann in die Philosophie, obzwar ohne Bewußtsein ihrer umstürzenden Kraft, wieder eingeführt von Hermann Cohen im Nachlaßwerk; jene Stellen bei Cohen waren mir, als ich schrieb, schon bekannt; doch verdanke ich diese für das Zustandekommen des Buchs entscheidende Beeinflussung nicht ihnen, sondern Eugen Rosenstock, dessen jetzt gedruckte »Angewandte Seelenkunde« mir, als ich zu schreiben begann, schon anderthalb Jahre im ersten Entwurf vorlag. Seitdem ist außer im Stern noch eine weitere prinzipielle Darstellung der neuen Wissenschaft erschienen, im ersten Band von Hans Ehrenbergs selber in der neuen Form des echten zeitbrauchenden Gesprächs verfaßtem Idealismuswerk, dem »Fichte«; Victor v. Weizsäckers »Philosophie des Arztes« wird in absehbarer Frist erscheinen; Rudolf Ehrenbergs »Theoretische Biologie« stellt die Lehre von der organischen Natur zum ersten Mal unter das Gesetz der wirklichen, unumkehrbaren Zeit. Unabhängig von den Genannten und voneinander sind außerdem zum Brennpunkt des neuen Gedankens, also zu dem, was im Zentralbuch des Sterns abgehandelt wird, vorgestoßen Martin Buber in »Ich und Du« und Ferdinand Ebner in der mit meinem Buch genau gleichzeitig entstandenen Schrift »Das Wort und die geistigen Realitäten«. Instruktive Beispiele praktischer Anwendung des neuen Denkens enthalten die Anmerkungen zu meinem »Jehuda Halevi«. Ein genaues und tiefes Wissen um all diese Dinge ist eingeschlossen in die Grundsteine der gewaltigen, meist noch ungedruckten, Werke Florens Christian Rangs.

Theologisches Interesse hat bei all den eben Genannten dem neuen Denken zum Durchbruch geholfen. Gleichwohl ist es kein theologisches Denken. Wenigstens ganz und gar nicht, was man bisher unter einem solchen verstehen mußte. Weder im Ziel noch in den Mitteln. Weder richtet es sich nur auf die sogenannten »religiösen Probleme«, die es vielmehr mitten unter, ja gradezu mitten in logischen, ethischen, ästhetischen behandelt, noch kennt es jene aus Angriff und Verteidigung gemischte, nie ruhig der Sache zugewandte Haltung, die für theologisches Denken charakteristisch ist. Wenn das Theologie ist, dann jedenfalls als solche eine ebenso neue wie als Philosophie. Die Einleitung zum zweiten Band beschäftigt sich mit dieser Frage, wie ja überhaupt die drei Einleitungen dem Leser die Wege zu zeigen versuchen, die aus der ihm vertrauten geistigen Welt in die Welt des Buches führen. Nicht zur Hausmagd darf Theologie Philosophie erniedern, aber genau so entwürdigend ist die Rolle der Monatsfrau, welche die Philosophie in neuerer und neuester Zeit der Theologie zuzumuten sich gewöhnt hatte. Das wahre Verhältnis der beiden erneuerten Wissenschaften, wie die erwähnte Einleitung es entwickelt, ist geschwisterlich, ja bei ihren Trägern muß es zu Personalunion führen. Die theologischen Probleme wollen ins Menschliche übersetzt werden und die menschlichen bis ins Theologische vorgetrieben. Etwa das Problem des Gottesnamens ist nur ein Teil des logischen Problems des Namens überhaupt; und eine Ästhetik, die sich keine Gedanken darüber macht, ob Künstler selig werden können, ist zwar eine höfliche, aber auch eine unvollständige Wissenschaft.

Vollständigkeit ist ja überhaupt die eigentliche Bewährung des neuen Denkens. Vom alten aus sind seine Probleme größtenteils einfach unsichtbar und werden, wenn sie sich ihm in den Gesichtskreis drängen, nicht als wissenschaftliche Probleme erkannt; das gilt nicht nur von den im engeren Sinn theologischen, sondern auch von dem größten Teil der menschlichen, welche die grammatische Methode für wissenschaftliche Erfassung greifbar macht, etwa für die Logik des Ich und Du oder für die eben schon angeführte des Namens. Hingegen bleibt von der Position des neuen Denkens aus der ganze Bereich des alten einsehbar und bestreichbar. Etwa die Probleme der alten, aristotelischen und kantischen, Logik bleiben als Probleme des Es für das Sprachdenken durchaus Probleme; als solche werden sie im ersten Buch des Bandes, freilich nur in erster Orientierung, aber doch schon herausgenommen aus der falschen Beziehung auf das Ich und wenigstens grundrißhaft eingestellt in die richtige auf das Er, auf Ihn, behandelt.

Gott hat eben nicht die Religion, sondern die Welt geschaffen. Und wenn er sich offenbart, bleibt doch die Welt rings herum stehen, ja ist nachher erst recht geschaffen. Die Offenbarung zerstört ja das echte Heidentum, das Heidentum der Schöpfung, mitnichten, sie läßt ihm nur das Wunder der Umkehr und Erneuerung geschehn. Sie ist immer gegenwärtig und, wenn vergangen, dann aus jener Vergangenheit, die am Anfang der Menschengeschichte steht — Offenbarung an Adam. Sie als »allzeit erneuerte« ist Inhalt des zweiten Bandes wie das Heidentum als »immerwährendes« Inhalt des ersten. Er handelt von der sichtbaren und hörbaren, eben also offenbaren Wirklichkeit, sein Vorgänger von ihrer dunkel-stumm geheimen Voraussetzung. Von den historischen Gestalten der Offenbarung in ihrer Unterschiedenheit, vom Judentum und seinem antipodischen Sproß, dem Christentum, ist hier noch gar nicht die Rede. Nur weil und insofern diese beiden die »Offenbarung an Adam« erneuern, nur insofern ist das neue Denken jüdisches oder christliches Denken. Und andrerseits weil und insofern das Heidentum in seinen historischen Gestalten diese Offenbarung an Adam, der so wenig Heide war wie Jude oder Christ, vergessen oder verleugnet hat, ist dieses historische, zur Gestalt für sich erstarrte Heidentum freilich durchaus nicht immerwährend; grade in seiner Selbständigkeit und Formgewordenheit hat es keinen Teil an der Wirklichkeit. Die Tempel der Götter sind mit Recht verfallen, ihre Standbilder stehen mit Recht im Museum, ihr Dienst, soweit er geordnet und geregelt war, mag eine einzige ungeheure Verirrung gewesen sein —, aber das Stoßgebet, das sich aus gequälter Brust zu ihnen emporrang, und die Träne, die der karthagische Vater, der seinen Sohn zum Molochopfer führte, vergoß, können nicht ungehört, nicht ungesehn geblieben sein. Oder sollte Gott auf den Sinai oder gar auf Golgatha gewartet haben? Nein, so wenig wie vom Sinai oder von Golgatha Wege führen, auf denen er mit Sicherheit erreicht wird, so wenig kann er sichs versagt haben, auch dem, der ihn auf den Saumpfaden um den Olymp suchte, zu begegnen. Es gibt keinen gebauten Tempel, der ihm so nah wäre, daß der Mensch sich dieser Nähe getrösten dürfte, und keinen, der ihm so fern wäre, daß sein Arm nicht leicht auch dorthin langen könnte, keine Richtung, aus der er nicht kommen könnte, keine, aus der er kommen müßte, keinen Holzklotz, in dem er nicht vielleicht einmal Wohnung nimmt, und keinen Davidspsalm, der sein Ohr immer erreicht.

Die Sonderstellung von Judentum und Christentum besteht grade darin, daß sie, sogar wenn sie Religion geworden sind, in sich selber die Antriebe finden, sich von dieser ihrer Religionshaftigkeit zu befreien und aus der Spezialität und ihren Ummauerungen wieder in das offene Feld der Wirklichkeit zurückzufinden. Alle historische Religion ist von Anfang an spezialistisch, »gestiftet«; nur Judentum und Christentum sind spezialistisch erst, und nie auf die Dauer, geworden und gestiftet nie gewesen. Sie waren ursprünglich nur etwas ganz »Unreligiöses«, das eine eine Tatsache, das andre ein Ereignis. Religion, Religionen sahen sie um sich her, sie selber wären höchst verwundert gewesen, auch als eine angesprochen zu werden. Erst ihre Parodie, der Islam, ist von vornherein Religion und will gar nichts andres sein; er ist mit Bewußtsein »gestiftet«. Die sechs Stellen in diesem Band, wo er behandelt wird, stellen also die einzige im strengen Sinn religionsphilosophische Partie in dem Buch dar.

Aber das »jüdische Buch«? als das es sich doch schon durch das Titelblatt anzeigt? Ich möchte so leise sprechen können, wie der Dichter, wenn er seine gewaltig ausgreifende Fuge über das Thema der kosmischen Schönheit schließt mit der unvergeßlichen Einführung: Mir erschien sie in Jugend-, in Frauengestalt —, um das ganz wahr sagen zu können, was ich nun zu sagen habe. Ich habe das neue Denken in diesen alten Worten empfangen, so habe ich es in ihnen wieder- und weitergegeben. Einem Christen wären, das weiß ich, statt der meinen Worte des Neuen Testaments auf die Lippen gekommen, einem Heiden, so denke ich, zwar nicht Worte seiner heiligen Bücher — denn deren Aufstieg führt von der Ursprache der Menschheit ab, nicht wie der Erdenweg der Offenbarung zu ihr hin —, aber vielleicht ganz eigne. Mir aber diese. Und dies doch wohl ist ein jüdisches Buch: nicht eins, das von »jüdischen Dingen« handelt, denn dann wären die Bücher der protestantischen Alttestamentler jüdische Bücher; sondern eins, dem für das, was es zu sagen hat, und grade für das Neue, was es zu sagen hat, die alten jüdischen Worte kommen. Jüdische Dinge sind, wie Dinge überhaupt, stets vergangen; jüdische Worte aber haben, ob auch alt, teil an der ewigen Jugend des Worts, und wenn ihnen die Welt aufgetan wird, so erneuern sie die Welt.

Aber so bleibt das Wunder, daß es nun dennoch Gestalthaftes gibt, und Unvergehendes. Zwar nicht in der wirklichen Welt des allzeit erneuerten Lebens, da ist nur das Gegenwärtige gegenwärtig, und das Vergangene nur gewesen, das Zukünftige nur kommend. Aber von diesen dreien ist ja Zeit im zeitlichsten Sinn nur die Gegenwart. Und wie die Gestalten des Heidentums gleich einer Schöpfungsvergangenheit in die Gegenwart hineinragen, so wird auch die Erlösungszukunft vorweggenommen in ewigen Gestalten. An den Himmel über der zeitlichen Welt wirft der Fluß des Geschehens glänzende Bilder, und die bleiben. Es sind nicht Urbilder, im Gegenteil sie wären nicht, wenn nicht der Strom der Wirklichkeit aus seinen drei unsichtbar-geheimen Quellen fort und fort hervorbräche. Ja jene unsichtbaren Geheimnisse werden in diesen Bildern selbst bildhaft, und der stete Ablauf des Lebens rundet sich zur wiederkehrenden Form.

Judentum und Christentum sind diese beiden ewigen Zifferblätter unter dem Wochen- und Jahreszeiger der stets erneuerten Zeit. In ihnen, ihrem Jahr, bildet sich der unabbildbare, nur erleb- und erzählbare Ablauf der Weltzeit zum geformten Abbild; in ihrem Gott, ihrer Welt, ihrem Menschen wird das auf der Bahn des Lebens nur erfahrbare, nicht aussprechbare Geheimnis Gottes, der Welt, des Menschen aussprechbar; was Gott, was die Welt, was der Mensch »ist«, wissen wir nicht, sondern nur was sie tun oder was an ihnen getan wird; aber wie der jüdische oder der christliche Gott, die jüdische oder die christliche Welt, der jüdische oder der christliche Mensch aussehen, das können wir ganz genau wissen. An Stelle der seienden Substanzen, die nur als geheime Voraussetzungen der allzeiterneuerten Wirklichkeit immerwähren, treten Gestalten, die diese allzeiterneuerte Wirklichkeit ewig spiegeln. Von ihnen handelt der dritte Band.

Die Darstellung des Judentums und Christentums, die er gibt, ist also nicht ursprünglich von religionswissenschaftlichem Interesse bestimmt, sondern, wie aus dem eben Gesagten wohl schon hervorgeht, von allgemein systematischem, im besonderen von der Frage nach einer seienden Ewigkeit, von der Aufgabe also einer Überwindung der Gefahr, das neue Denken etwa im Sinne, vielmehr Unsinne, der »lebensphilosophischen« und sonstigen »irrationalistischen« Tendenzen zu verstehn; in den dunklen Strudel dieser Skylla scheint ja heut jeder hinabgezogen zu werden, der klug genug ist, den Rachen der idealistischen Charybdis zu vermeiden. Infolgedessen geht die Darstellung in beiden Fällen nicht vom eignen Bewußtsein der beiden aus, also beim Judentum nicht vom Gesetz, beim Christentum nicht vom Glauben, sondern von der äußeren, sichtbaren Gestalt, durch die sie der Zeit ihre Ewigkeit abringen, beim Judentum also von der Tatsache des Volks, beim Christentum vom gemeindegründenden Ereignis; und nur von diesen aus wird das Gesetz und der Glaube hier sichtbar. Auf soziologischer Grundlage wird also hier Judentum und Christentum neben- und gegeneinander gestellt. Daraus ergibt sich eine Darstellung, die beiden nicht ganz gerecht wird, die aber um diesen Preis wohl zum erstenmal über die auf diesem Gebiet übliche Apologetik und Polemik hinauskommt. Darüber habe ich an andrer Stelle (in dem Aufsatz »Apologetisches Denken«) das Nötige gesagt, so daß ich hier mich nicht zu wiederholen brauche.

Die soziologische Grundlage, auf der die Schilderung von Judentum und Christentum sich aufbaut, wirkt sich dann weiterhin aus in soziologischen Partien, die sich mit jener Darstellung verflechten. Daß das jüdische Volk auf der Tatsache, die es selber ist, beruht und die christliche Gemeinde auf dem Ereignis, um das sie sich sammelt, führt dort zu einer allgemeinen Soziologie und hier zu einer Soziologie der Künste. Eine messianische Politik, also eine Theorie des Krieges, schließt dann das erste, eine christliche Ästhetik, also eine Theorie des Leidens, das zweite Buch des Bandes.

So kommt in den beiden ersten Büchern an den Gestalten des Judentums und Christentums die Behandlung der ethischen und ästhetischen Probleme zum Abschluß. Beide gehen durch alle drei Bände hindurch, aber erst hier im dritten legen sie sich, gemäß dem überhaupt in gewissem Sinne ja wieder in das Fahrwasser des alten Denkens mit seinen Seinsfragen zurücklenkenden Charakter des Bandes in der gewohnten Weise friedlich in zwei Bücher auseinander. Daß es im übrigen freilich mit dem Frieden noch nicht so weit her ist, zeigt grade die Ästhetik dieses Bandes. Während der erste Band nur die geläufigen ästhetischen Grundbegriffe abhandelt und der zweite zwar sowohl in der ganzen Einordnung wie in der letzten Zuspitzung die Ästhetik aus der hier besonders fest, weil unbewußt gebliebenen Bindung in die idealistische Tradition befreite, aber zwischenhinein doch den üblichen Inhalt einer Ästhetik entwickelte, läßt der dritte Band sie gipfeln in einer angewandten Ästhetik und verbrennt in dieser Rechtfertigung der Kunst durch das Kunstgewerbe alle Schiffe, die aus diesem Neuland in das klassische Ursprungsland der Wissenschaft vom »zweckfreien Wohlgefallen« zurücktragen könnten.

Ich durfte mich bei diesen Dingen, die im wesentlichen die beiden ersten Bücher des dritten Bandes füllen, verhältnismäßig kurz aufhalten; diese Abschnitte gelten ja für verständlich, bis zu dem Grade, daß ein Kritiker dem Leser empfohlen hat, mit der Einleitung zu diesem Band zu beginnen und sich von da aus rückwärts und vorwärts weiterzulesen — gegen welchen Rat ich gar nichts einzuwenden habe, vorausgesetzt, daß er aus dem »vorwärts und rückwärts« schließlich auch zum von vorn nach hinten führt. Und gegen das, was in der berufenen Verständlichkeit wahrscheinlich an Mißverständlichkeit steckt, glaube ich im Vorhergehenden einige Gegengifte verabreicht zu haben. Gleichwohl bleibt in all diesem Verständlichen und Mißverständlichen noch eine ganze echte Unverständlichkeit. Es ist die gleiche, die das schlichte Gemüt beunruhigen muß bei der Nebeneinanderstellung von Judentum und Christentum und die auch den Denker befremdet, der hier sich im letzten Ernste, nicht mit der gewissen Vorläufigkeit, die es ihm im ersten Band noch erträglich machen konnte, zugemutet sieht, »das Seiende zu vervielfältigen«. Um die Wahrheit geht es also in dem

Schlußbuch des Bandes und des Ganzen, um die Wahrheit, die nur eine seine kann.

Mit erkenntnistheoretischen Überlegungen, so meint man heute noch, müsse alles Philosophieren beginnen. In Wahrheit wird es allenfalls damit schließen. Der Urheber des erkenntnistheoretischen Vorurteils unsrer Tage, Kant, ist ja mit seiner Kritik selber nichts als ein solcher Abschluß. Nämlich der historischen Epoche, die mit der Naturwissenschaft des Barock begann. Nur auf die Philosophie dieser Epoche trifft seine Kritik unmittelbar zu. Der copernikanischen Wendung des Copernikus, die den Menschen zum Stäubchen im All machte, entspricht die »copernikanische Wendung« Kants, die ihn zum Ausgleich auf den Weltenthron setzte, viel präziser als Kant dachte. An jener ungeheuerlichen Entwürdigung des Menschen auf Kosten seiner Menschlichkeit war dieses die, gleichfalls auf Kosten seiner Menschlichkeit gehende, maßlose Korrektur. So kommt alle Kritik erst nach der Aufführung. So wenig wie der Theaterkritiker vorher etwas zu sagen hat, mag er auch noch so gescheit sein, denn die Kritik soll ja grade nicht von der Gescheitheit zeugen, die er schon vorher besaß, sondern von der, die erst in dieser Aufführung in ihm entstanden ist: so wenig hat Erkenntnistheorie einen Sinn, die vor dem Erkennen, vor diesem Erkennen, vorhergeht. Denn alles Erkennen, wenn wirklich etwas erkannt wird, ist ein einzelner Akt und hat seine eigene Methode. Methodologische Erwägungen über Geschichte überhaupt ersetzen so wenig eine auf das einzelne Geschichtswerk gegründete, wie die Betrachtung eines Literarhistorikers über ein Drama die aus dem unmittelbaren Eindruck einer Aufführung geflossene Kritik des Zeitungsreferenten —, oder vielmehr noch weniger, denn bei Drama und Aufführung ist doch wenigstens das Buch dasselbe, aber »Geschichte überhaupt« gibt es — glücklicherweise — nicht. Was nun für jedes einzelne Werk einer Wissenschaft gilt, nämlich daß es seinem Stoff mit eigenen, nie vorher angewandten Methoden und Apparaten zuleibe gehen muß, wenn es das Geheimnis grade dieses Stoffs herauskriegen will, und daß nur der Schüler sich seine Methoden vom Lehrer vorschreiben läßt statt vom Stoff, das gilt genau so auch in der Philosophie; nur daß da, infolge des komischen Umstands, daß Philosophie ein Universitätsfach ist, mit Professuren, die besetzt werden wollen, und ersten Semestern, die auf ihre Visitenkarte drucken lassen: stud. philos., hier die Schüler, die nie über das Schülerstadium hinauskommen, so sehr die Regel sind, daß sie es selber bis zu ihrem siebzigjährigen Abgang nicht merken und infolgedessen die Art Erkenntnistheorie, die bei Schularbeiten allerdings angeht, für die einzige halten.

In ein Erkennen, bei dem etwas herauskommt, ist genau wie bei einem Kuchen auch etwas hineingetan. Hineingetan ist in den »Stern der Erlösung« zu Beginn die Erfahrung der Tatsächlichkeit vor allen Tatsachen der wirklichen Erfahrung. Der Tatsächlichkeit, die dem Denken statt seines Lieblingsworts Eigentlich das seiner Zunge ungewohnte Grundwort aller Erfahrung, das Wörtchen Und, aufzwingt. Gott und die Welt und der Mensch. Dieses Und war das Erste der Erfahrung; so muß es auch im Letzten der Wahrheit wiederkehren. Noch in der Wahrheit selber, der letzten, die nur eine sein kann, muß ein Und stecken; sie muß, anders als die Wahrheit der Philosophen, die nur sich selber kennen darf, Wahrheit für jemanden sein. Soll sie dann gleichwohl die eine sein, so kann sie es nur für den Einen sein. Und damit wird es zur Notwendigkeit, daß unsre Wahrheit vielfältig wird und daß »die« Wahrheit sich in unsre Wahrheit wandelt. Wahrheit hört so auf, zu sein, was wahr »ist«, und wird das, was als wahr — bewährt werden will. Der Begriff der Bewährung der Wahrheit wird zum Grundbegriff dieser neuen Erkenntnistheorie, die an die Stelle der Widerspruchslosigkeits- und Gegenstandstheorien der alten tritt und an Stelle des statischen Objektivitätsbegriffs jener einen dynamischen einführt; die hoffnungslos statischen Wahrheiten, wie die der Mathematik, die von der alten Erkenntnistheorie zum Ausgangspunkt gemacht wurden, ohne daß sie dann wirklich über diesen Ausgangspunkt hinauskam, sind von hier aus als der — untere Grenzfall zu begreifen, wie die Ruhe als Grenzfall der Bewegung, während die höheren und höchsten Wahrheiten nur von hier aus als Wahrheiten begriffen werden können, statt zu Fiktionen, Postulaten, Bedürfnissen umgestempelt werden zu müssen. Von jenen unwichtigsten Wahrheiten des Schlages »zwei mal zwei ist vier«, in denen die Menschen leicht übereinstimmen, ohne einen andern Aufwand als ein bißchen Gehirnschmalz — beim kleinen Einmaleins etwas weniger, bei der Relativitätstheorie etwas mehr —, führt der Weg über die Wahrheiten, die sich der Mensch etwas kosten läßt, hin zu denen, die er nicht anders bewähren kann als mit dem Opfer seines Lebens, und schließlich zu denen, deren Wahrheit erst der Lebenseinsatz aller Geschlechter bewähren kann.

Diese messianische Erkenntnistheorie, die die Wahrheiten wertet nach dem Preis ihrer Bewährung und dem Band, das sie unter den Menschen stiften, kann aber nicht hinausführen über die beiden in aller Zeit unversöhnlichen Messiaserwartungen selber: die des kommenden und die des wiederkommenden —, über das Und dieser beiden letzten Einsätze um die Wahrheit. Nur bei Gott selber steht da die Bewährung, nur vor ihm ist die Wahrheit Eine. Irdische Wahrheit bleibt also gespalten — zwiespältig wie die außergöttliche Tatsächlichkeit, wie die Urtatsachen Welt und Mensch. Die samt ihrem Und in diesen Endtatsachen Judentum und Christentum wiederkehren als Welt des Gesetzes und Glauben des Menschen, Gesetz der Welt und Mensch des Glaubens.

So aber, in dieser Wiederkehr der ewig-unsichtbaren Voraussetzungen dieser Erfahrung in der Endklarheit der übererfahrenen Wahrheit stellt sich nun die wahre Ordnung der dreie her und indem Gott das Haupt wird, der Gott der Wahrheit, klärt das letzte Buch die Verworrenheit des ersten, dessen Gott zu Welt und Mensch nicht bloß keine Beziehung hatte, sondern nicht einmal einen festen Platz, so daß er nicht den Gott der Wahrheit, sondern nur die falschen Götter bedeuten konnte. Nur die falschen Götter hatten dort als die Erfüllung des Gottesbegriffs, der Frage: Was ist Gott?, erscheinen können. Jetzt, da sich jeder Gottesbegriff längst zum verborgenen Gott verdunkelt hat und Gott selbst sich als Schöpfer, Offenbarer, Erlöser offenbart, brennt in dem Gott der Wahrheit der Erste und Letzte und der Herzmittengegenwärtige in eins, und von diesem Gott, in welchem wirkliches Gewesen und wirkliches Ist und wirkliches Werden zusammenschießen, dürfen wir — nun erst — sagen: Er ist.

Hier schließt das Buch. Denn was nun noch kommt, ist schon jenseits des Buchs, »Tor« aus ihm heraus ins Nichtmehrbuch. Nichtmehrbuch ist die entzückt-erschrockene Erkenntnis, daß in diesem Schauen des »Weltgleichnisses im Gottesantlitz«, in dieser Ergreifung alles Seins in der Unmittelbarkeit eines Augenblicks und Augen-blicks die Grenze der Menschheit betreten ist. Nichtmehrbuch ist auch das Innewerden, daß dieser Schritt des Buchs an die Grenze nur gesühnt werden kann durch — Aufhören des Buchs. Ein Aufhören, das zugleich ein Anfangen ist und eine Mitte: Hineintreten mitten in den Alltag des Lebens. Das Problem des Philosophen geht durch das ganze Buch, insbesondere durch die drei Einleitungen. Erst hier findet es seine endgültige Lösung. Philosophiert werden soll auch weiterhin, ja grade weiterhin. Jeder soll einmal philosophieren. Jeder soll einmal vom eigenen Stand- und Lebenspunkt rundumherschauen. Aber diese Schau ist nicht Selbstzweck. Das Buch ist kein erreichtes Ziel, auch kein vorläufiges. Es muß selber verantwortet werden, statt daß es sich selber trüge oder von andern seiner Art getragen würde. Diese Verantwortung geschieht am Alltag des Lebens. Nur um ihn als All-tag zu erkennen und zu leben, mußte der Lebenstag des All durchmessen werden.

Daß es schwer ist, als Autor über sein eigenes Buch zu sprechen, habe ich im Schreiben dieser Seiten erfahren. Der Autor darf sich kaum anmaßen, Authentisches zu sagen. Denn grade zu dem, was an seinem Werk Geist und also verpflanzbar in andre Geister ist, steht er selber nicht anders als irgendein andrer. Ja der andre wird es, schon und nur weil er ein andrer ist, immer wieder unternehmen dürfen, mit Kants kühnem Wort, das also gar nicht so kühn ist, »Plato besser zu verstehen, als er sich selbst verstanden hat«. Diese Hoffnung möchte ich keinem meiner Leser nehmen. Was der Autor selber zu sagen hat, wird, auch wenn er sich redliche Mühe gibt, es in der Form eines Kommentars zu sagen, doch immer leicht in ergänzende Anmerkungen übergehn. Die ohnehin in dem, was sie in dem Buch unterstreichen und einklammern, abhängig sein werden von dem, was dem Autor an Echo zu Ohren gekommen ist. Und die also auch nur an den heutigen Leser adressiert sind. Und selbst diesen werden sie grade in seiner Heutigkeit nicht zufriedenstellen. Denn was er verlangt, und schließlich auch verlangen darf, grade das wurde ihm nicht gegeben: die schlagworthafte Bezeichnung, unter der er das nun etwa über das neue Denken in Erfahrung Gebrachte auf dem Friedhof seiner Allgemeinbildung beisetzen könnte. Daß ich ihm dies Schlagwort nicht gegeben habe, war nicht böser Wille von mir, sondern ich weiß wirklich keins. Wohl wendet sich das Werk, an dem ich das neue Denken zu erläutern suchte, gegen einige Schlagworte mit einer besonderen, über die allgemeine Abneigung gegen alle Ismen hinausgehenden Gegnerschaft; aber soll ich deswegen das Buch auf die üblichen Gegenstücke jener Ismen festlegen lassen? kann ich es? Am ehesten würde ich mir noch die Bezeichnung als absoluter Empirismus gefallen lassen müssen; wenigstens würde sie das eigenartige Verhalten des neuen Denkens in allen drei Bezirken, der Vorwelt des Begriffs, der Welt der Wirklichkeit, der Überwelt der Wahrheiten, decken; jenes Verhalten, das auch vom

Himmlischen nichts zu wissen weiß, als was es erfahren hat —, dieses aber auch wirklich, mag schon Philosophie es als Wissen »jenseits« aller »möglichen« Erfahrung anschwärzen; und auch vom Irdischen nichts, was es nicht erfahren hat —, dieses aber auch ganz und gar nicht, mag schon Philosophie es als Wissen »vor« aller »möglichen« Erfahrung anpreisen. Solch Zutrauen auf die Erfahrung wäre wohl das Lehr- und Überlieferbare an dem neuen Denken, wenn es nicht, wie ich allerdings fürchte, grade selber schon Zeichen eines erneuerten Denkens ist — und wenn das eben gegebene Schlagwort nicht selber eine von den Bemerkungen ist, die, grade weil sie vom Autor selbst stammen, dem Leser, wie sicher viele andre auf den vorstehenden Seiten, zum Teil nicht bloß leicht, sondern allzuleicht scheinen und teilweise auch wieder schwerer als das Buch selbst. Beides ist unvermeidlich. Jenes hat schon der größte Dichter der Juden gewußt, wenn er seinem Heidenkönig durch den Mund des Weisen antworten läßt: »Meine Worte sind zu schwer für dich, darum kommen sie dir zu leicht vor.« Und dieses der größte Dichter der Deutschen, dessen Mephisto dem begierigen Ruf Faustens: »dort muß sich manches Rätsel lösen« erwidert: »Doch manches Rätsel knüpft sich auch.«

Anhang:
Aus Briefen über Christentum, Judenmission und Zionismus

An die Mutter

[Berlin,] 23. 10. 13.

Liebe M., das wundert mich, daß »Euereinem« der J . . .sche Brief gefällt. Denn wenn er auch *sehr* geschickt abgefaßt ist — *zu* geschickt für meinen Geschmack, dem das pfäffische »Behandeln« und »Leiten« der Seelen, statt eines offenen und rückhaltlosen Einsetzens der eigenen Persönlichkeit (mag das dann wirken wie es will), gründlich zuwider ist — so hättet doch auch Ihr Euch nicht an einzelne (von Euch), herausgehobene Worte halten müssen, sondern an den Sinn, und der ist, wie nicht anders zu erwarten bei einem Menschen, der nur aus *Taktik* unehrlich, in der Gesinnung aber ehrlich ist, streng und eng christlich. Weitherzig ist nur seine Taktik; er lehnt die Mission wie sie betrieben wird ab, weil sie dieser Taktik widerspricht; ihre Ziele aber billigt er vollkommen. Daß er sich persönlich nicht dafür erwärmt, schiebt er auf den »meistens üblichen Betrieb«. Aber *eine* Art Mission erkennt auch er an, nämlich eine solche, die nicht die einzelnen Seelen zu gewinnen sucht, sondern zunächst das Volk als ganzes und seine eigene Kultur zu verchristlichen sucht — etwas, worüber sich, unter Missionaren, sehr gut reden läßt; (wie denn z. B. in den Kreisen der Judenmission der Gedanke verbreitet ist, daß man erst dann ans Ziel kommen werde, wenn die zionistische Bewegung zur staatlichen Sammlung der Juden in Palästina geführt haben werde und man dann die Mission ohne »Scheidung im Volksleben« auf das Ganze dieses Volkslebens richten könne. Dies nebenbei.)

Findet Ihr nun »Menschentum« darin, wie er den asiatischen Religionen höchstens Wahrheits-*»Elemente«* zutraut? wie er seinen christlichen Missionaren zumutet, als »Sauerteig« in der ungenießbaren Masse des Buddhismus usw. zu wirken? (Herr Lic. Fridolin Müller als Sauerteig gegenüber Männern wie Buddha und Konfucius!) Die von J . . . abgelehnten Kasseler Amtsbrüder sprechen vielleicht von »blinden« Heiden, J . . . von »Sauerteig« — ich sehe keinen Unterschied.

Wahrheits-*Elemente* hat das Christentum zu allen Zeiten, auch im Mittelalter und in den ersten Jahrhunderten, im Heidentum anerkannt und mit wahrer Leidenschaft aufgespürt!, aber eben immer nur *Elemente,* die ganze Wahrheit besaß es *selber* — für Tertullian und Augustin so gut wie für Pfarrer J...

Die Lebendigkeit, die J... dem Judentum zugesteht, ist genau die, welche ihm die ganze Kirche zugesteht und welche die Kirche in dem schwersten inneren Kampf um ihre Existenz (dem Kampf mit den gnostischen Ketzereien) durchgefochten hat und so um ihrer selbst willen nicht preisgeben kann: daß das Alte Testament »Gottes Wort« ist, das »Heil« von den Juden gekommen ist... und der Gott, der »Himmel und Erde geschaffen«, der »Gott Abrahams und Gott Isaaks und Gott Jakobs», der Gott, der dem Mose seinen »Namen« genannt und den Profeten seinen Geist eingegeben hat — daß dieser Gott der »Vater Jesu Christi« ist. Dies hat die Kirche gegen die Gnostiker, die es nicht wahr haben wollten und den Gott des Alten Testaments für einerlei mit dem Teufel oder bestenfalls für einen Engel oder Untergott erklärten, durchgefochten, und kein verständiger Jude wird ihr hierfür nicht dankbar sein. Die Folge aber, daß nun seine eigene Entwicklung durch Jesus hindurch führe, daß die jüdische Religion in ihm sich »ausleben und erfüllen (!)« könne, *die* hat das Judentum *nicht* gezogen; im Gegenteil: es lehnt so schroff wie möglich ab, daß der, in dem sich sein weltgeschichtlicher Beruf *erfüllen* könne, schon gekommen *sei;* es wartet noch auf ihn und wird warten, solange es Judentum *bleibt.* Die Entwicklung des Judentums geht an dem Jesus zu dem die Heiden »Herr« sagen und durch den sie »zum Vater kommen« vorbei; sie geht nicht durch ihn hindurch. (Über den Rabbi Jeschua den Nazarener und die Möglichkeit, daß dieser — als »Rabbi«, nicht als »Herr« — unter uns modernen Juden eine Renaissance erfahren könnte, ließe sich reden. Entscheidend wichtig wäre sie keinesfalls.)

Hier klafft zwischen J... und seiner Kirche einerseits und jedem Juden andrerseits eine in aller Zeit unausfüllbare Kluft. Jene »Verbundenheit des innersten Herzens mit Gott«, die der Heide nur »durch ihn« gewinnen kann, besitzt der Jude, wenn ihm nur sein Judentum nicht gewaltsam vorenthalten ist, von Natur, durch seine Geburt aus dem auserwählten Volk. J... sieht eine Zeit kommen, wo man sich über die Religionen weg verständigen wird — auch der Jude sieht eine solche Zeit kommen. Daß diese Zeit schon gekommen *sei*, wie »Euereiner« glaubt, meint er *nicht;* sie *wird* kommen; es *wird* der Zeitpunkt kommen (sagt der Pfarrer), wo Christus nicht einer einzelnen Religion, nicht den Christen, gehören wird, sondern den *Menschen* — wo Mensch und Christ eins sein werden. Das ist wiederum streng kirchliche Lehre und für den Juden unannehmbar; für den »allgemeinen Menschen« aber auch, denn wie kann der zugeben, daß der Weg zum Vater *aller* Menschen »durch ihn«, Jesus, geht und nur durch ihn; warum nicht ebenso gut durch Goethe, durch Beethoven oder durch Darwin.

— Nein, ich meine, auf den Pfarrer könne sich Euereiner *nicht* berufen. F.

P. S. Er gibt der Judenmission keine Bedeutung. Weil er eben meint, daß das Judentum, das für ihn identisch ist mit dem christlich verstandenen Alten Testament, sich ganz von selbst zum Christentum entwickeln werde. Jene »Verständigung über die Religion hinweg«, wie er es nennt, ist ihm in Wahrheit für die Juden nur die Entjudung, für die Christen aber keineswegs die Entchristlichung, denn eine Erkenntnis Gottes als Vaters ist ihm denkbar nur »durch« Christus. Sein »über die Religion hinweg« geht eben tatsächlich nur auf die *jüdische* Religion. Er hat dir (vielleicht doch unbewußt — indem die liberale Bildung und die christliche Gesinnung sich in ihm gegenseitig geblendet haben) unter der Form einer Ablehnung aller Judenmission einen richtigen Missionsbrief geschrieben, wie ihn — unter der Voraussetzung, daß die Empfängerin eine zwar assimilierte, immerhin aber wenigstens nicht atheistische Jüdin sei — kein professioneller Judenmissionar geschickter schreiben konnte. War es *un*bewußt, so nehme ich das Wort »pfäffisch« zurück; er hätte dann aber gezeigt, wie sehr *jede* christliche Äußerung zugleich, ganz von selbst, Mission ist, und damit ungewollt bestätigt, was er »unmöglich« zugeben zu können meint: daß die Mission mit dem *Wesen* des Christentums untrennbar verwachsen ist — unbeschadet allen Zweifels, den man gegen jedes einzelne System oder jede einzelne Methode haben kann; der Christ braucht bloß Christ zu sein, so ist er auch Missionar — allerdings nicht das Christentum des Standesamts. Sowie der Jude bloß Jude sein muß, um jedem Christen sein Christentum, wenn ers vergessen hätte, wieder aufzuwecken — allerdings auch hier nicht das Judentum des Standesamts. Du wirst aus diesem Brief entnommen haben, daß ich den Rückweg, um den ich mich fast drei Monate vergeblich zergrübelt hatte, gefunden zu haben hoffe ...

An Rudolf Ehrenberg

[Berlin,] 31. 10. [1913].

Lieber Rudi, ich muß dir mitteilen, was dich bekümmern und, zunächst mindestens, dir unbegreiflich sein wird: ich bin in langer und, wie ich meine, gründlicher Überlegung dazu gekommen, meinen Entschluß zurückzunehmen. Er scheint mir nicht mehr notwendig und daher, in meinem Fall, nicht mehr möglich. Ich bleibe also Jude.

Wenn ich dir im folgenden die Gründe auseinanderzusetzen suche, so tue ich es nicht bloß, weil ich dir nach dem Gang der Sache diese Rechenschaft schuldig bin und weil ich unsre Freundschaft dadurch vielleicht am Leben erhalten kann, sondern weil mein neuer Standpunkt, anders als mein alter, die — theoretische — Anerkennung auch von dem Christen verlangt.

In dem Leipziger Nachtgespräch[1]), wo mich Rosenstock Schritt für Schritt aus den letzten relativistischen Positionen, die ich noch hielt, herausdrängte und mich zu einer unrelativistischen Stellungnahme zwang, war ich ihm deshalb von vorneherein unterlegen, weil ich das Recht dieses Angriffs auch von mir aus bejahen mußte. Hätte ich ihm damals meinen Dualismus Offenbarung und Welt mit einem metaphysischen Dualismus Gott und Teufel unterbauen können, so wäre ich unangreifbar gewesen. Aber daran hinderte mich der erste Satz der Bibel. Dieses Stück gemeinsamen Bodens zwang mich, ihm standzuhalten. Es ist auch weiter in den folgenden Wochen der unverrückte Ausgangspunkt geblieben. Jeder Relativismus der Weltanschauung ist mir nun verboten.

Was mich ferner zwang, ihm nicht bloß zu stehen, sondern auch nachzugehn, das weißt du sehr gut, und hast es in den Predigten[2]) (der vom Ketzer) ausgesprochen: daß ich mein Judentum begrifflich christianisierte, daß ich die Gemeinschaft des Glaubens mit euch teilte, wenigstens zu teilen meinte. Deshalb war ich damals schon durch Rosenstocks einfaches Bekenntnis, mit dem doch sein Angriff nur begann, mit

---

[1]) Im Juli 1913 hatten in Leipzig entscheidende theologische Gespräche zwischen F. R. und Eugen Rosenstock stattgefunden.

[2]) R. Ehrenberg, Ebr. 10₂₅. Ein Schicksal in Predigten; Würzburg 1920.

einem Schlage entwaffnet. Daß ein Mensch wie Rosenstock mit Bewußtsein Christ war (denn bei dir waren diese Dinge ja noch im flüssigen Aggregatzustand des Problems), dies warf mir meine ganze Vorstellung vom Christentum, damit aber von Religion überhaupt und damit von meiner Religion, über den Haufen. Ich hatte geglaubt, mein Judentum christianisiert zu haben. In Wahrheit hatte ich umgekehrt das Christentum judaisiert. Ich hatte das Jahr 313 für den Beginn des Abfalls vom wahren Christentum gehalten, weil — es für das Christentum den entgegengesetzten Weg durch die Welt eröffnet, den das Jahr 70 für das Judentum eröffnet. Ich hatte der Kirche ihren Herrscherstab verargt, weil ich sah, daß die Synagoge einen geknickten Stab hält. Du warst Zeuge, wie ich von dieser Erkenntnis aus mir die Welt neu aufzubauen begann. In dieser Welt — und ein auf dieses Drinnen unbezogenes Draußen ließ ich ja nicht mehr gelten (und lasse es auch jetzt nicht gelten) — in dieser Welt also schien für das Judentum kein Platz zu sein. Indem ich daraus die Konsequenz zog, machte ich gleichzeitig einen persönlichen Vorbehalt, dessen Wichtigkeit für mich du ja weißt; ich erklärte, nur als *Jude* Christ werden zu können, nicht durch die Zwischenstufe des Heidentums hindurch. Ich hielt diesen Vorbehalt für rein persönlich; du billigtest ihn in Erinnerung an das Urchristentum; es war das kein Irrtum von dir; die Judenmission steht tatsächlich auf diesem Standpunkt, den ich für persönlich hielt, und wünscht, daß der gesetzestreue Jude auch während der Vorbereitungszeit bis zum Augenblick der Taufe gesetzestreu lebt. Gleichwohl war hier der Punkt, wo unsre Wege sich wieder trennten. Laß mich den Standpunkt der Judenmission vorläufig beiseitesetzen und nur die Abweichung zwischen uns ansehen. Du machtest dir meine Stellung zwischen Judentum und Christentum verständlich, indem du sie in die Entstehungszeit des Christentums zurückverlegtest; ich hingegen machte mir den Übergang möglich, indem ich den Ebräerbrief nachdatierte, nicht grade um die *achtzehn* Jahrhunderte, aber jedenfalls um »die« Jahrhunderte. Du pfropftest das Reis F. R. auf den lebendigen Stamm »Judentum im ersten Jahrhundert«; ich den Ebräerbrief auf den lebendigen Ast »Judentum des zwanzigsten Jahrhunderts». Diesen Ast nahm ich dabei ebenso selbstverständlich für lebendig wie du ihn für tot, verdorrt nahmst. Wir taten es beide naiv, ich meine naiv, insofern wir unsre Abweichung voneinander nicht merkten. Hätten wir sie gemerkt, so hätten wir sie nicht verstanden. Denn sie ist nicht bloß Abweichung, sie ist zugleich der objektive Zusammenhang, der zwischen uns besteht.

1. 11.

Das Christentum erkennt den Gott des Judentums an, nicht als Gott aber als den »Vater Jesu Christi«. Es hält sich selbst an den »Herrn«, aber weil es weiß, daß nur er der Weg zum Vater ist. Er bleibt als der Herr bei seiner Kirche alle Tage bis an der Welt Ende. Dann aber hört er auf, Herr zu sein, und wird auch er dem Vater untertan sein, und dieser wird — dann — Alles in Allem sein. Was Christus und seine Kirche in der Welt bedeuten, darüber sind wir einig: es kommt niemand zum Vater denn durch ihn.

Es *kommt* niemand zum Vater — anders aber wenn einer nicht mehr zum Vater zu kommen braucht, weil er schon bei ihm *ist*. Und dies ist nun der Fall des Volkes Israel (nicht des einzelnen Juden). Das Volk Israel, erwählt von seinem Vater, blickt starr über Welt und Geschichte hinüber auf jenen letzten fernsten Punkt, wo dieser sein Vater, dieser selbe, der Eine und Einzige — »Alles in Allem«! — sein wird. An diesem Punkt, wo Christus aufhört, der Herr zu sein, hört Israel auf erwählt zu sein; an diesem Tage verliert Gott den Namen, mit dem ihn allein Israel anruft; Gott ist dann nicht mehr »sein« Gott. Bis zu diesem Tage aber ist es Israels Leben, diesen ewigen Tag in Bekenntnis und Handlung vorwegzunehmen, als ein lebendes Vorzeichen dieses Tages dazustehen, ein Volk von Priestern, mit dem Gesetz, durch die eigene Heiligkeit den Namen Gottes zu heiligen. Wie dieses Volk Gottes in der Welt steht, welche äußeren (Verfolgung) und inneren (Erstarrung) Leiden es durch seine Absonderung auf sich nimmt, darüber sind wir wieder einig.

Dennoch, da diese Leiden der Weltverneinung von der Synagoge in der gleichen Endhoffnung aufgenommen werden wie von der Kirche die Leiden der Weltbejahung, und da das nicht bloß ein unbewußtes und zufälliges Zusammentreffen in der *Ewigkeit* (wie etwa zwischen dem Gläubigen und dem »allgemein-menschlichen« Pazifisten) ist, sondern auch die Wurzeln dieser Hoffnung, der Gott aller *Zeit* hier und dort, zusammenentspringen, die Offenbarung des Alten Bundes uns gemeinsam ist: so sind Kirche und Synagoge aufeinander angewiesen.

Die Synagoge, unsterblich, aber mit gebrochenem Stab und die Binde vor den Augen, muß selbst auf alle Weltarbeit verzichten und alle ihre Kraft darauf verwenden, sich selbst am Leben und rein vom Leben zu erhalten. So überläßt sie die Weltarbeit der Kirche und erkennt in ihr das Heil für alle Heiden, in aller Zeit. Sie weiß, daß, was für Israel die Werke des Kults, für die Welt außerhalb Israels die Werke der Liebe wirken. Aber sie weigert sich, der Kirche zuzugestehn, daß die Kraft, aus der jene die Werke der Liebe tut, mehr als gött*lich*, und selber eine Gotteskraft sei. Hier schaut sie starr in die Zu*kunft*.

Und die Kirche, mit dem unzerbrechlichen Stab, weltoffenen Auges, siegessichere Kämpferin, ist allzeit in Gefahr, daß ihr die Besiegten Gesetze geben. Allen zugewandt soll sie sich dennoch nie ans Allgemeine verlieren. Ihr Wort soll allzeit eine Torheit bleiben und ein Ärgernis. Daß es eine Torheit bleibe, dafür sorgen die Griechen, damals wie heut und künftig. Sie werden immer wieder fragen: warum denn grade *dies* Wort eine Gotteskraft sein solle und nicht jenes andre und jenes dritte Wort ebenso gut —, warum grade Jesus und nicht (oder: nicht auch) Goethe. Und ihre Rede wird gehen bis zum letzten Tag, nur wird sie immer leiser werden, mit jedem äußeren oder inneren Sieg der Kirche immer leiser, denn die Weisheit, die sich weise dünkt, verstummt vor dem Augenschein; und wenn der letzte Grieche durch das Wirken der Kirche in der Zeit stumm geworden ist, so wird das Wort vom Kreuz — am *Ende* der Zeit, aber noch immer *in* der Zeit — niemandem mehr eine Torheit sein. Aber ein Ärgernis bleibt es unabänderlich auch noch in diesem Augenblick. Keinem Griechen war es ein Ärgernis, daß er eine Gotteskraft in der Welt anerkennen sollte: er sah ja die Welt voller Götter; nur dies war ihm unfaßbar, daß er grade den einen Heiland am Kreuz verehren sollte; und so auch heute und so künftig. Aber die Synagoge trug die Binde vor den Augen; sie sah keine Welt — wie hätte sie Götter darin sehen sollen. Sie sah nur mit dem profetischen Auge des Innern und also nur das Letzte und Fernste. So wurde ihr die Forderung, das Nächste, ein Gegenwärtiges, so zu sehen wie sie nur das Fernste sah, zum Ärgernis; und so heute und so zukünftig. Darum findet die Kirche allezeit, wenn sie vergißt, daß sie ein Ärgernis ist und sich mit dem »Allgemeinmenschlichen« ausgleichen möchte, was den Griechen, die ja gern wie jener Kaiser auch Christus eine Statue in ihrem Göttertempel errichten würden, hochwillkommen wäre, dann findet die Kirche in der Synagoge die stumme Mahnerin, die, vom Allgemeinmenschlichen unverlockt, nur vom Ärgernis weiß; und da fühlt sie sich wieder positiv und sagt wieder das Wort vom Kreuz. Und daher weiß die Kirche, daß Israel aufbewahrt wird bis zu dem Tag, wo der letzte Grieche eingegangen, das Werk der Liebe vollendet ist und der jüngste, der Erntetag der Hoffnung anbricht. Aber was die Kirche so Israel als Ganzem zugesteht, das weigert sie sich dem einzelnen Juden zuzugestehn; an ihm wird und soll sie ihre Kraft erproben, ob sie ihn gewinnt. Denn ihr ist der Blick in die Zukunft nicht wie der Synagoge Kraftquelle des Glaubens sondern nur ein Zielbild der Hoffnung; die Kraft ihres Glaubens heißt sie, um sich zu blicken und das Werk ihrer Liebe zu tun in der *Gegenwart*.

Damit hätte ich dir das Wesentliche gesagt, wenigstens soweit es die Auseinandersetzung mit dem Christentum betrifft. Doch läßt sich von hier aus auch alles übrige Innerjüdische entwickeln, wie mir scheint. Soviel wirst du schon sehen, daß ich begrifflich nicht mehr beim Christentum zu Gaste gehe (sprachlich-terminologisch natürlich, doch da lebt keine Richtung bloß von Eigenem). Ich fühle mich in den wichtigsten Punkten, vor allem in dem meiner bisherigen ausgesprochensten Abweichung, der Lehre von der Sünde, jetzt in vollkommener — und ungewollter, rein als Konsequenz aus dem dir hier Mitgeteilten entsprungener — Übereinstimmung mit der jüdischen Lehre, deren Aufweisbarkeit im jüdischen Kult und Leben ich früher bestritt, jetzt aber anerkenne. Wie gesagt, ich bin dabei, das ganze System der jüdischen Lehre mir auf eigener jüdischer Grundlage klar zu machen. Ich bin nicht mehr der Ketzer deiner achtzehnten Predigt, der vom Glauben nimmt und von der Liebe nicht; ich nenne jetzt andre Namen und lehre andre Sätze. Und dennoch weiß ich mich vergangen nur vor dem Willen Eures *Herrn*, aber nicht vergessen von *Gott* — von dem Gott, dem einst auch euer Herr untertan sein wird. Das ist die Verbindung von Gemeinschaft und Ungemeinschaft (Gemeinschaft, notwendige, weil aus gleicher Wurzel gespeiste, des ewigen Ziels, Aufeinanderangewiesenheit und daher Trennung in aller Zeit) — die ich dir vorlege, damit du sie objektiv anerkennst. Es handelt sich nicht um Anerkennung der Zugehörigkeit des einzelnen Juden zum Volk Israel (die bleibt immer problematisch und für die Kirche in dubio nicht vorhanden), sondern um die Anerkennung dieses Volks Israel selber vom Standpunkt christlicher *Theologie*.

Bis Mittwoch früh würde mich ein Brief oder eine Postkarte hier erreichen. Wenn du mir gleich etwas sagen kannst, so wäre mir das sehr lieb. So sehr mit Absicht ich für diese erste Auseinandersetzung die Schriftlichkeit gewählt habe, des ungestörten Zusammenhangs wegen, so peinlich ist es dann, ein solches Wort wie ins Leere gesprochen zu haben und tagelang keine Antwort zu hören. Also für jedes Wort, auch eine bloße »Empfangsbestätigung« wäre ich dir dankbar.

Dein Franz.

An Rudolf Ehrenberg

[Berlin,] 4. 11. [1913].

Lieber Rudi, zu allem, was du mir von der subjektiven Frage schreibst, konnte ich wie ich es las Ja ja und immer wieder ja sagen. Ganz so hatte ich es gemeint, als ich die Zugehörigkeit des einzelnen zu diesem Israel als »problematisch« hinstellte: *nur* als ein *praktisches* Problem; für die Theorie ist es gar nicht zu fassen. Für mich ist dies jetzt das Entscheidende, nachdem ich die *objektive* Notwendigkeit erkannt zu haben glaube. Was nun daraus wird, das weiß ich heute noch nicht. Ich gehe von da aus, wo ich das Neue erfahren habe, also von jenem *Erkennen*, und bleibe in diesem Erkennen solange ich darin fühlbar auf meinem neuen Weg weiterkomme. Geduld muß ich da freilich mit mir haben, denn mir fehlen ja noch die primitiven Werkzeuge. Aber von Bodensee — ich meine das ging aus meinem Brief schon hervor — ist keine Rede mehr. Freilich auch die Berufsfrage ist nicht so einfach, wie du meinst. Sie ist selber ein Stück in dem objektiven System, das sich mir jetzt bildet, und grade wenn ich mir selbst die Kraft erhoffe, mich allmählich ganz in mein Zentrum zu sammeln, so sehe ich doch, daß ich und der Mensch überhaupt nicht so ausschließlich Material seines Willens ist, um solche Sammlung ganz zu vollenden. Wir werden darüber sprechen, zusammen mit dem hierher gehörigen *religiösen* Problem des politischen Zionismus. Es hängt alles daran, daß das Volk Israel zwar »neben Christus« steht aber nicht wie dieser »bei Gott« ist, sondern »in der Welt«.

Die objektiv christlich-theologische Anerkennung des Judentums auf Grund der neunzehn Jahrhunderte würde ich dir *nicht* gelten lassen. Entweder »neutestamentlich-verbal« oder gar nicht. Darüber auch am Freitag. Vom jüdischen Standpunkt aus liegt das anders. *Unsre* Anerkennung des Christentums beruht tatsächlich auf dem Christentum, nämlich darauf, daß das Christentum *uns* anerkennt. Es ist eben doch die *Tora,* die von den Bibelgesellschaften auf die entferntesten »Inseln« verbreitet wird. Das wird mir jeder Jude zugeben. *Gründen* allerdings tut sich das jüdische Bewußtsein *nicht* auf das Verhältnis der christlichen Kirche zur Welt; es findet sich nur darin wieder. An sich weiß es gar nichts davon: Jes. 55₅. Darum braucht es auch, in der Zeit, keine neue Weisung; seine Aufgabe hat sich durch die Ereignisse des ersten Jahrhunderts nicht geändert, nur sein Schicksal. Die Bedingungen sind seitdem neue, und, wie ich glaube, in der Zeit endgültige; aber nur die *Bedingungen;* die Mischna, das Werk, worin sich damals das Judentum seine neue Grundlage schafft, will *nur* »Wiederholung« (das bedeutet »Mischna«) der Tora sein, der ganze Talmud dient dem Nachweis, daß das wirklich der Fall sei. Was die Bedeutung des Daseins Israels für die Kirche sei, habe ich dir in dem Brief vom rein theoretischen Gesichtspunkt aus gezeigt; das ist zugleich, nur mit einer praktischen Betonung, der Standpunkt der Kirche; die Synagoge kann nur sich selbst sehen, sie hat kein *Welt*bewußtsein; darum kann sie der Kirche gegenüber nur sagen: wir sind schon am Ziel, ihr seid noch auf dem Weg. Die Kirche antwortet: gewiß, am Ziel — ihr seid die Letzten, weil ihr die Verstocktesten, die *absolut* Verstockten seid. Sie sieht nicht, *wozu* ihr in der Welt ein Punkt absoluter Verstocktheit entgegensteht (dies »wozu« ist ihr ein μυστήριον), sie weiß nur, daß es so ist. Eine *inner*kirchliche Stellung ist diese Stellung des Judentums doch aber auch vom kirchlichen Standpunkt aus nicht; es ist doch grade die absolut außerkirchliche, die in der Zeit unüberwindliche. Deshalb deutet die Kirche die »Verstocktheit«, die ihr erscheint, um in Verworfenheit durch Gott. Von uns aus gesehen macht sich das freilich ganz anders. Uns gilt unsre »Verstocktheit« als Treue, und unsre »Abtrünnigkeit von Gott« wird, da es eben Abtrünnigkeit und nicht ursprüngliche Gottesferne (»Adams« Sündenfall!) ist, nur durch Rückkehr, nicht durch Umwandlung, geheilt. Daß der Begriff der Buße, der hebräisch durch »Rückkehr«, »Umkehr«, »Wiederkehr« wiedergegeben wird, daß also dies hebräische Wort »Teschubah« im Neuen Testament μετάνοια heißt, das ist einer der Punkte, wo die Weltgeschichte im Wörterbuch steht. Über all dies auch am Freitag. Den »Zorn« Gottes deuten wir eben ganz anders. Er setzt uns nicht erst mit dem Exil ein, er ist uns von Anfang des Volkes an da, unmittelbar mit der Erwählung gesetzt und aus ihr folgend (Amos 3₂). Die vollkommene Frömmigkeit legen wir nicht in die Geschichte des

Volkes, sondern in die Väterzeit; nur auf diese »berufen« wir uns Gott gegenüber. Das Jahr 70 bildet da wohl einen Abschnitt, aber wie zwischen einer noch kirchen-geschichtlichen Zeit und der Endzeit; von hier ab sind wir gezwungen, nicht mehr nach einzelnem Abfall einzelne Versöhnung zu hoffen, sondern nur noch die eine große Versöhnung des letzten Tages. Vorher kamen zu einzelnen Zeiten einzelne Profeten, seitdem erwarten wir keine Profeten mehr, sondern nur den am letzten Tag.

Ich glaube, die Theologie wird uns beide nicht trennen, und schiebe wie du alles auf die persönliche Frage. Anders*wo* als vor dem Sommer bin ich sicher; aber freilich, was du an Hans schriebst über meine neue Lebendigkeit, das wird nicht wahr bleiben — daß Abraham seinen Sohn zu opfern bereit sein mußte, ist das Urbild des inneren jüdischen Lebens. Dein F.

An Hedwig Cohn-Vohssen

7. 3. 18.

Hochverehrte gnädige Frau, ja allerdings — der Standpunkt ist reichlich verschieden, aber »weit auseinander« sind wir deswegen noch lange nicht; Sie vielleicht weg von mir, ich aber nicht weit weg von Ihnen.

Zunächst, um das vorweg zu erledigen: ich wußte ja von Ihrer zionistischen Gesinnung; Hermann Badt hat mir davon erzählt. Wenn ich mich trotzdem an Sie wandte, so meine ich also wohl, daß die jüdische Theologie eine Sache ist, die alle Juden ohne Unterschied der Richtungen gleichmäßig angeht. »Ich habe immer gefunden, daß es gut ist etwas zu wissen« hat Goethe einmal sehr mefistofelisch zu dem Schüler Eckermann gesagt; und ähnlich denke ich, daß eine etwas weniger als bisher im Verborgenen blühende jüdische Wissenschaft jedem zugute kommen müßte. Mir persönlich sind ja die Richtungen höchst gleichgültig; ich wünsche beiden, sowohl den Zionisten wie den Centralvereinlern, daß sie ein bißchen — jüdischer werden. Deswegen habe ich eigentlich das Schriftchen[1]) geschrieben. Es sollte nur aufrütteln. Die Bewegung zur Schaffung der »Akademie« darf sich nicht darauf beziehen; es muß, nachdem es gewirkt hat, in der Versenkung

---

[1]) »Zeit ists«.

verschwinden. Wäre es Programm und nicht bloß Fanfare, so würde wohl schwerlich unter den ersten Namen, die den Aufruf zur Schaffung der Akademie unterzeichneten, der — Heinrich Loewes sein. Also Sie sehen, ich nehme Ihre Ablehnung noch gar nicht so endgültig und hoffe immer noch. Stefan mag es ja freilich nicht mehr nötig haben. Aber Stefan hat viele viele Brüder, die es sehr nötig haben und die Sie — mit Brods schönem Gedicht im neuesten Jüdischen Alamanch[1]) zu sprechen — *nicht genug geliebt* haben, wenn Sie ihnen bloß den Weg in den Zionismus übriglassen und sie nicht, und sei es auch nur für zunächst, nehmen wie sie nun mal sind. Vielleicht wenn Sie ihnen jetzt auf ihrem eigenen Boden entgegenkommen, sie dafür bereiter werden, zu Ihnen hinüberzugehn. Vielleicht. Jedenfalls — der Fußtritt, der den Bruder, weil er nicht genau so will wie ich, lieber gleich ins Bodenlose, ins Nichts hinabstößt, das ist Sektiererpolitik. Und also etwas sehr Unjüdisches. Denn mag man sich selbst als »Rest« fühlen, Grundsatz für das Handeln darf dies Gefühl nicht werden (bloß Kraftquelle). Grundsatz für die Tat bleibt allein כלל ישראל [2]).

Da wäre ich beim Hauptinhalt Ihres Briefs. Darf ich sagen, welches Wort mir seit ich ihn las dauernd nachgeht? Sie werden vielleicht lachen, zuerst sogar sicher. Das Wort heißt: kleinjüdisch. So wie es Kleindeutsche, Kleinengländer gibt, so sind eigentlich die Zionisten Ihrer Art (ich weiß, daß das heut nicht mehr die herrschende ist, jedenfalls nicht mehr allein) Kleinjuden. Und ich habe dabei erst gemerkt, daß mein Standpunkt eigentlich trotz Deutscher Tageszeitung wirklich ein alljüdischer genannt werden müßte. Ja freilich, ich schreibe das Wort »Menschheit« nicht wie Sie in Anführungsstrichen, sondern entweder (meist) überhaupt nicht oder wenn ich es schreibe, dann aber auch ohne solche Feigenblätter des Geistes. Wollte ichs, dann müßte ich auch jüdisches »Volk« schreiben. Ich schreibe aber jüdisches Volk. Ganz unbedürftig nach Strichelchen ist eben nur die »öffentlich-rechtlich gesicherte Heimstätte«. Und eben deswegen, also weil ich sie immer, auch schon *vor* dem Krieg, für ein leicht und bald zu verwirklichendes Ziel gehalten habe, hat sie mich nie sehr interessiert. Warum nicht auch dieser Weg! es gibt ja so viele Wege. Nur grade *den* Weg kann ich nicht darin sehen, sondern immer nur einen. Deswegen muß

---

[1]) Jüdischer Nationalkalender auf das Jahr 5678, Wien 1917, S. 127, »Max Brod, Elegie an die abgefallenen Juden«.

[2]) »Gemeinschaft Israels«.

ich den Zionismus in mein jüdisches Gefühl einschließen, obwohl er mich aus seinem ausschließt. Das wars, was ich vorhin meinte: ich stünde Ihnen näher als Sie mir. Es kommt mir vor, als ob mein Gefühl gegenüber der zionistischen Verengerung des Jüdischen etwas dem Gefühl gliche, das Sie gegenüber der Orthodoxie haben. So scheußlich wohlwollend. Übrigens ist es doch wohl kaum nötig, die Orthodoxie so ängstlich vor dem Luftzug der Wissenschaft zu schützen. Das tut sie, so weit es nötig ist, schon selber: sie bindet sich ein dickes Halstuch um, aber dann setzt sie sich ganz ruhig in den Zug. Und der Hochmut würde mir mehr imponieren, wenn er sich wirklich mehr nach außen richtete und nicht doch hauptsächlich gegen alles Nichtorthodoxe im Judentum. Ich habe ein paar erstaunliche Erfahrungen darin gemacht. Aber das ist ja Nebensache. Orthodoxie und Zionismus sind sicher konservierende Mächte, der Zionismus sogar mehr als bloß konservierend, da er sogar Halbentglittene wieder zu uns reißt. Würde er die Mehrheit der deutschen Juden ergriffen haben, so hätte ich »Zeit ists« wohl an Martin Buber geschrieben. Denn mehr Buber tut den Zionisten genau so not wie mehr Cohen den Centralvereinlern. Eben mehr Judentum. (Wozu ich allerdings doch noch sagen muß, daß Cohen doch der von Haus aus viel jüdischere ist. Früher dachte ich, die Ideen der beiden ergänzten sich wie zwei Halbkugeln. Aber seit kurzem weiß ich, daß Cohens Gedanken doch schon alleine eine Weltkugel sind.) Nun jedenfalls, meine Sorge galt der Mehrheit und die ist eben — Rathenau. Man *kann* diese Menschen nicht fallen lassen, sie sind zu wertvoll und selbst wenn sie es nicht wären — aber sie sind es. Und ich stimme nicht mit Ihnen überein, daß alles geschehen ist, was für Rathenaus hätte geschehen können. »Jüdische Gelehrte in Berlin«, das genügt eben nicht; es gibt zu viele Dinge »in Berlin«. Sondern es muß eine jüdische Theologie innerhalb der deutschen Universitas literarum geben (und natürlich innerhalb jeder andern auch) — dann können die Rathenaus nicht mehr daran vorbeisehen. Rathenau *hat* doch das Judentum nicht religiös überwunden, er bildet sichs bloß ein. Ihm diese Einbildung unmöglich zu machen oder jedenfalls gewaltig zu erschweren, das können nicht einzelne »Gelehrte«, das kann nur das sichtbare Dasein des »tums«, des »ismus«. *Jetzt* sind die Rathenaus ja wie Kinder so ahnungslos; *dann* werden sie wenigstens — wissen was sie tun. Und es in fünfzig Prozent der Fälle *doch* tun. Aber in fünfzig andern Prozent *nicht*, und auf diese setze ich meine Hoffnung. — Es ist gewiß etwas Schmuggelei: ich möchte das Judentum in die »universelle Bildung« einschwärzen, nach der die Rathenaus so lüstern sind. Der deutsche Jude soll sich genieren müssen, wenn er so wenig Bescheid weiß wie jetzt meistens. Anfänge zu dieser Scham sind schon da, bei jüngeren Leuten wenigstens. Der Bubersche »Jude« wirkt, glaube ich, kräftig in diesem Sinn. Er schmuggelt eben auch. Die Deckadresse lautet: an die Intellektuellen. Aber drinnen spricht R. Martin Salomonides.

Ich hatte noch mehr auf dem Herzen, aber dieser Brief kommt schon so nicht in Form. Ich schreibe unter scheußlichen Bedingungen, auf dem Knie — das muß Ihnen die Handschrift und die sonstige Zerfahrenheit dieses Skriptums entschuldigen. Ach und außerdem liegt mir der Urlaub noch in den Knochen; ich bin noch gar nicht wieder auf Krieg eingestellt — soweit ich es überhaupt je bin.

Also jedenfalls Dank für Ihren schönen Brief und nehmen Sie diesen häßlichen nicht übel Ihrem sich Ihnen und den Ihrigen herzlich empfehlenden Franz Rosenzweig.

An Hans Ehrenberg

21. 4. 18.

... Die Differenz, die du zwischen einer *früheren* (Winter 13/14) Rolle und der Rolle, die das Christentum *jetzt* religiös für mich spiele, machst, erkenne ich nicht an. Damals wie heute behaupte ich: Extra Ecclesiam nulla salus nisi Judaeis in religione eorum manentibus[1]). Ein Satz, der nicht so originell ist wie du denkst. Jedenfalls könnte auch ein Christ diesen Satz gesagt haben, ohne daß deshalb seine Religion im mindesten ἰουδαΐζει [2]). Denk einmal daran, daß wir doch auch die Heiden nicht einfach braten lassen können, sondern irgendwie es machen müssen wie Dante im Inferno, wo er ihnen ein eignes Elysium aussondert. Aber wer das tut, ist deswegen doch kein — Heidenchrist oder Heidenjude. Ebensowenig wie ich diese Ansichten bei mir als *Religion* empfinde (sondern als Philosophie), ebenso kann ich auch in deinem »Christjudentum«, das sich ja mit meiner »Philosophie« aufs engste berührt, *Religion* erkennen. Ich kann mich nicht hinein-

[1]) »Außerhalb der Kirche gibt es kein Heil außer für die in ihrer Religion bleibenden Juden«.
[2]) »Judaisiere«.

denken, wie du darauf »leben und sterben« kannst. Ich halte es für Wahrheit, aber auf Wahrheit kann man doch nicht »leben und sterben«, sondern nur auf *Wirklichkeit.* Was ist deine *Wirklichkeit,* der Boden, auf dem du wirkst? Jesus oder Gott?? Da du Jesus für den Messias hältst und dich dem Zwischenreich zugehörig weißt, so ist Gott für dich bloß Wahrheit, und Jesus allein Wirklichkeit. Dann bist du aber einfach Christ, sans phrases. Denn dazu genügt ein *Minimum* von Christologie, weniger schon als du hast, viel weniger. Für mich ist Gott allein Wirklichkeit, dem Zwischenreich gehöre ich nur durch den Zwang der Natur (= »Geschichte«) an, nicht mit Freiheit; Jesus gehört dem Zwischenreich an; ob er der Messias *war,* wird sich ausweisen, wenn — der Messias *kommt.* Heut ist er mir so problematisch wie das *ganze* Zwischenreich. Gewiß ist mir nur *Gott* und *sein* Reich, nicht das Zwischenreich.

Deshalb bin *ich* Jude und du — Christ. Wie sehr Christ, das ist deine Sache; das daß aber steht für mich fest. Und »insofern« deine Sachen doch auch meine sind, nämlich du mein Freund bist, geht mich auch das »wie sehr« an.

Ich glaube, das ist doch nun hinreichend deutlich.

. . . .

An Hans Ehrenberg

1. 1. 26

. . . .

Von deinem »Eintreten für Israel« weiß ich gar nichts. Aber, von Harlings persönlichen Qualitäten abgesehen, die Judenmission ist doch das Schiboleth, ob jemand das wahre Verhältnis begriffen hat. Es wird auch weiter Judentaufen geben, obwohl die Pfarrer es dem, der zu ihnen kommt, so schwer machen sollten wie möglich, aber eine organisierte Judenmission darf es nicht geben. Das ist die kirchenpolitische Pointe des Sterns. — Die Judenchristen haben ihr Recht geschichtlich im Urchristentum (wo sie alsbald abstarben, als die Heidenkirche des Paulus wuchs) und dogmatisch in der christlichen Eschatologie. Dazwischen sind sie in der ersten Hinsicht ein Anachronismus und in der zweiten eine Paradoxie. Dein Franz.

An Hans Ehrenberg

19. 4. 27.

. . . .

Du kannst dir den Zionismus verdeutlichen an der Bedeutung des Sozialismus für die Kirche. So wie die Sozialdemokratie, auch wenn nicht »religiössozialistisch«, ja sogar wenn »atheistisch«, für die Verwirklichung des Gottesreichs durch die Kirche wichtiger ist als die Kirchlichen, sogar die wenigen Wirklichkirchlichen, und erst recht wichtiger als die ungeheure Masse der Halb- oder Ganzindifferenten, so der Zionismus für die Synagoge.

Die Theorie ist immer nur eine Linie. Die Straßen des Lebens führen rechts und links in mehr oder weniger großen Abweichungen von der Luftlinie der Theorie. Jene Linie gibt nur die allgemeine Richtung an; wer sich darauf versteifen möchte, auf der »richtigen« Linie zu gehen, der käme überhaupt nicht weiter. Deshalb bleibt die Luftlinie doch die richtige; die Straße rechts und die Straße links, auf die die Karten in kleinem Maßstab das Straßennetz rechts und das Straßennetz links, wie es die Generalstabskarte erkennen läßt, reduzieren, sind in Wirklichkeit genau so ungangbar wie die Luftlinie, und dazu noch theoretisch falsch aus dem einfachen Grund, weil es zwei sind.

Was ich 1913 erkannte und 1919 im dritten Teil des Sterns niederschrieb, ist die Luftlinie. Was ich getan habe, schon das Niederschreiben selbst und das Drucken, dann alles weitere: Akademie, Lehrhaus, eigenes Haus, Jehuda Halevi, Bibel, liegt rechts der Luftlinie und ist genau so wenig von ihr aus im einzelnen zu konstruieren wie das, was der Zionist links der Luftlinie tut. Rechts liegt die Diaspora, links das gegenwärtige Palästina. Es wäre gut, wenn wenigstens die Führer auf beiden Seiten die Luftlinie sähen. Es gibt nur wenige, rechts eher weniger als links. Aber es geht auch so. Das Bewußtsein ist nicht so wichtig.

. . . .

An Berthold Jakob

2. 5. 27

. . . .

Die antizionistische Seite des Liberalismus ist zwar klassisch, aber nichtsdestoweniger revisionsbedürftig. Und zwar deswegen, weil dies Element des klassischen Liberalismus primär kein religiöses war, sondern primär der Tribut an die politische und soziale Emanzipationstendenz, die mit ihm Hand in Hand ging. Es ist eine Lebensfrage für den jüdischen Liberalismus, ob er sich aus diesen Zusammenhängen lösen kann. Ganz ähnlich, wie es eine Lebensfrage für den politischen Liberalismus war, ob er sich aus den wirtschaftlichen Ideen seiner klassischen Periode — Manchestertum und Antisozialismus — lösen konnte. Was Friedrich Naumann und seine Mitkämpfer für den Liberalismus getan haben ... das steht jetzt als Aufgabe vor dem synagogalen Liberalismus: die Befreiung aus einem einst klassischen Bündnis und aus einer einst klassischen Gegnerschaft und die Rettung seines Kerngehalts für die Zukunft.

....

An Hans Ehrenberg

5. 5. 27

....

Die Propheten haben die Distanz zum eigenen Staat geschaffen, die Pharisäer die zu den Diasporastaaten. (Distanz, nicht Negation, in beiden Fällen, aber auch in beiden Fällen wirklich Distanz, also Nichtidentifizierung.) Beide Distanzen hat das neunzehnte Jahrhundert zerstört, die pharisäische praktisch, die prophetische theoretisch (durch Umfälschung in Kosmopolitismus, wo in Wahrheit revolutionäre Kritik des eigenen Staates vorliegt). Der Zionismus findet sich ganz von selbst zu einer Wiederherstellung des echten prophetischen Verhältnisses zum eigenen Gemeinwesen gedrängt. Das ist sicher. Unsicher ist, ob und in welchem Maß für die auch in Palästina weiter bestehende Diaspora auch die pharisäische Distanz wiederhergestellt wird.

....

An Berthold Jakob

10. 5. 1927.

....

Wie ich mir die messianische Zukunft denke, kann ich nicht so genau sagen. Das ist aber kein Gegenbeweis. Wenn es soweit ist, wird sich das einzelne finden. Ich bin nicht naiv genug, um mir den Eintritt des Völker- und Gruppenfriedens ohne eine radikale, von heut aus gesehn wunderbare, Umschaffung der menschlichen Natur vorstellen zu können. Daß ich den Glauben an eine solche Zukunft habe, verdanke ich dem »Siddur uns Machsor« (Gebetbücher für den allwöchentlichen und für den feiertäglichen Gottesdienst). Ich kann Zion aus diesem Glauben nicht ausschneiden. Ein wie großes, wie jüdisches, wie »modernes« Palästina drum herum liegt, weiß ich nicht. Daß aber das Drumherum dieses — ja nicht himmlischen, sondern messianischen, also irdischen — Jerusalem vorhanden und im Sinn der Zeit dann auch »modern« sein wird, wahrscheinlich wenigstens, das wird mich dann sicher nicht stören. So wenig wie mich bei der Vorstellung des biblischen Altertums das kulturgeschichtliche Drumunddran stört. Aber auch so wenig ich dem heutigen Palästina seine Fabriken und Autostraßen mißgönnen kann. Das gehört dazu.

Wozu? Zu den Menschen. Die sind das, was ich heut sehen kann, heut schon. Und soweit ich mich auf meine Eindrücke verlasse: unter den Zionisten finde ich — Theorie hin, Theorie her! — bessere Juden als unter uns. Das wird Ihnen ja kaum anders gehn. Ich gebe unser deutsches Judentum nicht verloren. Aber ich möchte es nicht mit dem Gegensatz zu seinen durchschnittlich Besten belasten. Draußen wird dieser Kampf ja gar nicht verstanden.

. . . .

An Hans Ehrenberg

1. 6. 27.

. . . .

Deine Gleichung Judenmission-Zionismus hat mich überrannt. Also beide die in jeder Zeit durch das Ergebnis blamierten und doch um der Ernsthaftigkeit der Endzeiterwartung jederzeit vorwegzunehmenden endzeitlichen Verheißungen. Sozusagen die notwendigen und doch frevelhaften Experimente (zu deutsch: Gottversuchungen), ob die Zeit nicht vielleicht doch schon da ist. Und wegen der natürlichen Entgegengesetztheit der beiderseitigen Endzeithoffnungen jede dem andern gründlich zuwider.

Aber wenn es so ist, dann wäre ich eher bereit, obwohl mir das noch gestern nachmittag undenkbar erschienen wäre, die Judenmission als christlich zulässig anzuerkennen als den Zionismus als jüdisch unzulässig. Du hingegen wohl eher umgekehrt. Und darin zeigt sich doch die verschiedene Wertigkeit der beiden. Römer 11 ist eben nur das Tippelchen auf eurem eschatologischen i, während uns Zion das i ist und Jes. 49_6 und dgl. unser Tippelchen darauf. (Wobei wir ja beide wissen, daß das Tippelchen zum i gehört.)

. . . .

Werk und Leben Franz Rosenzweigs

»VOM TODE, von der Furcht des Todes«, den wir alle sterben müssen, von der Faszination durch dieses Verhängnis und dem Versuch seiner gedanklichen Bewältigung, »hebt alles Erkennen des All an«, alle Philosophie; so sagt der junge Franz Rosenzweig im ersten Satze seines Hauptwerks ›Der Stern der Erlösung‹. Indem er aber die Philosophie mit therapeutischer Anti-Philosophie anging, und entsprechend auch die philosophierende Theologie mit Anti-Theologie: »in philosophos!« und »in theologos!« lauten die Motti der beiden ersten Teile des ›Stern‹, mündete sein Weg für ihn selbst und für den mitgehenden Leser am Ende aus: »INS LEBEN«.

In den gut zehn Jahren Leben, die von ihm nach Abschluß des Hauptwerks dem lahmenden Fortschreiten seiner bald ausbrechenden schweren Krankheit noch — unverzagt bis zum letzten Hauch — abzuringen waren, ist der größte Teil der vorstehend wiederabgedruckten Aufsätze entstanden.

Zu skizzieren, was zur Erleichterung ihres sinngemäßen Verständnisses von der Kenntnis einiger Stationen dieses Lebenswegs und deren — vor allem brieflicher — Bezeugung aus beigetragen werden kann, ist die eine Aufgabe dieses Nachworts. Die andre, größere, nur in sehr bescheidenem Ausmaß hier erfüllbare: einen Durchblick auf die einzigartige Einheit dieses Lebens mit diesem Werke zu vermitteln, wie es bisher am vollkommensten Nahum N. Glatzer in seinem Buch, Franz Rosenzweig: His Life and Thought (New York 1953) getan hat; in der Hoffnung, daß recht bald auch in deutscher Sprache einer der größten Existenzdenker, der in ihr zu Worte kam, eine ähnlich zum Wesenskern vorstoßende Würdigung erfahren wird, wie sie etwa Hermann Diem dem Sören Kierkegaard gewidmet hat, oder Bernard Guyon einem Péguy[1]).

[1]) Mein Aufsatz über »Karl Barth und seine Theologie« (Schweizer Rundschau 51, S. 513 ff.) behandelt mit dessen Ausgangsposition, als deren Gegenpol Rosenzweig die von ihm selbst errungene sah, auch das vorbildliche Werk Diems; das Guyons mein Hinweis: »Lebendiger Péguy« (Doku-

Franz Rosenzweig, aufgewachsen als Sohn von Eltern, die sich in erster Linie als Deutsche fühlten und an ihrem Judentum offenbar weniger aus innerer bewußter Bindung festhielten, als weil ihr Stolz die — ja meist mit äußerem Vorteil verbundene — Taufe als »Beschämung« empfunden hätte (Briefe 45), hat als einundreißigjähriger Frontsoldat des ersten Weltkriegs einen Bekenntnisbrief an eine deutsch-jüdische Bekannte, der sein damals vorgelegtes Religionsunterrichtsprogramm zu jüdisch erschien[1]), mit den Worten geschlossen:

»... Ihr Franz Rosenzweig, Deutscher *und* Jude, und nun allerdings, nach freier Wahl und Entscheidung mit dem *Schwergewicht* (mag auch meine *Masse* noch auf dem Ersten ruhen), mit dem Ton des persönlichen *Willens* auf dem Zweiten — ecce deus fortior me, wie's Ihnen Ihr Dante nel libro della memoria sua sagt —.« (Briefe 281)

So bestimmte sich selbst — im Januar 1918 — ein Mann, der acht Jahre zuvor dem Unmut seiner Eltern über Vetter Hans Ehrenbergs[2]) Taufe entgegengehalten hatte: »Es ist doch sehr schön, daß es eine Möglichkeit gibt, wenigstens nachträglich und mindestens für seine Kinder zu einer Religion zu kommen, wenn man durch frühere Versäumnisse eine solche vorenthalten bekommen hat.«

»... ich habe ihm selbst heftig zugeraten ...« Denn: »Es wäre völlig ausgeschlossen gewesen, daß Hans Jude geworden wäre. Christ dagegen kann er werden.«

»Wir sind in allen Dingen Christen, wir leben in einem christlichen Staat, gehen in christliche Schulen, lesen christliche Bücher, kurzum unsre ganze ›Kultur‹ ist ganz und gar auf christlicher Grundlage;

---

mente 19, S. 73 ff.); daß noch nichts Vergleichbares — trotz Nadlers materialreicher, aber zutiefst verständnisloser Biographie — über Hamann vorliegt, den Rosenzweig am nächsten verwandten deutschen Existenz- *und Sprach*denker (Briefe 347: »das 18. scl. voll von sprachphilosophischen Fragen . . . vgl. Hamanns und Herders Kantkritik!«), ist tief zu beklagen.

[1]) Zeit ists . . . (Ps. 119, 126) Gedanken über das jüdische Bildungsproblem des Augenblicks (Kleinere Schriften, Berlin 1937, S. 56–78; im folgenden zitiert als Kl. Schr.; die — ebenfalls von Edith Rosenzweig herausgegebenen — Briefe, das außergewöhnlichste Dokument dieses außergewöhnlichen Lebens, sind schon 1935 erschienen; beides im Schocken Verlag.)

[2]) Hans Ehrenberg (1883—1955), evangelischer Theologe, Adressat mehrerer von uns wiedergegebener Briefe Rosenzweigs; nicht zu verwechseln mit dessen anderem Vertreter Rudolf, dem Sohne Victor Ehrenbergs und Helene von Jherings, an den ebenfalls oben wiedergegebene Briefe gerichtet waren.

deshalb gehört für den, der kein hemmendes Moment in sich hat,« (!) »weiter nichts als der ganz leichte Entschluß ... dazu, um das Christentum anzunehmen. Das Judentum kann man im heutigen Deutschland nicht ›annehmen‹ ... Doch liegt es nicht an den Kindern, sondern an den Eltern, und aller Religionsunterricht hilft nichts, wenigstens bei uns nicht, ohne vor Augen gesehene, mit dem Mund geschmeckte, mit den Ohren gehörte und am Leibe sichtbar ausgeübte Religion.« (Sätze aus: Briefe 45/47) Wenigen Deutschen wohl war die »christliche Grundlage« ihrer gesamten Kultur so klar wie Franz Rosenzweig, welcher in jenem Bekenntnisbrief seine Sicht dieser Sachlage gerade auch den Gönnern der Juden um 1800 — implicite treffend — zuschrieb: »So hat es ein so griechischer Mensch wie Wilhelm von Humboldt gesehen, als er die Judenemanzipation befürwortete als den Weg, der uns zwanglos ... in ein gewiß gewandeltes, hellenisiertes, vergoethetes meinetwegen, aber immer doch Christentum *hinein* führen würde.« (Briefe 278 f.)

Nimmt man hinzu, daß Rosenzweigs Mutter von ihm als achtzehnjährigem Primaner erstaunlich klarblickend bemerken konnte, »ich hätte einen heftigen Trieb zu Philologie oder protestantischer Theologie« (Briefe 13), so ist die geistesgeschichtliche Ausgangslage dieses Lebenswerkes geklärt.

Den Stil aber, in welchem nun Leben und Werk in Angriff genommen wurden, kennzeichnet schon, wie nun gerade nicht Philologie und Theologie am Anfang der Arbeit stehn (erst am Ende, verbündet, zur Bewältigung der SCHRIFT!), wie Rosenzweig vielmehr — auf Wunsch des Vaters — sein Studium (1905) mit dem der Medizin — als Naturwissenschaft vom Menschen — beginnt, 5 Semester bis zum Physikum dabei aushält, um zu beweisen, daß er es kann, dann zu Geschichte und Philosophie umsattelt. Wozu er mit hohem Selbstbewußtsein — dem wache Selbstkritik, wo nötig, die Waage hält — der Mutter schreibt:

»Ich habe schon gezeigt, daß ich arbeiten kann. Ich bin nicht wie so viele andre auf den Augenblick und auf seinen Erfolg angewiesen; ich kann warten; und wer sich das leisten kann, hat — meine ich — die Pflicht dazu — natürlich nur wenn sein Warten kein Sitzen, sondern ein Gehen ist.« (Briefe 35)

Jahre später spürt man etwas von der Fruchtbarkeit des Doppelstudiums:

»Wer nicht doctus *zweier* Fakultäten ist, ist nicht fähig Doctor *einer* zu sein. Ein wissenschaftliches Problem fruchtbar machen, heißt: es in ein Grenzproblem verwandeln. Auch in der Wissenschaft gibt es keine Parthenogenese.« (Briefe 253)

Mit welchem Schwung die Stoffmassen angegangen werden, verrät — wieder in einem Brief an die Eltern — das Rezept:

» ›Literatur‹ bewältigt man in folgender Weise: man bestellt sich auf den *Lesesaal* (nicht in die Wohnung) schamlos *alles,* was einem irgendwie nach dem Titel in Betracht zu kommen scheint, blättert drin herum, gibt neunzehntel wieder zurück und flüchtet sich mit dem letzten Zehntel in die Wohnung. Man läßt sich im übrigen immer durch die Zitate in dem einen Buch auf das andre führen. Dies ganze tut man aber nicht so lange bis man fertig ist (denn das würde man nie), sondern so lange bis man merkt, daß man genug hat (also bis zu den ersten Symptomen der Langeweile); weiter braucht man die Literaturbewältigung nie zu treiben.« (Briefe 88)

Wenn »man« Franz Rosenzweig ist.

Zeitüberdauerndes Ergebnis dieser historisch-philosophischen Phase sind zwei Publikationen: ›Das älteste Systemprogramm des deutschen Idealismus‹, der 1914 verfaßte, 1917 erstmals veröffentlichte Nachweis, daß ein kurzes Hegelmanuskript aus dem Vor- oder Frühsommer 1796 die Abschrift von Schellings ältestem erhaltenen Systementwurf darstellt. Sowie: ›Hegel und der Staat‹ — teilweise als Dissertation bei Friedrich Meinecke vorgelegt für das Doktorexamen 1912, vollständig als Buch veröffentlicht 1920. Eine bis heute faszinierende Studie, die mit ungezählten Vorurteilen und Simplifikationen zu ihrem Thema definitiv aufgeräumt hätte, wenn die Bequemlichkeit der Kompendienverfasser und Lehrstuhlinhaber gestattete, sich zur Revision marktgängiger Klischees von deren Widerlegung (des nicht nur für einen Moment der Dialektik, sondern als Testamentsvollstrecker ihres Resultats prädestinierten ›preußischen Staatsphilosophen‹ Hegel) durch Rosenzweig oder etwa der heroisch-positiven dritten Periode Nietzsches als wesensunterschieden von der kritisch-negativen zweiten durch Schlechta[1]) nötigen zu lassen. Wie genau Rosenzweig sich bewußt war, hier mit der Geschichte von ›Philosophie‹ mehr als nur solche geschrieben zu haben, verrät das Diktum (Briefe 155 f.):

---

[1]) Karl Schlechta, Der Fall Nietzsche, München 1958.

»die, die ›wir brauchen‹, wird uns schon in Pillenform verzapft: nämlich als Paragraphen der geltenden Gesetzbücher; sie sind lauter ehemalige Philosophie und auch die Erneuerung der Paragraphen, die aus den Bedürfnissen und der öffentlichen Meinung heraus geschieht, kommt von der Philosophie, denn auch Bedürfnis und öffentliche Meinung sind geronnene Philosophie. Davon handelt übrigens eigentlich das ganze Hegelbuch.»

Als es in der Substanz, noch nicht in der Einzelausführung, fertig war, haben — Juli 1913 — »in Leipzig entscheidende theologische Gespräche zwischen F. R. und Eugen Rosenstock stattgefunden« (Briefe 71, Anm. 1), auf welche hin jener Offenbarung als Gegebenheit anerkannte. Daraus folgte für ihn zunächst der Entschluß, Christ zu werden. Was ihn bewog, »meinen Entschluß zurückzunehmen« (ebenda), geht explizit aus dem von uns oben wiedergegebenen Briefe an seinen Vetter Rudolf Ehrenberg hervor, steht implizit auch hinter der Heftigkeit seiner Abwehr noch so verhüllten christlich-missionarischen Anspruchs im fast gleichzeitigen Brief an die Mutter. Der damals von ihm angetretene »Rückweg« zur jüdischen Religion, der von Jahr zu Jahr stets weiter und tiefer führen sollte, beruhte auf jenem neugewonnenen Anerkennen von Gottes Offenbarung, das seinen ersten literarischen Ausdruck (1914) in dem wichtigen Aufsatze fand: ›Atheistische Theologie‹, welchen die Herausgeberin der Kleineren Schriften mit Recht an den Anfang der Dokumentation des Weges ›Vom alten zum neuen Denken‹, nicht unter die Judaica, gestellt hat, weil hiermit »die Richtung feststand« (Briefe 370), in die Rosenzweig von nun an alle (ausdrücklichen und unausdrücklichen) Bekenner der Biblischen Religion, nicht nur die Juden, weisen würde: Von individueller oder kollektiver Menschenvergötzung zum Offenbarungsgehorsam. »Gott *braucht* MENSCHEN?« — GOTT braucht Menschen. Um sich ihnen zu offenbaren, *braucht* Gott Menschen, nachdem er — weil er — einmal den Menschen erschaffen hat. Erschaffen, indem er ihn heraufrief; indem er ihn anrief, sich ihm offenbart. Wie solches vor sich geht, das hat Rosenzweig dreimal in den Jahren 1917/18 dargestellt. Am ausführlichsten im ›Stern‹; knapper, aber schon prinzipiell umfassend in der sogenannten ›Urzelle‹, am knappsten vier Wochen vorher in der folgenden Partie eines Briefs an Eugen Rosenstock, die man konsequent ›Keim der Urzelle‹ nennen müßte:

»... das eigentliche Wunder, das meine Ich, entsteht gar nicht im Ich, sondern das Ich als *die* Substanz (›ante festum‹) ist durchaus nicht *mein* Ich, sondern eben Ich überhaupt, und durch das Er wird es zwar vervielfacht, aber nunmehr Ding unter Dingen. Sondern *mein Ich entsteht im Du.* Mit dem Du-sagen begreife ich, daß der Andre kein ›Ding‹ ist, sondern ›wie ich‹. Weil aber demnach ein *Andrer* sein kann wie ich, so hört das Ich auf, das einmalige ›Transzendentale‹ ante omnia festa zu sein und wird *ein* Ich, *mein* Ich und *doch* kein Es. Mit dem ersten Du ist die Schöpfung des Menschen fertig. Und nachdem so am Du das Ich Person geworden ist, bleibt das Substanzhafte des Ich rein zurück. Jetzt kann der Mensch an ein Ich ›jenseits‹ *seines* Ichs glauben, weil sich *sein* Ich vom Ich überhaupt abgespalten hat. Dieses große Ich kennt freilich nur das Er Sie Es der ›Welt‹ als sein Korrelat und verkehrt auch mit dem Menschen nur in der ›dritten Person‹. Wie könnte der Mensch wagen zu ihm ›du‹ zu sagen! Dazu müßte es erst du zu *ihm* sagen. Dieses zweite Du (nach jenem ersten am Ende der ›Schöpfung‹) ist die ›Offenbarung‹ «. (Brief 254)

Die aus diesem Keim herausgewachsene ›Urzelle‹ haben wir oben gegenüber den Kleineren Schriften, wo der fachphilosophisch ihrer vollständigen Kenntnis Bedürftige sie finden kann, um etwa ein Drittel verkürzt für solche Leser wiedergegeben, die nicht durch zu gehäufte Abstraktionen versucht werden sollen, auf die Begegnung mit dem Wesentlichen dieses für Rosenzweigs ganzes Werk und Leben grundlegenden Gedankengangs, seiner wirklichen Wende vom System- zum Existenzdenken, zu verzichten. (Während alle Aufsätze dieses Bandes als von Rosenzweig selbst in der vorgelegten Form für die Öffentlichkeit bestimmt, vollständig gebracht wurden, schien es gegenüber Brieftexten, die nichts von ihrem Verfasser aus Abgeschlossenes bieten, unbedenklich, diese unter dem Gesichtspunkt der Zugänglichkeit für den Leser auszuwählen; hier soll zunächst einmal gewinnend belehrt werden; wer für Rosenzweig einmal gewonnen ist, wird gegebenenfalls auch anspruchsvollere Belehrung bei ihm suchen.)

Um die Mitte dessen herumgebaut, was als Kern in der ›Urzelle‹ (und als Keim in ihrer Urzelle oben) gesagt ist, entfaltet sich Rosenzweigs Hauptwerk (d. h. um des II. Teiles zweites Buch herum: »Offenbarung oder die allzeit erneuerte Geburt der Seele«; Stern II, 88—151, besonders 112 ff), dessen gewaltige Dimensionen auch nur im

Umriß nachzuzeichnen den Rahmen dieses Nachworts sprengen würde, ohne doch eine auch nur annähernd zulängliche Vorstellung davon vermitteln zu können. Wer eine Inhaltsübersicht wünscht, findet sie auf S. 73—185 von: Else Freund, Die Existenzphilosophie Franz Rosenzweigs, (Hamburg 1959); wer — besser noch — sich an das Buch selbst wagen will, wird, sofern er nicht gerade Fachphilosoph ist, mit Vorteil Rosenzweigs Rat an Rabbiner Benno Jacob folgen: »Lesen Sie den Mittelteil zuerst.« (Briefe 402)

Als einen partiellen Selbstkommentar zum Hauptwerk schrieb Rosenzweig 1925 noch ›Das neue Denken‹; ungern, denn: »Ich spreche viel lieber von den Dingen selber als von dem, was ich mal von den Dingen gesagt habe« (Briefe 550); aber dann doch erfreut von Erfolgen wie dem, »daß Herrigel, nicht der erste beste und ein kritischer Kopf . . ., sich daraufhin den Stern gekauft hat.« (Briefe 548)

Hier finden wir die abschließenden einschlägigen Feststellungen, das neue Denken wisse »genau wie das uralte des gesunden Menschenverstands, daß es nicht unabhängig von der Zeit erkennen kann, — was doch der höchste Ruhmestitel war, den sich die Philosophie bisher beilegte.« Also die des ›alten Denkens‹. Dieses heiße: »für niemanden denken und zu niemandem sprechen (wobei man für niemanden, wenn einem das lieblicher klingt, auch alle, die berühmte ›Allgemeinheit‹ setzen kann), sprechen aber heißt zu jemandem sprechen und für jemanden denken« — also nun zunächst zu den deutschen Juden und für sie, dann auch zu etwa hörbereiten Christen. — Wolle man aber das neue Denken unter einer der hergebrachten Kategorien einordnen, so sei es am ehesten: »absuluter Empirismus, Erfahrungs-Denken«[1]).

Als einer, der zunächst einmal zu den deutschen Juden nach dem ersten Weltkrieg zu sprechen hatte, wurde Franz Rosenzweig *Interpret;* im engeren Sinne Interpret, Übersetzer hebräischer Texte in zeitgenössisches Deutsch, und vollends im weiteren Sinne Interpret, Erklärer jüdischer Überlieferung für zeitgenössische Menschen.

Wie bewußt, wach und hellhörig er selbst Zeitgenosse des ersten Jahrhundertviertels war, das empfindet der Leser seiner Briefe besonders deutlich bei manchen Äußerungen zur politischen Zeitgeschichte.

---

[1]) Eine populäre Einführung unternahm — auf Verleger-Wunsch — Rosenzweig in seinem – von ihm dann doch als »ein gemachtes, kein gewordenes Buch« (Briefe 406) der Öffentlichkeit vorenthaltenen – »Büchlein vom gesunden und kranken Menschenverstand«.

»Hast du eigentlich«, so fragt er Rosenstock (Briefe 252), »1911 im Oktober, als Italien anfing, das Verhängnisgefühl gehabt? Ich entsinne mich noch ganz genau des Eindrucks ...: nun fängt es an.«

Unmittelbar ausgesprochen ist dieses »Verhängnisgefühl« ein Jahr nach seinem ersten Auftauchen in einem Briefe an Hans Ehrenberg:

»Die stumpfsinnige Kälte, das Weiterarbeiten, als ob nichts wäre, die gegenstandslose Erwartung, überhaupt die geschlossenen Augen — das ist eine merkwürdige Vorstimmung für einen Krieg, und doch zu *diesem* Krieg die einzig mögliche; denn es ist ein Krieg, dessen Sittlichkeit wir nicht einsehen können, weil es offenbar eine ganz neue Sittlichkeit ist. Nicht weil ein Weltkrieg *an sich* unsittlich wäre. (Die Epoche der ›sittlichen‹ Nationalkriege hat auch mit einem Weltkrieg begonnen.) Aber weil wir für den neuen Krieg noch nicht die neue organisatorische Form haben; der künftige Weltkrieg wird sie uns bringen ..., und weil dieser Krieg eine neue Kriegs*form* bringen wird, so wird er nicht mit einem Chok beendigt sein, sondern allermindestens zwei, wahrscheinlich drei Kriege enthalten — wir stehen nicht vor einem Krieg, sondern vor einer Epoche von Kriegen, und europäisch gesehn sind wir sogar schon drin.« (Briefe 64)

Der frappierenden Treffsicherheit dieser ›internationalen‹ Sicht entsprach eine nicht geringere der innernationalen, als drei Monate nach der ›Friedensresolution‹ des deutschen Reichstags und dem Sturze des Reichskanzlers Bethmann-Hollweg im Juli 1917 Rosenzweig schrieb:

»... übrigens erwarte ich von den Juliereignissen noch ganz andre Folgen als bloß ein bißchen neue Ministerkrisen; ich fürchte, daß sie der Wendepunkt der deutschen Geschichte für Jahrzehnte sind; oder ganz unverhüllt gesagt: ich sehe Deutschland auf dem Weg zur Revolution... Vielleicht wird es einmal heißen, daß Wilhelm II. am 13. 7. 1917 die Abdankung der Hohenzollern unterzeichnet hat.« (Briefe 258 f.)

Als es dann damit auch im Buchstabensinne so weit war — Mitte Oktober, wo ein Rathenau noch in der ›Vossischen Zeitung‹ die Massenerhebung des deutschen Volkes zur Abwehr der feindlichen Invasionsheere forderte (»wie Kinder so ahnungslos« nicht nur in Judaicis *letztlich* auch in politicis) — schrieb Rosenzweig:

»Ich finde mich noch gar nicht zurecht. Ich habe ja zu Anfang des Kriegs meine Kühle bewahrt, aber jetzt greift es mir ans Herz. Ich habe eben 1914 nie an eine Niederlage geglaubt, immer nur höchstens an ein Hubertusburg, also ein Nichtsiegen...

Zu machen ist sicher nichts mehr, und das Heldentum der Franzosen, nach einem Sedan noch weiterzukämpfen, können wir uns wohl nach viereinviertel (und solchen) Jahren nicht mehr zumuten. Daß wir alles verlieren, was zu verlieren ist, ist sicher. Auch die Hohenzollern rechne ich als einen reinen Verlust...

Was tue ich mit bedeutenden Scheidemännern. Bedeutend bin ich selber. Ich will einen *König.«* (Briefe 351)

Dies aus der Feder eines Mannes, welchem einerseits auch der »soziale« Konservativismus »letzthin so unsittlich erscheint wie der Konservativismus überhaupt« (Briefe 225), der aber anderseits schon als Dreiundzwanzigjähriger von sich und seinesgleichen schreiben kann (Briefe 47):

»... wir wollen nicht revolutionieren, sondern nur den Schritt tun, der heut grade an der Zeit ist (unzeitgemäß sein zu wollen, ist heut nicht zeitgemäß)«;

zwei Jahre später, noch grundsätzlicher:

»... es steht nichts in unsrer Macht als der jeweils unmittelbar nächste Schritt, die ›Forderung des Tages‹; nur ihr gilt das ›du kannst, denn du sollst‹. Schon für den morgigen Tag braucht man die ganze Kraft des Vertrauens, um nicht zu verzweifeln.« (Briefe 213)

Nach abermals zwei Jahren, endgültig reif und gelassen:

»Ich habe längst gelernt, daß man bei allem Geforderten weniger leistet als beim Ungeforderten. Denn alles Fordern möchte das Ende vor den Anfang haben. Und die ganze Kunst des Lebens steckt wohl darin, in jedem Augenblick immer das Nächste, immer nur den Anfang zu wollen und das Ende — Gott befohlen sein zu lassen (im redensartlichen und im ernsthaften Sinn der Redensart)... Das rächt sich *immer,* wenn man sich das Nächste was vor einem steht zum bloßen Mittel für das, was nachher kommen soll, erniedrigt. Man muß das Nächste so tun, als gäbe es weiter gar nichts. Es *gibt* auch weiter gar nichts. Schon das Übernächste gehört uns nicht mehr an.

... In unsern ›Erwartungen‹ betrügen wir uns immer. Hoffen mögen wir allenfalls. Aber weder Erwarten noch Fürchten.«

So war dieser Mann seiner Bestimmung entgegengewachsen, kraft welcher sein 35. Geburtstag (1921) ihm als (äußerlich) »der letzte ehrlich durch ein Jahr Leben erworbene«, d. h. auf noch nicht von Lähmung reduziertes Wirken zurückblickende, erschien; »seitdem steht die Zeit mir still« (Briefe 549), ohne daß doch »die Abnormität meines Zustandes, an die ich oft tagelang nicht denke« (Briefe 523), sein Wirken durchs Wort noch vom Krankenlager aus hintanzuhalten bis zum letzten Lebenstag vermocht hätte. »Ich fühle mich durchaus nicht als ›armer Kranker‹; ich möchte mit niemandem tauschen.« (Briefe 447) An dem geistig-geschichtlichen Firmament, als dessen Zentralsonne Israels ›Stern der Erlösung‹ für ihn leuchtete, strahlten reflektiertes Licht sehr verschiedner Helligkeit und Reinheit auch die mannigfachen Wandelsterne aus, in deren Zeichen die Zeit noch oder schon stand, die Großen, deren Wort und Werk tonangebend war.

Vor allen *Lessing* den hellsten und reinsten Abglanz des Urlichts seit Rosenzweigs Hörenlernen auf Nathans »Fast-Übersetzung von Augustins fac quod jubes et jube quod vis« (Briefe 568): »Ich will! Willst Du nur, daß ich will! —« (IV. Akt, Siebenter Auftritt); woraus »ich lernte ...: daß Lessing ein wirklicher Christ war, mit Erfahrungen, die ganz jenseits der Bereiche Schillers und Goethes liegen, daß also die Ringgeschichte ... hervorwächst und getragen wird von dem wahren Herzpunkt des Stückes, der Erzählung an den Klosterbruder im vierten Akt, daß sie also nicht graues Geschwätz ist, sondern mit Blut erkauftes Leben.«[1]) (Briefe 623)

Ziemlich gleichmäßiges Licht sodann reflektiert, aber keineswegs ungetrübt, *Goethe;* »die Goetheverehrung war bei ihm ohne jedes Aber; er hätte kaum begriffen, was wir an ihm hassen«, kann Rosenzweig kritisch von jemandem schreiben (Briefe 438).

Intensiv ist dem Zwanzigjährigen *Kant* »aufgegangen« und nie mehr erloschen:

»... so riesengroß, daß ich gar nicht mehr frage, ob meine alten Gedankenfamilien es in seiner Nähe auch aushalten, sondern rück-

---

[1]) Wie teuer bezahlt, das läßt etwa der spätere Brief ahnen, worin Lessing an Elise Reimarus schrieb, als endgültig dem Verwitweten seine »Recha«, Amalie König, die Stieftochter aus der ersten Ehe seiner Frau, durch das verleumderische Gezischel aus der Welt des Hamburger »Patriarchen« geraubt werden sollte, er habe schon früher »unaufgefordert gestanden, daß ihre häuslichen Tugenden es allein sind, die mir das Leben, das ich leider so fortführen muß, noch erträglich machen . . ., daß ich vor dem Augenblicke zittere, der sie von mir nehmen wird . . . Denn ich werde in eine schreckliche Einsamkeit zurückfallen . . .« (7. Mai 1780; S. 860 der Gesammelten Werke 9, Berlin 1957).

sichtslos dicht an ihn ran gehe — und wenn er sie alle auffrißt, kann ichs nicht ändern.« (Briefe 31)

Neun Jahre später:

»Die Größe des *Mannes* kommt mir auch wieder überwältigend zum Bewußtsein; man vergißt sie immer etwas, wenn man ihn eine Zeitlang nicht selbst gelesen hat; liest man ihn, so steht er auch an allgemeinem Reichtum durchaus *neben* den Diadochen, mit dem einzigen, allerdings schwerwiegenden Unterschiede, daß er ›Schiller und Goethe‹ noch nicht kannte.« (Briefe 92)

Abschließend im Jahre des Hauptwerks 1918:

»Ich bin ja Antihegelianer (und Antifichteaner); *meine* Schutzheiligen unter den Vier sind Kant und — vor allem — Schelling. (Briefe 299; 298): »Schelling (wie, viel schwächer, auch Kant) reizt mich fortwährend zur Skepsis, zum Widerspruch und ist doch im ganzen meine Art, die ich anerkennen muß.«

Aber, »Antihegelianer«, der sein erstes Meisterwerk über *Hegel* schrieb?

»... ich habe die Hegelsche Philosophie schon für schädlich gehalten, als ich den Hegel anfing zu schreiben«, heißt es 1923 (Briefe 476); 1928 zu Glockners Logos-Kritik am Hegelbuch: »Diese Privatdozentengeneration kann sich nicht mehr vorstellen, daß man Hegel für einen Verderb hält; als ich das Buch anfing, war das bloße Interesse für Hegel schon Habilitationshindernis« (Briefe 622),

und der Kampf gegen ihn »mit recht chevaleresken Mitteln« — etwa: der Abstand zwischen seinem Lobpreis des großen Machtmenschen und dessen Würdigung bei Aristoteles gebe »ein Maß der Vertiefung, die der menschliche Geist in diesen zwei Jahrtausenden erfahren hat« (Hegel I, 250, Anm. zu S. 185) — mochte manchen einfach Ausdruck von Verehrung zu sein scheinen. Eher wohl sprach aber daraus schmerzhaftes Gereiftsein durch den geistesgeschichtlichen Fortgang über Hegel hinaus:

»Nur Nietzsche (und Kant) lasse ich am Leben« im Hauptwerk (Briefe 342).

Von Zeitgenossen: *Max Weber.* Seine religionssoziologische Untersuchung des Judentums »ist historisch das gleiche, wie ich es philosophisch ausgesprochen habe. Die Nüchternheit der Beobachtung hat in beiden Fällen zum gleichen Resultat geführt und hat richtiggestellt, was die idealisierende Begeisterung verzeichnet hatte.« (Briefe 405)

Und dann *Kafka.* »Die Leute, die die Bibel geschrieben haben, haben ja anscheinend von Gott ähnlich gedacht wie Kafka. Ich habe noch nie ein Buch gelesen, das mich so stark an die Bibel erinnert hat wie sein Roman ›Das Schloß‹. Den zu lesen ist deshalb auch kein Vergnügen.« (Briefe 596)

Für die ungemeine Sicherheit des spezifisch literarischen Urteils schließlich zeuge die Äußerung des zweiunddreißigjährigen Rosenzweig über *Heinrich* und *Thomas Mann:*

»... Den Professor Unrat habe ich gelesen; ich finde ihn glänzend, *mindestens* so gut wie die Kleine Stadt. Heinrich ist doch die stärkere Natur von den beiden Brüdern ...

Grade in ›Unrat‹ sitzt eigentlich auch jede Einzelheit an der richtigen Stelle, während doch in den ›Armen‹ und auch im ›Untertan‹ vielfach ein Ausglitscher vorkommt, Stellen, die man im ganzen nicht notwendig findet ...

Er ist ja wirklich der Namensheilige der heutigen Literaturbewegung. Eben der erste, der statt mit Atmosphäre wieder mit Heiligenscheinen und Teufelsklauen charakterisiert; bei dem es wieder ›Gerechte‹ und ›Ungerechte‹ gibt, statt der zur Zeit des Impressionismus allein zulässigen Sonne, die über beide gleichmäßig scheint.« (Briefe 338)

Zu dem hier gekennzeichneten ›Heute‹ als dem eignen bekennt sich Rosenzweig auch zehn Jahre später noch, als er präzise schreibt:

»Ich bin ja selbst schon von gestern, 1918, nicht 1928, ›Expressionismus‹, nicht ›neue Sachlichkeit‹.« (Briefe 617)

Daß auch seine (und Bubers damalige) Übersetzersprache kürzlich — offenbar ganz unabhängig von diesem Selbstzeugnis — als »expressionistisch« eingeordnet wurde, bestätigt trefflich den Befund[1]).

Dieser eminent zeitgenössische Denker also begann, nachdem er mit dem Hauptwerk von der Philosophie (nach zwölf Jahren intensiver Befassung mit ihr) Abschied genommen und den Weg »INS LEBEN« angetreten hatte, sein wiedergefundenes Judentum dessen ›verlorenen Söhnen‹ zu interpretieren, zentrale Texte zu übersetzen, durch Vortrag und Dialog zu lehren, Lehre zu organisieren.

Dasselbe Jahr 1920 sah seine Verlobung und Heirat, Lehrtätigkeit in Kassel und vor allem die Gründung des Freien Jüdischen Lehrhauses

[1]) Dies in dem Aufsatz von Norbert Lohfink über Buber-Rosenzweigs SCHRIFT-Übertragung (Stimmen der Zeit 87, S. 444 ff.).

in Frankfurt, eine Institution dialogischer Erwachsenenbildung, die uns als das erste Modell (›Prototyp‹) der Gattung erscheint, die dreißig Jahre später in nicht ganz wenigen Exemplaren Evangelischer und Katholischer Akademien in Erscheinung trat, statt ›Volkshochschulvorträgen‹ de omnibus rebus et quibusdam aliis Austauschgelegenheiten vermittelnd über Gegenstände, welche die Gesprächspartner angehn.

Hier (wie schon im Entstehen der Berliner ›Akademie für die Wissenschaft des Judentums‹) trugen die jahrelangen Überlegungen Frucht, die Rosenzweig in den Formen von Gespräch, Briefwechsel und Denkschrift »über das jüdische Bildungsproblem des Augenblicks« (1917: ›Zeit ist's ...‹, Ps. 119,126), »... insbesondere zur Volkshochschulfrage« (1920: ›Bildung und kein Ende‹, Pred. 12,12) angestellt hat und die wahrlich besonderer eingehender Dokumentation und Würdigung wert wären (auch um ihrer ›transjudaistischen‹ Exemplarität willen), hier aber nur eben erwähnt werden können. Möge N. N. Glatzers englischer Neu-Ausgabe jener (und einiger ergänzender) Texte: ›On Jewish Learning‹ (New York 1955) bald eine — in ihrem Kommentar dem Fortwirken des gebotenen Beispiels in der Geschichte der deutschen Erwachsenenbildung nachgehende — deutsche folgen!

Rosenzweigs eigenes Interpretationswerk, zunächst vor allem als Lehrer, bald notgedrungen nur noch als Schriftsteller, ist der Zeitfolge nach an erster Stelle durch den Kasseler Vortrag von 1919 über ›Geist und Epochen der jüdischen Geschichte‹ vertreten. So dringlich beachtenswert wie seine allgemeingültige These: »Der *Geist* der Geschichte schafft sich . . . seinen *Leib* in den *Epochen* der Geschichte« (mit dem exemplum ad homines: ». . . wenn wirklich Potsdam nur eine Episode gewesen sein sollte . . .«), so unbedingt bedenkenswert (zum mindesten) ist die — intra wie extra muros synagogae damals revolutionäre — speziell judaistische Relativierung »des Jahres 70, der Einnahme Jerusalems durch die Römer« als Epochenscheide: »Der Geist des Judentums greift über sie hinweg, er ist älter als sie und jünger.»

Jünger? »Die ungeheure geschichtsbeherrschende Bedeutung des Talmud.«

Älter? »Lies einmal die Bücher Esra und Nehemia«, heißt es — noch etwas überspitzt — schon zwei Jahre früher in einem Briefe (150);

»hier erhält man das wirkliche Bild des jüdischen Volks in der ersten Zeit nach seiner Konstituierung; alles Ältere ist nur Vorgeschichte; das vorexilische Volk ist zugrundegegangen wie alle andern Völker der alten Welt; einzig die in seinem Schoße entstandene ›jüdische Bewegung‹, die sich in der *Gemeinde* Esras als Synagoge erstmalig öffentlich-rechtlich konstituierte, ist geblieben. Wir sind ›Juden‹, nicht ›Israeliten‹.« (Das unauslöschliche Verdienst, solches auch ›von außen‹ festgestellt zu haben, gehört *Hans Heinrich Schaeder*, Esra der Schreiber, Tübingen 1930; Neudruck in: Studien zur orientalischen Religionsgeschichte, Darmstadt 1963.)

Mit Recht wird die Sammlung ›Kleinere Schriften‹ von 1937 gerade durch diese grundlegende Studie eröffnet.

Aus der grund-legenden Theorie des Judentums aber erwuchs wesensnotwendig das Bemühen um Antwort auf die Frage nach der jüdischen Praxis, dem ›Praktizieren‹ des den Juden gegebenen Gesetzes heute, im zwanzigsten Jahrhundert.

Seit »der Gedanke einer Verwirklichung Gottes durch den Menschen« von Martin Buber aufgegeben[1]) und er »*kein* Mystiker« mehr war (Briefe 534), ist ihm Rosenzweig, der genausogut wie Karl Barth wußte, inwiefern ›Mystik‹ esoterischer Atheismus (und Atheismus exoterische Mystik) ist[2]), und die Tendenz des Hauptwerks ausdrücklich als »antimystisch« charakterisiert hat (Briefe 414), rasch näher gekommen und hat sich mit ihm in enger Freundschaft und intensiver Arbeitsgemeinschaft zusammengefunden. An ihn als den gewichtigsten Partner einschlägigen Gespräches hat Rosenzweig ebendarum seine Betrachtung adressiert: ›Die Bauleute. Über das Gesetz‹,

»das jüdische Gesetz, das Gesetz der Jahrtausende, das gelernte und gelebte, zerdachte und umsungene, all- und todestägliche, kleinliche und erhabene, nüchterne und sagenschwere, hauskerzen- und scheiterhaufenflammenumstrahlte Gesetz . . .,

. . . immer übersteigert, nie erreicht — und doch stets fähig, zu jüdischem Leben zu werden . . .«

Buber antwortete[3]):

---

[1]) Martin Buber, Werke Band I (München 1962), S. 384.

[2]) Vgl. Karl Barth, Kirchliche Dogmatik, I. Band, 2. Halbband (Zollikon-Zürich 4 1948), S. 348–356.

[3]) Im Schocken-Almanach auf das Jahr 5697 (1936) gedruckt.

»Ich glaube nicht, daß Offenbarung jemals Gesetzesformulierung ist. Nur durch den Menschen in seinem Selbstwiderspruch wird Offenbarung zur Gesetzgebung. Das ist die Tat des Menschen. Ich kann nicht das vom Menschen ausgeformte Gesetz in meinen Willen aufnehmen, wenn ich zugleich auf Gottes mittlerloses Wort harren soll, das zu einer bestimmten Lebensstunde gesprochen ist.«

»Daß aus dem neuen Gebot das alte Gesetz werden kann«, erwidert Rosenzweig, das werde auch von ihm »so gut als ein Unglück empfunden wie von Ihnen. Nicht die Tatsache, daß jedes Gebot zum Gesetz werden kann, wird in den Willen aufgenommen, sondern die — gerade Ihnen bekannte —, daß das Gesetz sich immer wieder ins Gebot rückverwandeln kann. Jene Tatsache in den Willen und nicht nur in den Unwillen aufgenommen, wäre freilich unvereinbar mit dem Harren auf den Spruch der Stunde. Diese Tatsache aber in den Willen oder vielmehr in die Hoffnung aufgenommen, ist mit jenem Harren ... vereinbar ...« (Briefe 503 f.)

Auf Bubers neuerlichen Einwand, der Mensch sei zwar Gesetzesempfänger, aber Gott nicht Gesetz-Geber, erwidert Rosenzweig:

»Gesetzgeber ist mir ja Gott auch nicht. Er gebietet. Erst der Mensch in seiner Trägheit macht aus den Geboten durch die Art, wie er sie hält, Gesetz — systematisiertes, ... ›tubares‹.« (Briefe 505)

Fast ein Jahr später auf die Frage: »Ist das Gesetz Gottes Gesetz?«

».. . so katholisch, so in der dritten Person darf auch die Frage nach dem Gesetz nicht gestellt werden, nicht bloß die Frage nach Gott selbst.

Ob das Gesetz Gottes Gesetz ›ist‹, das weiß ich auch nicht, so wenig, nein viel weniger, als ich weiß, daß Gott ›ist‹. Wissen oder Unwissen gilt da nichts vor der gemachten Erfahrung. Soweit Sie die Erfahrung gemacht haben, daß das Gesetz nicht Gottes Gesetz ist — und diese Erfahrung liegt auf dem Grunde Ihres Satzes —, das gilt, wie nur der Atheismus ehrwürdig ist, der erfahren hat, daß Gott nicht ist, während der, der nur nicht weiß, daß oder ob er ist, uns nicht bestürzen darf.

So ist Offenbarung sicher nicht Gesetzgebung; sie ist überhaupt nur — Offenbarung ...« (Mit Gottes ›Herniederfahren‹ sei sie — Ex. 19,20 — schon fertig; mit ›Und es redete‹ fange die Interpretation an — 20,1 — geschweige denn mit dem ›Ich‹ von 20,2). »Aber wo hört diese ›Interpretation‹ auf, legitim zu sein? Das würde ich nie mit einem allgemeinen Satz zu sagen wagen, sondern hier beginnt das Zeugnisrecht, das positive und negative, der Erfahrung.

Oder ist es so, daß Offenbarung keinesfalls Gesetzgebung werden darf? Weil da jene ursprüngliche Selbstinterpretation notwendig menschlicher Interpretation, also Interpretation ohne Anführungsstriche, weicht. Das würde ich zugeben, so etwa wie ich überzeugt bin, daß sie auch nicht Personbindung werden kann. Aber so wie ich einem Christen trotz dieser meiner Überzeugung doch welthistorisches und persönliches fair play für den Beweis seiner Ausnahme gewähre, so fordert auch das Gesetz sich diese Bewährungsmöglichkeit seines Ausnahmecharakters gegenüber allem andern Gesetz.« (Briefe 535 f.)

Von diesem Punkte des äußersten Entgegenkommens im Gespräch mit dem Freunde, kehrt der Leser auf den Weg von Rosenzweigs eignem Erfahrungszeugnis über das Gesetz zurück, welches »Göttlich und menschlich« ist — in dem so betitelten Briefe an die Kollegenschaft des Lehrhauses.

Wie aber aus der Lehre das Leben Franz Rosenzweigs heranwuchs, das mögen ein paar Äußerungen ahnen lassen, welche Stationen seiner »Selbstorthodoxisierung« markieren:

»Ums Juden*tum* brauchen wir nicht zu sorgen, das brauchen wir bloß als unser *Eigen* zu wissen, also nicht als etwas, was an uns *Forderungen* zu stellen hätte, sondern als etwas, was uns — gehört. Wirklich, die ganze Praxis in dieser Beziehung liegt in dem Entschluß (ein Entschluß ist's, aber ein ganz leichter, weil ganz ›anfängerhafter‹, keimhafter): nil Judaei a me alienum puto. Das einmal still für sich gesagt — und man hat plötzlich Besitz genommen von seinem Haus, man ist kein ›Unbehauster‹ mehr, man hat sein Bleib; alles Folgende, das sich Einwohnen, braucht einen dann nicht mehr zu sorgen, denn das geschieht dann, wenn man nur erst einmal diesen allgemeinen Anspruch auf sein Eigentum erhoben hat, ganz von selbst oder — *wie* von selbst.« (Briefe 380)

Vierzehn Tage später in einem Brief an die Verlobte:

»Mir ist ganz klar geworden ..., daß ich mich *außer* Hause gar nicht genieren *darf,* alles zu essen. Eigentlich steckt das ja schon in dem, was ich Dir neulich sagte: Unterschied ja, Scheidung nein. Wir wollen ein *Haus,* kein Getto. Bei uns soll jeder Jude essen können, den wir laden; aber wir wollen auch zu jedem Christen gehen können, der uns einlädt. Der orthodoxe Kompromiß: Hingehn, aber nicht, oder nur mit Auswahl, Essen — ist ja *nur* ein Kompromiß. Daß das dann auch unsern *jüdischen* Allesessern, zu denen wir gehen, ›zugute kommt‹, ist freilich beinahe schade. Aber schließlich auch die sollen es uns glauben, daß uns unsere Jüdischkeit nicht in Essen und Trinken *besteht.*» (Briefe 380 f.[1])

Nach den jüdischen Feiertagen desselben Jahres 1920:
»Die Festtage waren sehr schön hier. Wir ›orthodoxieren‹ uns zusehends, weil das strenge ›das und das ist verboten‹ einfach notwendig ist als ein Gartenzaun. Denk z. B. ein Tag, wo man einfach prinzipiell nicht telefoniert! Besonders wenn man sonst halbe Tage an der Strippe hängt wie ich jetzt.«

Und einige Jahre nach dieser Zeit der Entdeckungsfreude die Bilanz (ad extra):

»Ich glaube, die Verjudung hat aus mir keinen schlechteren sondern einen besseren Deutschen gemacht. Ich halte die Generation vor uns ... wirklich für keine besseren Deutschen als uns. Und der ›Stern‹ wird wohl einmal und mit Recht als ein Geschenk, das der deutsche Geist seiner jüdischen Enklave verdankt, angesehen werden ...

Unsere Arbeit wird uns von Deutschland höchstens posthum honoriert, aber darum tun wir sie doch, solange wir sie in Deutschland tun, für Deutschland.« (Briefe 474)

Die Arbeit also, der es die Deutschen verdanken (und vielleicht doch auch endlich danken), daß in ihrer Sprache auf höherem Niveau als in irgendeiner zeitgenössischen (von der hebräischen hier abgesehn) die Glaubenswelt interpretiert ist, die aus der selben biblischen Wurzel hervorwuchs wie die christliche (aller Schicksal durchs Ja und durchs Nein zu ihr bestimmende): die jüdische Glaubenswelt.

Am leichtesten wahrnehmbar ist wohl (und war jedenfalls den ersten Lesern vor vier Jahrzehnten) die souveräne Überlegenheit des Interpreten in dessen Nachwort zu seiner Übersetzung aus Jehuda Halevi: »nur das Nachwort hindert die Leser, das Buch von vornherein zu verwerfen. Jetzt hat fast jeder ein schlechtes Gewissen, daß ihm die Gedichte nicht gefallen.« (Briefe 502)

Wie es bei der Mehrheit der Fall war und (exempla docent) wohl noch ist:

»... ich habe gelernt, daß eigentlich alle Welt noch beim Buch der

[1]) Vgl. Röm. 14, 17: »Nicht besteht ja das Königtum Gottes in Essen und Trinken!«.

Lieder hält, und nur die die selber schreiben, und auch die nicht mal alle, beim älteren Goethe und bei Hölderlin ...« (Briefe 514)

Eben darum wird oben zuerst das Nachwort gebracht, dann aus den zweiundneunzig Übertragungen, eine ganz kleine Auswahl, für welche in erster Linie der Inhalt der Kommentare maßgebend war, von denen Leo Baeck in seinem Rosenzweig-Vortrag von 1956 mit Recht bemerkt hat:

»... vielleicht das Schönste, was er geschrieben hat, sind — es klingt vielleicht merkwürdig — Anmerkungen zu seiner Übersetzung von Gedichten von Jehuda Halevi... In diesen Anmerkungen hat er das Beste seines Denkens gegeben, hat er gezeigt, wie die Kraft der Bibel weiterlebt. Und Weiterleben heißt nicht bloß, weiter da sein, sondern weiter sich formen, weiter gestalten, weiter neuen Ausdruck suchen und finden.«[1])

Daß solches »Ausdruck suchen und finden« in der deutschen Sprache mehr Aussicht auf Erfolg als in vielen andern hat, stellte Rosenzweig schon im Nachwort zu Jehuda Halevi fest; daß es von der hebräischen dem ›sich ihrer Bedienenden‹ geradezu aufgezwungen werde, war die beglückende Erfahrung, der die wichtige Studie: »Neuhebräisch? Anläßlich der Übersetzung von Spinozas Ethik« ihr Entstehen verdankt: »Man kann eben nicht so Hebräisch sprechen wie man möchte, sondern man muß es schon so sprechen, wie es einmal ist. Und es ist vergangenheitsgebunden und weltverpflichtet, auch im Munde des jüngsten Siedlerkindleins der neustgegründeten Siedlung.« (s. Dein Wort in Gottes Ohr! — flüstert der Heutige.)

Zu den letzten und reifsten Früchten zehnjähriger philo-*logischer* und *theo*-logischer Interpreten-Erfahrung gehört die Bemerkung über Anthropomorphismus anläßlich des einschlägigen Artikels in der Encyclopaedia Judaica (II, Sp. 885—905). »Ich stehe zum Rabed«, schreibt hierüber Rosenzweig (Briefe 626), zu dem (in Scholems ›Ursprung und Anfänge der Kabbala‹, Berlin 1962, S. 180—200, eingehend gewürdigten) provençalischen Frühkabbalisten Abraham ben David (1125/98), sofern dieser es ablehnte, »wenn Maimonides sagte, wer glaube, daß der Schöpfer einen Körper habe, sei ein Häretiker« (Scholem, S. 186). Wo doch die Bibel bezeuge, »daß Gott kann, was er will (also auch dem Geschöpf jeweils in voller leiblicher und geistiger

---

[1]) Leo Baeck, Von Moses Mendelssohn zu Franz Rosenzweig, Stuttgart 1958, S. 48.

Wirklichkeit *begegnen*)«, so daß zum Unterschied vom heidnischen Anthropomorphismus des statisch verfestigten, menschenähnlichen Götter-*Bildes* der biblische ›Anthropomorphismus‹ der immer wieder je einmaligen leibhaften Gott-*Begegnung* legitim sei.

Daß wir hier — wie schon in den Halevi-Kommentaren ›Heimkehr‹ und: ›Der Fern-und-Nahe‹ — in der innersten Herzmitte der Gottes-Lehre Rosenzweigs sind, da, wo er durch das für ihn gefährlichste Nein zum eigensten Ja hindurchgedrungen ist, das merkt der Hellhörige unmittelbar, bestätigen überdies indirekt einige Briefstellen. Zunächst, daß er am Ende des ersten Absatzes von ›Heimkehr‹, »wie ja schon aus der etwas boshaften Bemerkung über die beiden Römerbriefkommentare hervorgeht, allerdings wirklich Barth persönlich vor Augen hatte« (Briefe 516); also den ›jungen‹ Barth der ›dialektischen Theologie‹, nicht den gereiften der ›Dogmatik‹; ebenso natürlich noch am Ende des vierten Absatzes von ›Der Fern-und-Nahe‹.

Dazu dann:

»Zwischen Jehuda Halevi hinein lese ich Barths zweite Auflage des Römerbriefs oder eigentlich ich lese darin. Aber doch mit Bewunderung für diese Fähigkeit, aus einer reinen Negation so viel zu machen, daß das Buch an keiner Stelle, wo man es aufschlägt, gleichgültig wird. ... Aber warum ist einem bei Kierkegaard doch so ganz anders zumute als bei Barth oder Gogarten? Doch nicht bloß, weil er das Original und sie die Kopien sind, denn es sind so glänzende Kopien, daß es sich schon lohnt, sie für sich anzugucken. Aber hinter jedem Paradoxon Kierkegaards spürt man biographische Absurda — und deshalb muß man ihm credere. Während man hinter den Barthschen Kolossalnegationen nichts spürt als die Wand, auf der sie gemalt sind, und diese Wand ist tüncheweiß — ein sehr tadelloses und wohlgeordnetes Leben. Und deshalb sind mir diese Gemälde auch nur *als* Gemälde glaubhaft. Nicht unglaubhaft, verstehen Sie. Aber doch eben eine gleichgültige Glaubhaftigkeit. Dieses Denken ist nicht transparent, es ist alles schon drin und deshalb — nichts mehr dahinter.« (Briefe 469 f.)

Während von einer ähnlichen, aber »erfahrenen« Totalnegation her, durch die offenbar Rosenzweig hindurchgegangen war, seinem Denken nun gerade jene Transparenz eignet, die er dem Barths, des Karl Barth der zwanziger Jahre, abspricht. (Vielleicht dem späteren eher zugebilligt hätte.)

»Für Gedanken kann man wirklich ›Buße tun‹. Die große Umkehr in meinem eigenen Leben hat sich gerade an Gedanken abgespielt; wohl hingen an den Gedanken auch Taten; vorher Erlaubtes oder gar Gebotenes war nachher nicht mehr erlaubt; aber das war nur Folge; und wenn ich nachher auf das Vorher zurücksah, so entsetzten mich nicht die Taten, die eben nur Folge waren, sondern der ganze Anschauungskreis, in dem ich damals lebte — eine Art Barthianismus ...« (Briefe 505)

Jenseits von dieser Phase (oder Krise) seiner Entwicklung fand sich Franz Rosenzweig als der von Jahr zu Jahr eine immer tiefere Gesetzestreue bewährende Jude — *und* als der unbefangene Mitmensch von Gläubigen und Ungläubigen, der beider Erfahrung ernst nahm, beiden darum unaufdringlich von seiner eignen Glaubens-Erfahrung Rechenschaft ablegen, beiden verständlich Glaubens-Dokumente der Vergangenheit interpretieren konnte, insbesonders zuletzt und zuhöchst: Die SCHRIFT. (Gemeinsam mit ihm zu verdeutschen unternommen von Martin Buber, welcher das Werk 1961 vollenden durfte.) Aus Anlaß dieses Riesenunternehmens hat — nach einer kleineren Arbeit, die der wesensmäßigen Mündlichkeit des Schriftwortes gerade der Bibel galt (und deren Resultat oben S. f resumiert ist), Rosenzweig seine erste umfänglichere Studie dazu dem letzten der großen Vorläufer beim gleichen Unterfangen gewidmet: ›Die Schrift und Luther‹, ihm, dessen Werk Buber und Rosenzweig eigentlich nur überarbeiten gewollt hatten:

»... diese Übersetzung hat als Versuch zu einer revidierten Lutherbibel begonnen. Schritt für Schritt und anfangs nur widerwillig (ich) und schweren Herzens (Buber) sind wir dann vom Luthertext abgekommen. Es ging einfach nicht ... Aber bis zuletzt hat Buber meist Luther vor der eignen Niederschrift jeder Stelle angesehn, die andern erst nachher verglichen, und habe ich bei meiner ja nur nachbessernden Tätigkeit durchweg den Luthertext neben dem hebräischen vor mir gehabt.« (Briefe 551 f.)

Warum es mit dessen bloßer Revision »einfach nicht« ging, sagt zunächst Abschnitt VI und VII jener Studie; Abschnitt V, warum noch viel weniger die »wissenschaftliche« Verschlimmbesserung von Luthers Werk einen Weg wies.

Das statt dessen von Buber und Rosenzweig gewählte Verfahren weitestgehender Wörtlichkeit enthüllt seine tiefste »dogmatische«

Wurzel in der Auseinandersetzung mit »rechts« und »links« um »Die Einheit der Bibel« seinen reichsten exegetischen Ertrag in ›Das Formgeheimnis der biblischen Erzählungen‹: Der Form treu bleiben, d. h. gleiche hebräische Wortwurzeln mit gleichen deutschen wiedergeben, das allein macht auch im Deutschen das ›offenbar Geheimnis‹ des jeweils sinnerhellenden Beziehungsgefüges der *Leitworte* vernehmbar; ein Schlüssel zum Verständnis, von welchem man nur mit betroffenem Staunen immer wieder feststellt, wie wenig er von der offiziellen Wissenschaft genutzt wird, seit er ihr vor 35 Jahren im ›Kunstwart‹ zum erstenmal angeboten wurde. (Rosenzweig sprach damals noch vom »Stichwort«; von Buber stammt der Ausdruck und die Definition: »Unter Leitwort ist ein Wort oder ein Wortstamm zu verstehen, der sich innerhalb eines Textes, einer Textfolge, eines Textzusammenhangs sinnreich wiederholte: wer diesen Wiederholungen folgt, dem erschließt oder verdeutlicht sich ein Sinn des Textes oder wird auch nur eindringlicher offenbar[1])« Zur Wiedergewinnung der Mündlichkeit des ursprünglichen SCHRIFT-Worts und des ›Leitwortstils› der Bibel kam als dritte große Errungenschaft Bubers und Rosenzweigs die Wiedergabe des Gottesnamens durch das Personalpronomen in Großbuchstaben: Wo im Urtext die hebräischen Lettern JHWH stehn (der ›Jahweh‹ unsrer Wissenschaft), da heißt der Träger dieses Namens in der Übersetzung, wo er angeredet wird, einfach: DU, wo er selber spricht: ICH, wo von ihm die Rede ist: ER.

»Anfangs schrieben wir Herr. Das wurde uns immer unerträglicher, weil es ja einfach falsch ist. Wir sagten uns, daß man ja eigentlich eher umgekehrt für den Namen Gott sagen müsse und für elauhim der Herr. Denn Gott hat für uns etwas Namenhaftes, während Herr das Allgemeinbegriffliche von Elauhim hat. So übersetzt ja auch Luther Kapitel 2 und 3 יהוה אלהים, offenbar aus diesem Gefühl heraus, mit Gott der Herr. Aber mit einer solchen Umkehrung wäre natürlich, so sahen wir, das Problem nur deutlich gemacht, nicht gelöst. Da fiel uns plötzlich, als die Übersetzung Herr uns bis zur Verzweiflung unerträglich geworden war, die jetzige Übersetzung ein. Sie wurde anfangs von uns

[1]) Martin Buber und Franz Rosenzweig, Die Schrift und ihre Verdeutschung, Berlin 1936, S. 211; zum Gesamtwerk mein Aufsatz: Die Schriftübersetzung von Martin Buber und Franz Rosenzweig (FREIBURGER RUNDBRIEF XIV, S. 34 ff.).

selbst nur zögernd begrüßt, dann durchprobiert, immer richtiger gefunden ... (Briefe 599)

Begründet ist ihr Recht in der, dem üblichen synagogalen Ausdruck für den Gottesnamen gegenüber respektvollen, aber zuletzt doch sehr deutlich ablehnenden Studie: ›Der Ewige‹, Mendelssohn und der Gottesname, dem letzten größeren Aufsatz, den Rosenzweig geschrieben hat.

Der vorletzte, ›Weltgeschichtliche Bedeutung der Bibel‹ als Teil des Artikels Bibel im vierten Band der Encyclopaedia Judaica (dort fälschlich betitelt: ›Die Bibel und die Weltkultur‹), eröffnet unsre Auswahl, weil hier einzigartig knapp und klar der Gegenstand und die Funktion umschrieben sind, wozu als wahrhaft wichtig Rosenzweigs ›neues Denken‹ hindurchgestoßen ist: Die *Bibel* und das *Übersetzen:* »bewußtes Hinübertragen des Fremden als eines Fremden ins Eigene«.

»Das Übersetzen ist überhaupt das eigentliche Ziel des Geistes; erst wenn etwas übersetzt ist, ist es wirklich *laut* geworden, nicht mehr aus der Welt zu schaffen. Erst in der Septuaginta ist die Offenbarung ganz heimisch in der Welt geworden, und solange Homer noch nicht lateinisch sprach, war er noch keine Tatsache. Entsprechend auch das Übersetzen von Mensch zu Mensch ...« (Briefe 247)

»... erst der Zwang zu *übersetzen* erlöst die Terminologie (in der bei rein innerem Leben der Geist rettungslos versumpft) zur Sprache.« (Briefe 263)

Und dies alles dann unter dem Flammenschwert der Selbstkritik:

»Ich habe es neulich mal formuliert: für den Übersetzer gibt es eigentlich kein gut und besser, sondern nur ein schlecht und weniger schlecht.« (Briefe 625)

Wer unserm Nachwort bis hierher gefolgt ist, der wird wohl nun spätestens verstehen, wie es von diesem Lebens-Werk her zu den drei Leitworten kam, unter welche die Auswahl daraus hier gestellt ist, dem wird auch klar sein, wie sehr sich dieses Leben in eben dem Werk erfüllen durfte, das vor allen andern seine letzten Jahre (1925—1929) ausgefüllt hat, eben der SCHRIFT-Übersetzung.

Zu den oben anhangsweise wiedergegebenen Auszügen aus Briefen Franz Rosenzweigs als Dokumentation einiger Stationen seines Weges als dezidierter Nicht-Christ gegenüber dem Christentum und — mutatis mutandis! — als dezidierter Nicht-Zionist gegenüber dem Zionismus ist nun noch einiges zu sagen.

Die allerletzte von Rosenzweig vor seinem Tode veröffentlichte kleine Arbeit schließt bei der Würdigung des vierten Bandes der Encyclopaedia Judaica mit der folgenden Reflexion darüber, daß dort auf 270 Spalten mit dem Worte ›Bibel‹ stets ›nur‹ die Heilige Schrift der Juden, das ›Alte Testament‹ der Christenheit, bezeichnet ist.

»... in dieser ganz simpeln, fast ohne Zutun gewordenen Tatsache hat sich mitten in diesem modernsten jüdischen Werk der alte Judentrotz, der ewige Vorbehalt gegen die sichtbare, allzusichtbare Weltgeschichte zugunsten der unsichtbaren und erst ›an jenem Tag‹ aus der Verborgenheit ins Offenbare tretenden, eine neue Gestalt gegeben. Und da immerhin der letzte ausführliche Sprecher der Reihe« (d. h. Rosenzweig selbst in jenem unsre Auswahl eröffnenden Beitrag!) »doch sich von weltgeschichtswegen gezwungen sah, gelegentlich ›die jüdische Bibel‹ zu sagen statt ›die Bibel‹ schlechthin, so wird diesem Trotz auch die Rechtfertigung, daß er sich es selbst versagt, das letzte Wort zu behalten. Denn wohl sollen und wollen wir im Eigenen beharren, am Eigenen festhalten, aber so sollen und wollen wir auch wissen, daß das Eigene nicht das Ganze ist, daß vielmehr dies trotzig behauptete Eigene, ob auch geheimer Mittelpunkt der geschaffenen Welt, und dieser unbeirrt beschrittene Weg, ob auch geheimer Richtweg der Schöpfung, nur Teil sind dieser geschaffenen Welt — einer Welt, in der auch die Umwege bestimmt sind, Wege zu sein.«

Gewiß nicht zufällig ist dies das letzte öffentliche Wort des Mannes, der sich rühmen durfte, er habe mit seinem Hauptwerk »das erste unfanatische jüdische Buch geschrieben, das mir bekannt ist (nämlich jüdisch und doch unfanatisch, unfanatisch und doch jüdisch)« (Briefe 510).

Seine gelassene Konfrontation von Judentum und Christentum in diesem Hauptwerk wie auch die etwas schärfer akzentuierende unter dem Druck und Gegendruck des Briefwechsels mit Eugen Rosenstock (Briefe 637—720), haben Rosenzweig zum Initianten des jüdisch-christlichen Gesprächs im 20. Jahrhundert gemacht[1]).

Dabei war er sich durchaus dessen bewußt, »daß mein weitgehendes Interesse für das Christentum ein Sonderfall ist.

---

[1]) Dazu mein Aufsatz: Franz Rosenzweig. Zum Gespräch zwischen Judenheit und Christentum (Hochland 50, S. 142 ff.).

... nicht die Toleranz, aber das Interesse. Das ist wirklich persönlich. Christen ahnen ja gewöhnlich gar nicht, wie gering es ist, und sind sehr verblüfft, wenn man ihnen auf die Frage ›was denkt denn eigentlich das Judentum über Jesus?‹ der Wahrheit gemäß antwortet: ›gar nichts‹. Als Jude ... interessiert mich das Christentum gar nicht, wohl aber als — Apologeten. Das ist natürlich ein gutes Stück bloßer Selbstkonstruktion. In Wirklichkeit (biographischer Wirklichkeit) interessiert es mich, weil ich in Deutschland geboren bin, Geschichte studiert habe, in einer Zeit lebe, wo vielleicht die Pikkolos in den Groß- und Universitätsstadt-Cafés vom bloß Aufgeschnappten mehr Theologie gelernt haben als in den siebziger Jahren ein Student der Theologie bei seinen Professoren, endlich noch, weil ich Rudis etc. Freund bin.«

Diese privat-biographischen Anlässe mußten »zu irgend etwas führen, sei es zur Zerstörung dieses meines Judeseins, sei es zu seiner Verstärkung. Da das zweite geschah, so wurde es Apologetik, auf die ich infolgedessen auch nicht so schlecht zu sprechen bin wie die meisten Leute: es kann doch auch *gute* Apologetik geben, warum denn nicht. Insbesondere im Judentum hat eigentlich alle Religionsphilosophie einen Zug zum Apologetischen ...« (Briefe 328 f.)

So war Rosenzweigs höchst individuelle Apologie gegen ihn selbst bedrohende »Zerstörung dieses meines Judeseins« zugleich repräsentativ für die kollektive Apologetik der Juden — und turmhoch über deren sonst meist übliches Niveau hinausgehoben durch ihr Format, durch ihren bei aller kompromißlosen Dezidiertheit unfanatischen Charakter, durch das Maß des Verständnisses, das er wie unsres Wissens noch kein andrer jüdischer Apologet für den ›Gegner‹ aufbrachte.

Eben darum meinten wir, noch über die paar Kurzzitate hinaus, die allenfalls im Nachwort unterbringbar sein mochten, im Anhang einige ausführlichere Briefe und Briefauszüge wiedergeben zu sollen, die Rosenzweigs Weg dokumentieren von der noch recht bitteren Abwehr der Bedrohung (im Brief an die Mutter) und der ersten entschlossenen Forderung fundamentaler »Anerkennung auch von dem Christen« für seine Stellungnahme über die deutliche Ablehnung juden-christlichen »Christjudentums« — »Überhaupt ist der Judenhaß, der auch die Christgewordenen umfaßt, mir der eigentlich ärgerliche — einfach weil ich ihnen den Stolz dieser Schmach nicht gönne und nicht gönnen darf«

(Briefe 255) — sowie der »Judenmission« zu der erstaunlichen Toleranz auch dieser gegenüber angesichts von Hans Ehrenbergs »Gleichung Judenmission-Zionismus«; damit deren zweites Glied recht gewürdigt werden kann, schien es nötig, aus der reichen Fülle der sehr fein differenzierten und differenzierenden Stellungnahmen Rosenzweigs zum Zionismus noch je eine ad intra und ad extra wiederzugeben, ohne damit auch nur von fern erschöpfend kennzeichnen zu können, was er zu diesem Thema geäußert hat. (Das weitestgehende Briefe 501: »Ich werde nicht etwa Zionist . . . Aber ich bedaure, es nicht sein zu können.«)

»Ich selber habe eigentlich außer meiner Dissertation nie etwas drucken lassen, was nicht an eine ganz bestimmte Adresse ging. Die Adresse kann sich nachträglich unabhängig vom Schreiber erweitern, wie etwa aus den paar hundert Lesern, an die Paulus seine Briefe gerichtet hatte, heut ein paar hundert Millionen geworden sind, an die sie gerichtet sind.« (Briefe 525)

Ob aus dem begrenzten Kreis derer, an deren Adresse Franz Rosenzweig sein Werk gerichtet hatte, der deutschen Juden vor Auschwitz, der wesentlich weitere Kreis derer nun zu werden beginnt, an die es gerichtet ist, das ist die Frage, die zu seinem Teil jeder Leser dieser Auswahl zu beantworten haben wird.

Lebensdaten

25. 12. 1886	in Kassel geboren.
Frühjahr 1905	Abiturientenexamen am (humanistischen) Friedrichsgymnasium in Kassel.
Sommer 1905	Medizinstudium. 1. Semester in Göttingen.
Herbst 1905 bis Herbst 1906:	2. und 3. Semester in München.
Herbst 1906 bis Herbst 1907:	4. und 5. Semester in Freiburg i. Br. Physikum.
Winter 1907/08	in Berlin. Am Schluß des Semesters endgültiger Wechsel des Studiums: Geschichte und Philosophie.
Sommer 1908	in Berlin.
Herbst 1908 bis Herbst 1910	in Freiburg i. Br. (Meinecke).
Herbst 1910 bis Herbst 1911	in Berlin.
Winter 1911/12	in Freiburg i. Br.
Sommer 1912	in Freiburg und Militärdienst in Darmstadt. Doktorexamen mit einem Teil von »Hegel und der Staat«.
Winter 1912/13	in Leipzig (juristische Vorlesungen) und Berlin.
Sommer 1913 bis Herbst 1914	in Berlin (Hermann Cohen).
Anfang September 1914:	Eintritt als freiwilliger Krankenpfleger beim Roten Kreuz.
19. 9. 1914 bis Ende Januar 1915	in Belgien, dann wieder in Berlin.
24. 4. 1915	Eintritt als Kriegsfreiwilliger bei der Feldartillerie in Kassel.
1. 1. 1916	Entfernungsmeßschule La Fère in Frankreich.
19. 2. 1916	zum Flug-Abwehr-Kanonen-(Flak) Zug 165.
12. 3. 1916 bis zum Ende	des Kriegs auf dem Balkan; dazwischen verschiedene Urlaube, Tod des Vaters am 19. 3. 1918. Offiziersaspirantenkurs in Warschau.
22. 8. 1918 bis 16. 2. 1919:	Arbeit am »Stern der Erlösung«.
Ende September 1918	Rückzug der Balkantruppen, als Malariakranker im Lazarett in Belgrad.

29. 10. 1918 bis 30. 11. 1918	bei der Ersatzabteilung in Freiburg i. Br. Nach der Entlassung Fertigstellung des »Stern der Erlösung« und »Hegel und der Staat« in Freiburg, Berlin, Kassel.
6. 1. 1920	Verlobung.
28. 3. 1920	Heirat.
Sommer 1920	Jüdische Kurse in Kassel.
Ende Juli 1920	Übersiedlung nach Frankfurt a. M. Gründung des Freien Jüdischen Lehrhauses.
Mitte Dezember 1920	Einzug in die Mansardenwohnung Schumannstr. 10.
Mitte Januar 1922	Ausbruch der Krankheit: Amyotrophe Lateralsklerose.
Mitte Juni bis Anfang Juli 1922:	Erholungsaufenthalt in Königstein i. T.; von da an das Haus nicht mehr verlassen.
Anfang Oktober 1922	Übergabe der Lehrhausleitung an Dr. Rudolf Hallo.
Mitte Dezember 1922	Versagen der Schreibfähigkeit. Zunächst wurden Briefe und Arbeiten diktiert, von Ende Mai 1923 an, als auch die Sprache fast ganz versagte, auf einer eigens konstruierten Maschine zunächst selbst geschrieben, sehr bald, bei schwächer werdender Muskulatur, nur angedeutet, von seiner Frau abgelesen und übertragen.
Dezember 1922	Beginn der Übersetzung von Gedichten des Jehuda Halevi.
Mai 1924	Beginn der Übersetzung der »Schrift« mit Martin Buber.
10. 12. 1929	Tod.

Inhalt